RÉPARER
LA PLANÈTE

www.becitizen.fr
www.editions-jclattes.fr

Maximilien Rouer Anne Gouyon

RÉPARER LA PLANÈTE

LA RÉVOLUTION DE L'ÉCONOMIE POSITIVE

JC Lattès BeCitizen

ISBN : 978-2-7096-2925-6

Économie positive™ est une marque déposée de BeCitizen. Créateurs du concept, nous souhaitons en assurer la plus grande diffusion dans le respect de son sens originel.

Sommaire

Note des auteurs

Ce livre propose des solutions aux principaux défis du XXIe siècle, qui sont et seront de plus en plus ceux de l'environnement. Nous avons cherché, autant que possible, à quantifier les enjeux et les réponses, en particulier dans le domaine du changement climatique et de l'énergie. Au cours d'un tel exercice, se pose immédiatement le problème des sources. Nous avons sélectionné, autant que possible, des sources qui sont considérées comme des références au niveau national ou international.

Ainsi, la plupart des chiffres que nous utilisons sont issus des travaux du GIEC (Groupement Intergouvernemental pour l'Étude du Changement Climatique), de l'AIE (Agence Internationale de l'Énergie), du WRI (*World Resources Institute*), du PNUE (Programme des Nations unies pour l'Environnement) et de la FAO (*Food and Agriculture Organisation*, qui dépend des Nations unies). Pour la France, nous avons particulièrement fait appel aux données de l'ADEME (Agence de l'Environnement et de la Maîtrise de l'Énergie) et de la MIES (Mission Interministérielle de l'Effet de Serre).

Il faut toutefois rappeler que tout chiffre représente une approximation de la réalité, et qu'il est donc courant de trouver des variations de 10 à 15 %, et parfois plus, d'une source à l'autre. Nous prions donc les lecteurs de nous excuser par avance si certains chiffres cités dans ce livre peuvent différer légèrement de ceux lus dans un autre document. En cas de doute, n'hésitez pas à nous faire part de vos commentaires en vous connectant sur notre forum : www.reparerlaplanete.com.

Introduction

L'heure des choix

« Mieux vaut prendre le changement par la main avant qu'il ne nous prenne par la gorge. »

WINSTON CHURCHILL

Sortir de la paralysie

Vous avez dit « développement durable » ?

Paris, juillet 2000. Nous venons de créer BeCitizen. Notre objectif : sensibiliser aux enjeux de l'environnement et surtout, proposer des solutions. Des solutions qui puissent être appliquées par les entreprises, par les municipalités et les régions, et par chacun d'entre nous, citoyen ou consommateur.

À l'époque, le concept le plus proche de nos ambitions était celui de « développement durable ». Je[1] me souviens de

1. C'est Maximilien qui parle.

ce matin où je pris mon téléphone pour essayer de convaincre une grande société de faire appel à nos services : « *Bonjour madame, je voudrais parler à la personne en charge du développement durable.* » « *Bien sûr monsieur, je vous passe le service.* » Bonne surprise ! Cette société avait donc un service entier consacré au développement durable ? J'allais vite déchanter. On me passe le service. « *Bonjour, madame, c'est vous qui êtes en charge du développement durable ?* » « *Oui, monsieur, mais nous travaillons déjà avec Fuji et nous en sommes très contents...* » Eh oui, pour cette grande société, en l'an 2000, le développement, durable ou pas, c'était l'affaire... du service photos.

Le contexte a changé. Aujourd'hui, le développement durable, l'environnement et le changement climatique font la une des journaux, et il devient difficile de trouver une entreprise ou une collectivité qui ne communique pas sur ce thème[1]. Les préoccupations sur l'avenir de la planète montent dans les sondages en Europe, mais aussi aux États-Unis, en Inde ou en Chine[2]. Nous recevons chaque jour des dizaines de candidatures de jeunes et moins jeunes diplômés, souvent prêts à renoncer à des postes confortables dans des sociétés cotées en bourse. La prise de conscience a progressé. Mais que dire des actes ?

La casserole continue de chauffer

Kyoto, décembre 1997. Après des mois de négociation acharnée, les délégués à la Convention des Nations unies sur le changement climatique parviennent à se mettre d'accord

1. Depuis 2002, en France, les sociétés cotées doivent rendre compte, dans leur rapport annuel, de leurs actions dans les domaines social et environnemental. Des mesures similaires existent aux Pays-Bas, au Danemark, en Norvège et en Suède.

2. Un sondage du *Pew Research Center* (2006) indique que le changement climatique préoccupe 93 % des Japonais, 85 % des Français, des Espagnols et des Indiens, environ 65 % des Britanniques et des Allemands, 61 % des Chinois et 54 % des Américains.

sur un protocole de lutte contre le réchauffement du climat. Il faudra attendre février 2005 pour qu'il entre en vigueur, après qu'un nombre suffisant de pays l'eut ratifié. Vingt-deux pays industrialisés s'engagent ainsi à réduire, avant 2012, leurs émissions de gaz à effet de serre de 5 % par rapport au niveau de 1990.

Cet accord ne représente qu'un petit pas dans la bonne direction : pour cesser de réchauffer le climat, il faudrait réduire ces émissions de 75 %, voire de 90 %. Il n'est pourtant guère suivi. Les États-Unis, qui étaient jusqu'à peu le plus gros des émetteurs, n'ont pas ratifié le protocole de Kyoto, et leurs rejets de gaz à effet de serre ont progressé de plus de 15 % depuis 1990. Les pays émergents n'ont pas d'engagements de réduction, et la Chine vient de dépasser le volume d'émissions des États-Unis. En Europe, la majorité des pays signataires n'atteignent pas encore leurs objectifs[1].

Le bilan n'est pas meilleur en ce qui concerne les réserves d'énergie, l'eau, les sols, la toxicité de l'environnement et la biodiversité. Les rapports s'empilent pour alerter les décideurs sur la dégradation des ressources naturelles mondiales[2], mais les réponses restent tièdes. L'action ne suit pas encore la prise de conscience.

Ainsi, l'humanité se comporte comme la grenouille de cette fable[3] : « *Plongez une grenouille dans une casserole bouillante : choquée, elle bondit hors de l'eau. Plongeons-la maintenant dans une casserole d'eau froide et allumons doucement le feu. La grenouille prend ses aises, et trouve*

1. Sur les 15 pays qui ont signé collectivement le protocole de Kyoto, seuls 2 ont atteint leurs objectifs en 2006 : la Suède et le Royaume-Uni. Six autres pays devraient y parvenir d'ici à 2010, dont la France. Les pays qui ont rejoint récemment l'Union Européenne ont réduit leurs émissions, mais c'est en raison d'un ralentissement de leur croissance économique. Source : European Environmental Agency, 2006.

2. Le rapport de référence sur l'état des ressources naturelles est le rapport du *Millenium Ecosystem Assessment* publié sous l'égide des Nations unies.

3. Racontée notamment dans l'ouvrage d'Olivier Clerc : *La grenouille qui ne savait pas qu'elle était cuite et autres leçons de vie*, JC Lattès, 2005.

même confortable cette eau chaude qui finit par l'endormir... jusqu'à ce qu'elle soit cuite. »

Pourquoi cette inertie collective ? Tout d'abord, dans une casserole encore tiède, il est facile de sous-estimer l'ampleur des enjeux.

S'adapter... jusqu'à quand ?

Paris, janvier 2007. Les cerisiers sont en fleurs, les géraniums ont fleuri tout l'hiver. Les journaux multiplient les articles alarmants sur les conséquences de cet hiver trop doux sur la faune d'Europe. En Russie, des ours insomniaques – la température trop élevée les a empêchés d'entrer en hibernation – errent près des fermes à la recherche de nourriture. Mais pour les citadins, le changement climatique est une réalité difficile à palper. Les conséquences, encore modérées, restent supportables. Les étés plus chauds, les restrictions d'eau, l'énergie plus chère ? On s'adaptera en posant des climatiseurs, en cessant de laver sa voiture, en prenant les transports en commun. Rien de grave.

Les agriculteurs, qui dépendent plus du climat, sont plus directement touchés. Écoutons Cécile Perruchot, responsable environnement du vignoble Louis Latour en Bourgogne : « *Nous ne pouvons que constater l'évolution du climat : entre 1960 et 1970, les vendanges se faisaient en moyenne vers le 3 octobre, et entre 1990 et 2000, c'était vers le 19 septembre.* » Ainsi, les vendanges deviennent plus précoces, et la vigne se cultive de plus en plus au nord : l'Angleterre pourra bientôt concurrencer l'Anjou en matière de vins. Et dans le sud-ouest de la France, de plus en plus frappé par la sécheresse, des agriculteurs commencent à remplacer le maïs par du sorgho, originaire d'Afrique et moins gourmand en eau.

« *Le changement climatique est inévitable, il va falloir s'adapter* » : combien de fois avons-nous entendu cette phrase au cours de l'année écoulée... Les stratégies d'adaptation, en apparence moins coûteuses, prennent ainsi le pas sur la prévention. Il ne s'agit plus de s'attaquer aux causes, mais de traiter les symptômes. Certains commencent même à se demander qui seront les gagnants du réchauffement (idée reçue 1).

En effet, au rythme actuel des changements, il est encore possible de s'adapter. Mais jusqu'à quand, et dans quelle direction ? Les conséquences les plus sérieuses du réchauffement climatique restent à venir, et elles sont inconnues. Fera-t-il plus chaud en Europe, ou un ralentissement de la circulation des courants océaniques entraînera-t-il un refroidissement ? Qui sera frappé par la sécheresse, par les inondations ? Quelle sera la hausse du niveau de la mer, 60 centimètres ou 7 mètres ?

Le fonctionnement du climat est trop complexe par rapport aux capacités de modélisation actuelles. Aucun expert ne peut prévoir avec certitude l'ampleur et la localisation des bouleversements à venir. Pourtant, la façon dont le problème est présenté par la communauté politique et scientifique internationale entretient une image lénifiante de changements modérés, auxquels chacun aura le temps de s'adapter.

Ainsi, le dernier rapport du GIEC, le Groupement Intergouvernemental d'Étude du Changement Climatique, évoque une hausse moyenne de la température de 1,1 à 6,4 °C d'ici à 2100. Par rapport à notre expérience quotidienne, ces quelques degrés ne paraissent guère inquiétants. Et puis 2100, c'est loin... Dormez en paix, petites grenouilles, pendant que la casserole chauffe !

Idée reçue 1 : Sous le réchauffement, la plage

« Le réchauffement climatique est une bonne nouvelle pour le tourisme en Grande-Bretagne », explique Roger Heape, président de *The Tourism Society*. Le compte rendu d'un débat organisé en avril 2007 par cette association tente l'optimisme : *« La tendance est vers des étés plus ensoleillés, plus chauds et plus secs [...] Les touristes pourraient migrer vers le nord, et se diriger vers le Royaume-Uni et la Scandinavie. Peut-être la mer Baltique sera-t-elle la nouvelle Méditerranée ? »*

Les professionnels du tourisme anglais ne sont pas les seuls à se demander si le réchauffement de la planète ne serait pas une bonne nouvelle. *« C'est quand même bien, ce réchauffement, c'est déjà le printemps au mois de février »*, explique ce Parisien dans une soirée. Le sommelier du célèbre Restaurant de la Plage à Boulogne-sur-Mer envisage de se lancer dans la vigne, puisque le climat du nord de la France pourrait tendre vers celui de Chinon. Et Vladimir Poutine se frotte les mains : la fonte des glaces permettra de dégager de la glace les sols de Sibérie, et d'accéder à moindre coût aux réserves d'hydrocarbures du nord de la Russie. L'année 2007 a ainsi vu fleurir les rapports cherchant à identifier les gagnants et les perdants du réchauffement climatique[1], notamment pour conseiller les investisseurs.

Alors, faut-il investir dans des complexes balnéaires sur les côtes anglaises ? Pas sûr. Car si la température monte et la glace de l'Antarctique fond, ces beaux « *resorts* » pourraient se retrouver sous l'eau. Et les bénéfices du réchauffement risquent d'être annulés par les dégâts causés aux infrastructures en cas de tempêtes ou d'inondations, sans parler des incendies de forêts et des canicules en zone urbaine. Laissons le mot de la fin à Peter Hampson, directeur de la *British Resorts and Destinations Association* : *« Les enjeux sont tels, localement et au niveau international, que les nouvelles opportunités sembleront une bien piètre récompense face aux problèmes auxquels nous pourrions être confrontés. »* Qui veut être le gagnant d'un monde dévasté ?

1. Voir par exemple J. Lewellyn, *The Business of Climate Change, Challenges and Opportunities*, Lehman Brothers, February 2007.

En effet, tant que la casserole est tiède, nous pouvons nous adapter, et certains peuvent même y gagner. Mais l'ébullition n'est pas loin. Le climat, l'écosystème mondial peuvent sembler stables... jusqu'à une certaine limite, que personne ne connaît. Au-delà, comme dans un baquet d'eau qui se met à bouillir après avoir chauffé pendant une heure, le climat peut basculer : modifications radicales du régime des pluies, des vents et des ouragans, fonte des glaces entraînant une montée rapide des eaux, bouleversements des courants marins qui régulent la température des continents. L'agriculture sera la première touchée, et avec elle l'offre alimentaire[1]. Déjà, les pays en développement offrent un avant-goût des crises qui pourraient nous attendre.

Le canari dans la mine

Mon voisin s'appelle Camara[2], il est originaire du Ghana. C'est un des hommes les plus énergiques et les plus entreprenants que j'aie jamais rencontrés. Camara raconte : « *J'ai traversé sept fois le Sahara pour venir en France. À chaque passage, plusieurs d'entre nous sont morts dans le désert. Il fallait avancer, avancer plus vite avant d'être rattrapés par la soif ou les patrouilles. Pourtant, chaque année, il y a plus de volontaires pour tenter le voyage.* »

Pourquoi ces hommes sont-ils prêts à risquer leur vie pour quitter leur village ? Camara explique : « *Autrefois, chez nous, on cultivait le mil. Il y avait des manguiers qui fournissaient de l'ombre et des fruits abondants, et rafraîchissaient le village. Les manguiers ont été coupés, il fait de plus en plus chaud, il pleut de moins en moins, et les récoltes dimi-*

1. En septembre 2007, les cours mondiaux des denrées alimentaires ont connu une hausse due à la demande des pays émergents, et à une série de mauvaises récoltes liées à des épisodes météorologiques inhabituels dans plusieurs parties du monde.
2. C'est Maximilien qui parle.

nuent. Il n'y a plus qu'une solution : partir, chercher l'espoir en Europe. »

Dans les pays arides et démunis, le changement climatique se traduit déjà par une avancée des déserts qui jette des millions de « réfugiés climatiques » sur les routes. Dans les îles du Pacifique, c'est la montée des océans qui pousse la population à chercher refuge en Australie ou en Nouvelle-Zélande. Mais qui y prête attention ?

Les mineurs de Saint-Étienne, ma ville natale[1], ne descendaient jamais « au fond » sans un canari en cage. Ce délicat volatile servait d'avertisseur : sa mort indiquait la présence de grisou – du gaz naturel présent dans les veines de charbon, et hautement explosif. Par leur sacrifice involontaire, les canaris ont sauvé la vie de milliers de mineurs. Les réfugiés climatiques d'Afrique et du Pacifique seraient-ils nos « canaris dans la mine » ? Serons-nous tous un jour des réfugiés, contraints de quitter nos pays envahis par les eaux ou dévastés par la sécheresse, prêts à s'entretuer pour les dernières récoltes d'une agriculture qui n'arrivera plus à s'adapter ?

C'est ce que pense James Lovelock, un scientifique visionnaire qui a été parmi les premiers à donner l'alerte sur les risques liés aux bouleversements de l'écologie planétaire[2]. Il envisage, au cours du XXIe siècle, de vastes courants de migrations d'une humanité condamnée à se rapprocher des pôles pour survivre, et une réduction drastique de la population à quelques millions de survivants. Mais Lovelock est perçu comme un écologiste radical, et peu de gens le prennent au sérieux.

D'autres experts, pourtant, publient des rapports tout aussi inquiétants. C'est le cas de James Hansen : « *Si l'on poursuit sur la tendance actuelle, qui conduit à une augmen-*

1. C'est Anne qui parle.
2. J. Lovelock, *La Revanche de Gaïa*, Flammarion, 2007, et *La Terre est un être vivant, l'hypothèse Gaïa*, Le Rocher, 1990 (première édition en anglais en 1979).

tation de la température de 2 ou 3 °C, on verra des changements qui feront de la Terre une toute autre planète que celle que l'on connaît aujourd'hui. La dernière fois dans l'Histoire que la Terre a été aussi chaude, c'était il y a environ 3 millions d'années – et le niveau des mers était 25 mètres plus élevé qu'aujourd'hui[1]. » Or, cette hausse de 2 à 3 °C pourrait être atteinte avant 2030.

Qui est cet Hansen ? Un militant de Greenpeace ? Non, un spécialiste du climat de la NASA. L'armée américaine, qui n'est pas un repaire de hippies, a pris note. Un rapport commandé par le Pentagone avertit qu'en cas d'emballement du changement climatique, le climat de l'Europe pourrait subir des perturbations majeures dès 2020, avec sécheresses, migrations et conflits armés à la clé[2]. Or nul ne peut déterminer avec précision à partir de quel seuil cet emballement pourrait se produire. La seule certitude, c'est que plus nous continuons à émettre des gaz à effet de serre, plus le risque augmente.

Contrairement à la grenouille dans la casserole, nous ne pourrons pas dire que nous n'étions pas prévenus. Au milieu des discours rassurants, des voix se font entendre pour alerter l'humanité. Alors, pourquoi y a-t-il si loin de la prise de conscience à l'action ? Peut-être parce que chacun attend des solutions applicables et motivantes.

S'il n'y a rien à faire...

Lyon, juillet 1999. Suite à une grève de train, je dois prendre un taxi pour aller à Saint-Étienne[3]. Pour tuer le temps, le chauffeur me demande ce que je fais dans la vie. Je lui réponds

1. J.E. Hansen, *Dangerous Anthropogenic Interference, a Discussion of Humanity's Faustian Climate Bargain and the Payments Coming Due*. Lecture, University of Iowa, 26/10/2004.
2. P. Schwartz et D. Randall, *An Abrupt Climate Change Scenario and its Implications for the US National Security*, Report commissioned by the US Defence Department, 2003.
3. C'est Anne qui parle.

que je suis ingénieur agronome, que je travaille dans le domaine de l'environnement. Le chauffeur se réjouit : « *Ah, très bien, vous qui êtes spécialiste, expliquez-moi ces histoires de réchauffement du climat, dont on parle tout le temps aux informations.* » Je parle de l'effet de serre et de ses conséquences. Le chauffeur est accablé. « *C'est terrible,* conclut-il, *mais s'il n'y a rien à faire, j'aime autant ne pas savoir.* »

Cette réaction n'a rien d'exceptionnel. Le déni est typique des situations d'impuissance. Jared Diamond, biologiste et historien, cite un sondage réalisé auprès des habitants d'une vallée, en aval d'un barrage qui présente des risques de rupture[1]. Plus les enquêteurs se rapprochent du barrage, plus les résidents indiquent qu'ils sont conscients du danger. Mais au pied du mur de barrage, la tendance s'inverse : les sondés nient l'existence d'une menace. Contrairement à ceux qui vivent plus bas, ils n'ont aucune possibilité de s'enfuir en cas de désastre. Dès lors, leur seul moyen d'échapper à l'angoisse, c'est le déni.

Ou si la pilule est trop amère...

Depuis 1999, ce chauffeur de taxi a entendu de multiples émissions sur le climat. Il a dû apprendre que pour stopper le réchauffement en cours, il va falloir arrêter de brûler du pétrole, et donc utiliser moins la voiture. Mais comment va rouler son taxi ? Que va devenir son gagne-pain ? Comment trouverait-il un autre travail dans une économie à 10 % de chômeurs ? Le chauffeur de taxi ne peut plus dire qu'il n'y a rien à faire. Mais la solution – arrêter son travail et vivre du RMI – n'est pas motivante. Le déni reste encore préférable.

Jean-Marc Jancovici, spécialiste du changement climatique, a appliqué à sa famille un certain nombre de mesures de

1. J. Diamond, *Effondrement : comment les sociétés décident de leur disparition ou de leur survie,* Gallimard, 2006.

réduction des émissions de gaz à effet de serre[1]. Il a isolé sa maison, qu'il chauffe à 15 °C, travaille à son domicile, se déplace surtout à vélo ou en transports en commun. Il ne mange que des produits de saison et de proximité. Il refuse de prendre l'avion, pour ses vacances comme pour son travail : « *Pourquoi prendrais-je l'avion pour aller dans un colloque expliquer que le transport aérien est incompatible avec la survie de l'humanité ? Il me paraît plus pédagogique de donner l'exemple.* »

Jean-Marc et sa famille ont ainsi divisé par deux leurs émissions de gaz à effet de serre par rapport à la moyenne française. Seulement voilà, lui-même admet qu'il faudrait les diviser par au moins quatre. Alors, jusqu'où faut-il aller ? Jean-Marc donne des pistes : chauffer encore moins, déménager dans une maison plus petite, abandonner totalement la voiture... Cette voie a un nom : la décroissance, c'est-à-dire la baisse de la consommation comme réponse à l'épuisement des ressources naturelles[2].

Pour beaucoup d'habitants des pays industrialisés, la décroissance de la consommation matérielle pourrait peut-être déboucher sur une meilleure qualité de vie, en donnant plus de place au temps libre ou à la convivialité. Mais comment parler de décroissance aux 50 % de Français qui vivent avec moins de 1 100 euros par mois[3], et qui n'arrivent pas à épargner ? En France comme dans le reste du monde, l'emploi et le pouvoir d'achat restent les soucis majeurs des électeurs[4]. Les politiques ne s'y trompent pas : si la campagne présidentielle de 2007 a vu la montée en puissance de

1. http ://www.manicore.com/documentation/serre/jancovici.html.
2. Pour en savoir plus, voir www.decroissance.info.
3. Revenu médian par personne, après impôt et prestations sociales. Statistiques de l'INSEE « Le revenu mensuel disponible des ménages français », *Le Monde*, 22/01/07 et sondage TSN Sofres, Baromètre de l'épargne pour *Les Échos* et la Banque Postale.
4. Un sondage du CEVIPOF (2006) indiquait que pour 30 % des Français, le principal problème est l'emploi, suivi par les inégalités (12 %), la hausse des prix (9 %) et le réchauffement climatique (9 %).

l'environnement, les questions économiques sont restées au premier plan. La décroissance n'a pas rempli les urnes. À moins d'imposer cette voie par une « dictature écologique », il va donc falloir créer une nouvelle forme de croissance, acceptable par tous, créatrice d'emplois de qualité et positive pour l'environnement.

Cette révolution économique est d'autant plus nécessaire qu'en l'absence de transformation des équipements et des services disponibles, les changements individuels restent limités – comme l'illustre l'exemple de la famille Jancovici. Difficile de passer au chauffage solaire si aucun installateur n'offre de solution efficace et économique. Difficile d'échapper à la voiture si aucun transport en commun ne dessert mon quartier. Au-delà des salutaires mesures de sobriété individuelles, c'est l'ensemble de l'économie qu'il faut transformer. Mais comment ?

Changer de croissance

Halte à la décroissance

En 1972, un rapport commandité par le Club de Rome, intitulé *Limits to Growth* (Les limites de la croissance), et traduit en français sous le titre « *Halte à la croissance* » jette un pavé dans la mare de l'économie. Les auteurs, quatre jeunes chercheurs du MIT[1], utilisent un modèle informatique pour simuler l'évolution des ressources naturelles selon différents scénarios de croissance démographique et économique. Une

1. *Massachusetts Institute of Technology*. D.H. Meadows *et al.*, *The Limits to Growth*, New York, Universe Books, 1972 ; D.H. Meadows *et al.*, *Beyond the Limits : Confronting Global Collapse, Envisioning a Sustainable Future*, Chelsea Green Publishing, 1992 ; D.H. Meadows *et al.*, *Limits to Growth : The 30-Year Update*, Chelsea Green Publishing, 2002.

démarche aujourd'hui banale, mais qui marque alors une étape : grâce à l'ordinateur, l'humanité a désormais les moyens de se projeter dans l'avenir, et d'anticiper les conséquences de ses choix.

Les conclusions de ce rapport, remis à jour en 1992 et en 2002, sont sans appel : une croissance économique qui repose sur l'exploitation de ressources naturelles non renouvelées mène à la décroissance. En l'absence de changement, les auteurs prédisent un effondrement de tous les indicateurs de croissance ou de progrès : démographie, espérance de vie, production alimentaire, production industrielle, etc.

L'économie actuelle, en effet, fonctionne sur un mode linéaire : « extraire-transformer-jeter ». Chaque année, des millions d'entreprises et d'individus consomment des ressources sans les remplacer, et rejettent des déchets, y compris des gaz à effet de serre, bien au-delà de ce que la Nature peut absorber. L'humanité puise dans un « capital écologique », qui correspond à la capacité de l'environnement à fournir à l'humanité les biens et les services dont elle a besoin (zoom 1). Cette économie vit sur ses stocks, elle fonctionne en mode négatif.

Ainsi, malgré une hausse du PIB mondial de près de 5 % en 2006, l'économie de la plupart des pays est déjà en décroissance, si l'on comptabilise la valeur du capital écologique détruit et non remplacé. Le PIB (Produit intérieur brut) est en effet un indicateur économique incomplet. Il ne prend en compte que la production de biens et services commercialisés, quelle que soit leur finalité. Une promenade en forêt, qui ne donne lieu à aucun paiement, n'entre pas dans le PIB. Par contre, plus il y a de cancers, donc de soins payants, plus le PIB augmente.

Et surtout, le PIB ne comptabilise pas les réserves de ressources naturelles d'un pays : il considère comme une « production » l'exportation de bois de forêts centenaires ou l'exploitation de gisements de charbon. Or les pays dont la croissance repose sur ce type de « production » se comportent comme une entreprise qui gagnerait de l'argent en se contentant de vendre ses stocks des années précédentes, ou comme un ménage qui vendrait ses meubles pour survivre.

Un institut californien, *Redefining Progress*, a défini l'IPV, ou Indice de Progrès Véritable, qui prend en compte la valeur des ressources naturelles, ainsi que la valeur des services non marchands et les coûts sociaux de la croissance. L'IPV de nombreux pays est en fait négatif ou nul. De même, bien des entreprises seraient déficitaires si elles devaient payer à leur valeur réelle, c'est-à-dire à leur valeur de remplacement, les éléments du capital écologique qu'elles utilisent. Une situation d'autant plus inquiétante que les pays émergents connaissent une accélération de leur développement économique, qui se traduit d'ores et déjà par des prélèvements accrus sur les ressources naturelles.

6,5 milliards d'humains, et moi et moi et moi

Jakarta, septembre 2004. Surya a vingt-sept ans. Comme beaucoup de familles commerçantes en Indonésie, la sienne est d'origine chinoise. Il se fait appeler Surya pour se fondre parmi les Indonésiens, mais ses parents l'appellent Ah Hok. Il est travailleur et ambitieux. Désireux de créer un jour sa propre entreprise de textiles, il s'est fait embaucher comme contremaître par une société qui fabrique des tee-shirts pour l'export à Tangerang – une banlieue industrielle grisâtre à deux heures du centre-ville. Ses horaires : douze heures par jour, six jours sur sept.

Après un dîner, je me promène avec lui dans la capitale[1]. On s'entend à peine parler : les chantiers de construction tournent vingt-quatre heures sur vingt-quatre. Des machines enfoncent des piliers d'acier qui vont supporter des gratte-ciel de cinquante étages. Avant de retourner dans son studio rempli

1. C'est Anne qui raconte.

Zoom 1 : Qu'est-ce que le capital écologique ?

Depuis toujours, l'humanité tire des ressources de son environnement. Il peut s'agir de ressources matérielles :

– des matières premières anciennes : métaux et roches, carburants fossiles comme le pétrole, le gaz et le charbon ;

– des matières premières renouvelables, d'origine agricole et forestière, produites grâce aux sols, à l'eau et à l'énergie du soleil : textiles (laine, coton...), matériaux de construction (bois, chanvre...), carburants (bioéthanol, biodiesel...) ;

– de l'énergie issue du soleil, exploitable directement sous forme de chaleur ou de lumière, ou par ses manifestations indirectes que sont le vent, la houle, etc. (chapitre 2) ;

– des sols fertiles, des eaux aptes à la pêche et à la pisciculture, et de l'eau douce convenant aux besoins humains.

L'environnement fournit aussi de multiples services :

– régulation du climat au niveau global (stockage du carbone dans l'océan, les sols, et les végétaux) et local (les arbres dissipent les vents, rafraîchissent l'air, augmentent la pluviométrie et l'humidité) ;

– traitement des eaux, qui peuvent être filtrées et en partie dépolluées en circulant à travers la végétation et les sols ;

– régulation de la circulation de l'eau : un sol couvert de végétation agit comme une éponge, qui absorbe l'eau de pluie pour la restituer petit à petit, évitant sécheresses et inondations ;

– information génétique, utilisée pour la création de nouveaux médicaments à partir de plantes sauvages, ou pour améliorer des variétés cultivées à partir des variétés sauvages ou traditionnelles ;

– valeur récréative, esthétique et spirituelle des formes du vivant, utilisées par le tourisme et par la création artistique ou culturelle : que serait le Club Med sans la beauté des plages tropicales, que serait Disney sans l'émotion suscitée par les animaux de la jungle ?

Le capital écologique représente la capacité de l'environnement, naturel ou transformé, à fournir à l'humanité les biens et services dont elle a besoin. Notre avenir dépendra de notre volonté de renouveler, de restaurer et d'enrichir ce capital.

de moustiques, Surya passe devant un bâtiment moderne climatisé. Il serre les poings : « *Quand pourrai-je offrir une maison comme celle-ci à ma famille ?* » Pour rentrer chez lui, Surya va devoir s'entasser avec quatre-vingts personnes dans un bus délabré, qui dégage une épaisse fumée noire. Il regarde passer une Mercedes flambant neuve. Il soupire : « *Quand est-ce que j'aurai une voiture comme celle-là ?* »

Cinq milliards de personnes habitent dans les pays en développement, et la plupart aspirent à partager notre confort et notre sécurité matérielle. Parmi eux, 3 milliards vivent dans les pays du groupe appelé BRIC – le Brésil, la Russie, l'Inde et la Chine, les quatre grandes puissances émergentes, engagées dans une croissance économique à plus de 5 % par an. Déjà, les pays en développement représentent la moitié des émissions mondiales de gaz à effet de serre, et concentrent plus de la moitié de problèmes de destruction des réserves d'eau, d'érosion des sols et de biodiversité.

Mais qui va leur expliquer qu'il faudrait freiner leur croissance pour protéger l'environnement mondial ?

Le Président Kennedy aimait à souligner que le mot chinois qui signifie crise, *Wei-Ji*, est constitué de la réunion de deux idéogrammes, *Wei*, qui signifie danger, et *Ji*, qui signifie opportunité. Ainsi, la croissance des pays émergents peut être vue comme une menace ou comme une chance. C'est le discours que tient Prahalad, un économiste américain d'origine indienne. Il rappelle que plusieurs milliards de personnes, qui constituent le bas de la pyramide économique, vivent avec moins de 1,5 euro par personne et par jour. Les entrepreneurs qui sauront répondre aux besoins du « bas de la pyramide » ont devant eux le plus grand marché du monde.

Et en effet, après avoir subi de plein fouet la concurrence des pays émergents à bas salaires, les entreprises européennes, américaines et japonaises sont en train de réaliser les opportunités que représentent les marchés émergents. En juin 2007, la direction de Renault-Nissan annonçait son nouveau projet, construire en Inde une voiture à moins de 2 500 euros, en expliquant que « la bataille entre constructeurs automobiles se déroule aussi sur le terrain des voitures bon marché ». Or en achetant nos produits, les pays en développement adoptent aussi notre modèle économique, comme le rappelait cette conseillère du gouvernement chinois pour le développement durable rencontrée en 2004 : « *Pour le moment, la Chine, qui sait mieux que tout autre copier, copie le seul modèle disponible, c'est-à-dire le vôtre.* »

Les entreprises qui abordent les marchés émergents ont le choix. Elles peuvent proposer des technologies déjà obsolètes chez nous, celles de l'économie négative. Un choix peut-être payant à court terme, mais qui va se révéler condamné lorsque les Chinois ou les Indiens réaliseront le coût réel de ces « solutions ». La Banque mondiale estime ainsi que 2/3 de la croissance chinoise récente ont été réalisés sur un « découvert écologique », autrement dit, une destruction de capital non remplacé. En Chine, en Inde, en Indonésie, au Brésil, des voix de plus en plus nombreuses se font entendre pour protester contre la dégradation de l'eau, de l'air, ou contre les coulées de boues mortelles qui suivent la destruction de la forêt.

Les dirigeants des pays émergents commencent ainsi à se rendre compte qu'il est dans l'intérêt économique de leurs pays de préserver leurs ressources naturelles. Comme le rappelait un responsable chinois : « *Le miracle économique s'arrêtera lorsque l'environnement ne pourra plus suivre*[1]. » Chaque année, les pays émergents passent de nouvelles réglementations en matière de protection de l'environnement. Les entreprises étrangères qui abordent ces marchés ont ainsi une nouvelle opportunité : proposer des technologies qui permettent à leurs clients de mettre en place une

1. Interview de Pan Yue, vice-ministre de l'Environnement, pour *OpenDemocracy*, 06/04/2005.

économie positive, qui réponde aux enjeux du XXIe siècle en réconciliant économie et environnement.

Réconcilier l'économie avec l'environnement

Pendant longtemps, la sphère économique a considéré l'environnement comme une source infinie et gratuite de ressources naturelles, et comme un vaste système d'absorption des déchets. Puis, en particulier à partir des années 1960, l'économie a commencé à rencontrer les limites de son capital écologique. Les premières conséquences se sont fait sentir : disparition d'espèces vivantes, maladies liées à la pollution des eaux, pluies acides détruisant les forêts. Un certain nombre d'économistes ont alors commencé à s'intéresser à l'environnement[1]. Ils ont fait remarquer que si l'humanité peut se permettre de dégrader les ressources naturelles, c'est parce que leur valeur n'est pas prise en compte par les marchés. Ces ressources, comme l'eau ou l'air pur, sont des « biens communs » : elles appartiennent à tout le monde, et de ce fait à personne. Chacun se sent libre de les utiliser ou de les dégrader sans en payer les conséquences, qui sont subies par la collectivité.

Pour préserver ces ressources, chacun doit prendre en charge le coût de ses atteintes à l'environnement[2]. En 1972, l'OCDE a ainsi introduit le principe « pollueur payeur » dans ses principes directeurs, et les États ont commencé à réglementer et taxer l'accès aux ressources naturelles. Les entreprises ont mis en place de premières mesures de protection de l'environnement. Il s'agissait de « faire moins mal », par exemple en plaçant des filtres antipollution sur les cheminées d'usine. Ainsi, l'accès aux ressources naturelles a cessé d'être gratuit, et l'environnement a commencé à être perçu comme un facteur de coûts, de contraintes pour l'entreprise.

1. En particulier Pearce, Freeman, Oates, Markandya ou Stiglitz.
2. Ce qu'on appelle, en jargon d'économiste, « internaliser les externalités ».

Du développement durable à l'économie positive

En 1987, dans cette lignée, le rapport Bruntdland introduit la notion de développement durable, qui doit « *répondre aux besoins de tous, en préservant la capacité des générations futures à remplir leurs besoins* ». Dans les années 1990, ce concept a débouché sur la notion de Responsabilité sociétale[1] des entreprises (RSE) : ces dernières doivent prendre en compte les intérêts de la société à travers un triple bilan économique, social et environnemental (*triple bottom-line*).

Le développement durable et la RSE ont rencontré un grand succès, au moins sur le papier. Ils figurent en bonne place dans la communication des entreprises et des collectivités locales. La réalité est moins glorieuse. Quelques entreprises ont réellement cherché à changer leur activité dans le sens du développement durable. La plupart se sont contentées de créer des postes de RSE sans réel pouvoir, et de mettre en place des mesures marginales, surtout destinées à protéger leur réputation. C'est le constat désabusé d'une jeune diplômée d'une école de commerce, spécialisée en développement durable : « *J'en suis à mon troisième stage depuis la sortie de l'école. Apparemment, les départements RSE ne recrutent que des stagiaires...* »

Le mouvement de la RSE trouve ses limites pour avoir nié la réalité du marché. Les entreprises n'ont bien qu'une seule *bottom-line*, un seul paramètre détermine leur survie et leur croissance face à leurs concurrents : leur bilan économique. Or le concept de « responsabilité », avec sa connotation de charge, entretient l'idée que l'environnement et le développement durable sont des facteurs de coûts pour l'entreprise. Pas très motivant pour une direction générale ! La

1. Le terme RSE est une traduction de l'anglais CSR, *Corporate Social Responsibility*. Le mot anglais « *social* » fait référence aux intérêts de la société dans son ensemble, il est de plus en plus souvent traduit en français par le mot « sociétal ».

meilleure stratégie consisterait alors à limiter ces coûts au minimum, en appliquant des mesures marginales, « cosmétiques ». Et pendant que s'empilent les rapports de développement durable, le climat continue de se réchauffer et les déserts d'avancer.

Tout comme la décroissance ne motive pas les individus, le développement durable n'a pas débouché sur des stratégies motivantes pour l'entreprise, à la hauteur des enjeux. Pour révolutionner les comportements, il faut une nouvelle économie, qui fasse de l'environnement un moteur de croissance, et non un facteur de coût. Une économie qui permette à chaque acteur économique – entreprise, région, individu – de créer de la valeur, de s'enrichir en restaurant le capital écologique de l'humanité. Créer de la richesse en réparant la planète... tel est le défi de l'économie positive.

De la croissance pour restaurer l'environnement

Un défi d'autant plus urgent à relever qu'un simple ralentissement de l'économie ne suffirait pas, à lui seul, à restaurer le climat et l'environnement – en tout cas, pas à notre échelle de temps. Et ce, en raison des effets d'inertie et d'irréversibilité à l'œuvre dans la nature. Explications.

L'effet d'inertie, c'est ce qui se passe lorsqu'un véhicule continue sur sa lancée alors que son moteur est coupé – ou lorsque l'eau reste chaude dans une casserole, alors que le feu est éteint. Le réchauffement climatique, à ce titre, est un poids lourd lancé à grande vitesse. Même si l'humanité divisait par dix, dès maintenant, ses émissions de gaz carbonique – le plus important des gaz à effet de serre –, il faudrait un siècle pour résorber le volume de ce gaz en excès dans l'atmosphère. Et en attendant, le climat continuerait de se réchauffer, au risque d'atteindre le seuil d'emballement.

Pour renverser la vapeur, il est nécessaire de faire baisser la concentration de gaz à effet de serre en diminuant les émissions, mais aussi en absorbant les gaz émis depuis le début de la révolution industrielle. Or le seul qui puisse être absorbé, c'est le gaz carbonique, stocké par les végétaux pendant leur croissance (chapitre 1). Pour stabiliser le climat, il faut donc mettre en place des activités économiques qui stockent plus de gaz carbonique qu'elles n'en émettent. Ce livre en donnera de multiples exemples.

Parlons maintenant des irréversibilités. Un phénomène est irréversible s'il ne peut pas s'inverser spontanément, sans intervention extérieure. La destruction des forêts en est un exemple. En Asie, 350 000 km^2 de terres déboisées ont été envahies par l'*Imperata cylindrica*, une herbe vivace et résistante, qui se propage de manière souterraine. Écoutons Pak Rahmat, le chef d'un village de Sumatra : « *Lorsque l'Imperata s'installe, il n'y a plus rien à faire. Les vaches ne la broutent pas, elle est dure et leur coupe la langue. Elle empêche le riz de pousser. Lorsqu'on la coupe, elle repousse plus drue. Et comme elle est très sèche, elle attire le feu. Alors chaque année, elle brûle, et ensuite elle repousse. Mais les arbres, eux, ne résistent pas au feu, et ils ne repoussent pas.* »

En conditions normales, après l'abattage d'une forêt, l'herbe repousse la première, suivie par des arbres de plus en plus grands. Mais si les surfaces déboisées sont trop vastes, cette succession naturelle est interrompue. L'air devient plus sec, et les incendies se propagent facilement, interrompant la croissance des arbres. Il reste alors de grandes étendues de prairie, sur lesquelles la forêt ne peut plus se reconstituer spontanément – en tout cas, pas à notre échelle de temps. Les botanistes ont un nom pour ce type de végétation : ils parlent de climax, terme qui désigne une forme stable.

Pour que la forêt puisse repousser sur ces étendues dégradées, il faut investir du travail et de l'énergie. Dans un premier temps, pour retourner la terre et éradiquer l'herbe nuisible. Puis, pour planter des arbres et les protéger contre le feu. Il faut aussi, au préalable, observer le fonctionnement des forêts naturelles pour savoir quelles espèces planter (solution 1).

Solution 1 : Faire repousser la forêt

Les forêts du nord de la Thaïlande abritent une ressource de grande valeur : le bois de teck. Pour leur malheur, car ce bois esthétique et résistant a attiré les convoitises dès le XIXe siècle. Il a cependant fallu attendre des inondations meurtrières et dévastatrices, en 1988 – les sols déboisés laissent couler les torrents de boue nés des pluies tropicales – pour que le gouvernement interdise le commerce du bois. Mais l'abattage continue, de manière illégale. Alors, que faire ?

Stephen Elliott fait partie de ceux qui ne baissent pas les bras. Depuis 1986, il enseigne la science écologique à l'université de Chiang Mai, une région touristique dans le nord de la Thaïlande. « *Les parcs nationaux du pays ont été dévastés par des coupes illégales de bois,* explique-t-il. *Certaines de ces "forêts protégées" ne sont plus que des champs de souches et d'herbes. Que faire de ces zones mises à nu, qui font partie des parcs nationaux, censés promouvoir la biodiversité*[1] *?* »

Or jusqu'à peu, les forestiers savaient replanter une seule espèce d'arbres à la fois, par exemple des pins, ou des eucalyptus. Ces plantations ne permettent pas de retrouver la richesse des forêts naturelles, qui, sous les tropiques, abritent des dizaines, voire des centaines d'espèces végétales et animales.

Alors, Stephen et son équipe ont cherché. Ils ont commencé par observer la manière dont les différentes espèces poussent dans la nature. Petit à petit, à force d'essais, ils ont mis en place une méthode de reboisement applicable dans les zones tropicales. « *Au départ, il faut planter près de vingt à trente espèces d'arbres, pour stimuler la régénération naturelle d'une forêt et attirer la faune sauvage. Pour chaque espèce plantée, deux autres se développent spontanément. En l'espace de six ans, la structure et le fonctionnement des écosystèmes naturels peuvent être restaurés.* »

Aujourd'hui, il est possible de reconstituer, sur des zones dégradées, des espaces de forêt diversifiée, aux multiples

1. Propos recueillis par Eléonore Devillers pour le *Natural Guide* (*Thaïlande, voyager autrement,* Éditions Pages du Monde, 2007).

fonctions. Protégées et exploitées de manière durable, ces forêts pourront stocker du carbone, réguler les cycles de pluie de la région, fournir du bois, héberger des espèces menacées, et attirer des touristes. Ainsi, cet environnement restauré permettra aussi de générer des revenus localement – à condition d'investir de l'énergie, du travail et du savoir. Cette nouvelle forme de croissance, qui crée des emplois et des richesses en restaurant l'environnement, c'est l'économie positive.

Les jardiniers du monde

Au commencement était l'économie positive...

Restaurer le capital écologique de l'humanité, l'améliorer, l'enrichir par la croissance économique ? Ce concept peut paraître très nouveau. Pourtant, il ne l'est pas vraiment au regard de l'histoire de l'humanité.

Toutes les sociétés ont exploité, à des degrés divers, les ressources de leur environnement. Pendant des centaines de milliers d'années, les sociétés de chasseurs-cueilleurs ont prélevé de la nourriture et des matières premières dans la nature, en quantité marginale. Cette période de l'humanité correspond à une vision animiste d'une Nature toute-puissante, dont l'Homme fait partie. L'idée que l'humanité puisse avoir un impact sur la Nature n'est même pas concevable.

Il y a environ dix mille ans est née l'agriculture : des cueilleurs, ou des cueilleuses, ont eu l'idée de garder des graines de céréales sauvages, et de les semer près de leur campement – peut-être en réponse à un épuisement des sources de céréales autour d'eux. D'autres ont eu l'idée de domestiquer des animaux[1]. Désormais, l'Homme ne se contente plus de puiser

1. Pour une vision romancée, validée par les scientifiques, de ces premiers âges de l'humanité, lire la saga de Jean Auel, *Les Enfants de la terre,* Presses de la Cité, 2002.

dans son environnement : il commence à le transformer de manière systématique. Il crée de nouvelles variétés de céréales, de nouvelles races d'animaux, défriche des forêts. Et surtout, il crée de nouveaux paysages, de nouveaux environnements artificialisés – bocage normand, oasis algériennes, rizières vietnamiennes – qui peuvent nourrir 10, 50, 500 habitants par km^2, contre à peine 5 pour la forêt naturelle ou les zones désertiques qu'ils remplacent.

En devenant agriculteur, l'Homme peut enrichir son capital écologique, c'est-à-dire la capacité de son environnement à fournir les biens et les services dont il a besoin. Avec les grands monothéismes, la vision de la Nature évolue, elle devient un instrument au service de l'Homme. Un instrument dont il prend soin : les codes de location de terres agricoles stipulent que les fermiers doivent faire valoir la terre « en bon père de famille ». Ainsi, comme l'écrit un des premiers manuels d'agronomie « *non seulement ils entretiennent leur patrimoine tel qu'ils l'ont reçu de leurs ancêtres, mais ils en augmentent le revenu*[1] ». Ainsi, des centaines de générations ont légué aux suivantes un capital écologique enrichi : des sols plus fertiles, de nouveaux canaux d'irrigation, des variétés de pommiers plus généreuses et savoureuses. Et les sociétés qui n'ont pas su entretenir leur capital écologique se sont effondrées (zoom 2).

L'utilisation des carburants fossiles – charbon à partir de 1750, pétrole à partir de 1900 – a conduit à une rupture. En donnant une puissance inédite à l'humanité, elle lui a permis de s'affranchir de son environnement, du moins en apparence. Les résultats ont été spectaculaires.

1. Olivier de Serres, *Le Théâtre d'agriculture et mesnage des champs*, 1605.

Zoom 2 : La chute de Rome, un désastre écologique ?

Si certaines sociétés ont su enrichir leur capital écologique et transmettre un environnement plus fertile à leurs descendants, il y a aussi de tristes contre-exemples. Le plus connu est sans doute celui de l'île de Pâques. Pour transporter les Moai, ces statues de pierre qui pesaient 15 tonnes en moyenne, il fallait des rondins de bois. Petit à petit, les habitants de l'île en ont coupé tous les arbres, jusqu'à la transformer en désert. Car une fois les arbres coupés, plus de gibier à chasser, plus de bois pour fabriquer les pirogues permettant de pêcher, et plus rien pour protéger les cultures contre les vents de la mer. Lors de l'arrivée des Européens, l'île était occupée par une population diminuée et affaiblie, qui fut facilement réduite en partie en esclavage.

Plus près de nous, on sait moins que la chute de Rome est liée à la surexploitation de son environnement. Au début de l'histoire romaine, la péninsule était riche en forêts. Pour financer les dépenses croissantes de l'Empire, il fallut déboiser, puis exploiter les sols agricoles de plus en plus intensément en réduisant les jachères, ces périodes de repos entre deux cultures. Au début, les récoltes augmentèrent, puis elles se mirent à chuter sur des sols épuisés, au capital écologique vidé. Pour renflouer leurs caisses dans une économie en chute libre, les dirigeants se lancèrent dans une spirale infernale, augmentant les taxes et les prélèvements sur la paysannerie – jusqu'à la chute finale de l'Empire affaibli, qui ne résista pas aux invasions barbares.

Depuis le début de l'ère industrielle, la population mondiale et la production individuelle ont crû d'un facteur 8 [1]. En deux cent cinquante ans, l'espérance de vie a doublé dans les pays pauvres, et quadruplé dans les pays riches. Pendant cette période, l'humanité a conservé la vision de ses ancêtres, qui croyaient la Nature infinie. Elle s'est mise à puiser dans son capital écologique, en oubliant de l'entretenir « en bon père de famille » comme les générations précédentes.

1. A. Maddison, *The World Economy, Historical Statistics*, OCDE, 2001.

Les défis de l'environnement vont amener l'humanité à retrouver son rôle de jardinier du monde. Il va falloir réapprendre à travailler avec l'environnement, avec le monde vivant, et non pas en lui tournant le dos. Il va falloir réparer les dégâts, restaurer le capital écologique de la planète. Pour permettre à l'humanité de poursuivre sa croissance, et pour que les 5 milliards d'habitants des pays en développement puissent y participer, il va falloir recommencer à enrichir ce capital écologique. Comment ? C'est l'objet de ce livre. Le livre de deux « agros », sensibilisés très tôt à la nécessité de vivre en jardiniers du monde, à travers deux parcours différents, l'un en France et l'une en Asie.

La vie de banlieue

C'est par l'étude de l'infiniment petit que j'ai pris conscience de la complexité et de la fragilité de la vie[1]. Comme plusieurs membres de ma famille ont été affectés par des cancers, j'ai fait mon mémoire de biologie cellulaire sur ce sujet. J'y ai appris qu'une seule molécule toxique peut suffire à déclencher un cancer qui se répandra ensuite dans tout l'organisme. Dès lors, j'ai su que je travaillerais au service de l'environnement. Mais j'ai vite compris que ce combat était vain en dehors des préoccupations économiques. Pendant mes études de biologie, j'ai découvert le bas de la pyramide. Je devais faire vivre ma famille en enchaînant les petits boulots : serveur, gardien de nuit... parfois jusqu'à 3 heures du matin. J'ai subi les cités de banlieue, les fins de mois à 5 euros près, la malbouffe, les transports en commun qui vous lâchent au pire moment. Dans ces conditions, l'avenir de la planète, c'est un peu abstrait.

De ces débuts difficiles, j'ai retenu une leçon : pour agir, il faut des moyens, des leviers économiques. J'ai décidé d'inté-

1. C'est Maximilien qui parle.

grer une école d'ingénieurs agronomes, et à la fin de mes études, j'ai rejoint le département environnement d'un grand cabinet de conseil. Je participais à des missions d'audit sur des sites industriels, où régnait une approche réglementaire de l'environnement. Personne ne se préoccupait de proposer des stratégies à la mesure des enjeux. Il me fallait sortir de là pour créer des solutions adaptées aux contraintes des entreprises et aux défis environnementaux. Alors, quand Anne m'a proposé de créer ensemble notre propre société, je n'ai pas hésité.

Le livre de la jungle

Changement de décor. C'est en Indonésie que j'ai découvert à la fois l'importance de la nature, et le bas de la pyramide[1]. À seize ans, j'avais un idéal de solidarité et une soif de voyages. Après avoir lu *Agronome de la faim* de René Dumont[2], j'ai décidé de devenir ingénieur agronome et de travailler dans un pays en développement. Je me suis dirigée vers l'Asie qui était alors en plein boom. J'ai obtenu un poste dans un organisme de coopération français, le CIRAD, et après un passage en Malaisie et en Afrique, je me suis retrouvée à vingt-trois ans au milieu de la jungle à Sumatra, en Indonésie.

Les habitants de la forêt m'ont appris la valeur de la biodiversité. Pour beaucoup de gens, c'est un concept abstrait. Mais dans les villages de la forêt tropicale, la biodiversité, c'est ce qui tient lieu de supermarché et de pharmacie. La forêt fournit tout ou presque : matières premières pour construire les maisons, combustibles, viande, fruits, légumes ou plantes médicinales. Mais j'ai aussi découvert les limites de ce mode de vie « en harmonie avec la nature », souvent idéalisé en Europe. Dès qu'ils le peuvent, les jeunes de Sumatra quittent leurs villages pour la capitale pourtant polluée,

1. C'est Anne qui parle.
2. R. Dumont, *Agronome de la faim*, R. Laffont, 1974.

attirés par son agitation, la liberté, les opportunités qu'elle offre... Pour eux, le mot « calme » a une connotation négative. Les Indonésiens qui sont engagés dans la protection de l'environnement et de la forêt appartiennent pour la plupart à la minorité aisée, éduquée.

De ces contrastes, j'ai retenu une leçon : dans les pays en développement, pas de protection de la nature sans croissance économique. C'est ainsi qu'est née l'idée de créer BeCitizen, pour chercher des moyens pratiques de concilier environnement et économie.

À la recherche des solutions

La réalité s'est révélée difficile. Au début, nous avons essayé de proposer des stratégies de développement durable aux entreprises. Pendant sept ans, notre équipe a travaillé avec des dizaines d'entreprises, de la PME aux grands noms du CAC 40, et aussi pour des régions. Très vite, notre frustration a monté face à ce qu'était devenu le développement durable : une mise en conformité de plus, par rapport à quelques critères environnementaux et sociaux, marginaux pour l'entreprise. Il s'agissait de faire un peu moins mal, et tout cela était présenté en terme de coûts pour les entreprises, qui s'y intéressaient mollement, pour pouvoir communiquer. Comme si on freinait du bout du pied un véhicule lancé vers un mur à deux cents à l'heure, alors qu'il faudrait tourner le volant.

Pour convaincre les décideurs de l'importance des enjeux, j'ai multiplié les interventions, les conférences, parfois jusqu'à cinq par semaine[1]. J'ai rencontré des centaines de dirigeants d'entreprises pris à la gorge par la compétition des pays émergents, puis par la hausse du prix de l'énergie. Bien sûr, ils sont de plus en plus conscients des enjeux environnementaux. Mais ils attendent des solutions qui leur per-

1. C'est Maximilien qui parle.

mettent de baisser leurs coûts et de créer de nouveaux marchés. J'ai réalisé que pour déclencher un changement, il fallait transformer les défis environnementaux en autant d'opportunités économiques. En somme, passer du « pollueur-payeur » au « dépollueur-gagnant ».

C'est ainsi qu'est né le concept d'économie positive : pour faire passer l'environnement du statut de coût au statut d'opportunité pour les entreprises et, pour la société, du statut de menace à celui de chance. À la clé, l'ambition de créer un nouveau monde, dans lequel la restauration et l'amélioration de l'environnement deviennent les moteurs de la croissance.

Construire en marchant

Ce nouveau monde commence à émerger. Nous avons rencontré des dizaines d'entreprises, de collectivités locales et d'individus déterminés qui travaillent dans ce sens. De plus en plus, en Europe, aux États-Unis, mais aussi en Chine, en Inde et en Afrique, des entreprises, des municipalités et des financiers investissent dans la « croissance verte ». Mais le temps est compté : les vingt ans qui viennent détermineront si la civilisation actuelle sera anéantie par l'épuisement de ses ressources, ou si elle sera capable de prendre le virage d'une autre croissance. L'heure des choix a sonné. L'ambition de ce livre est d'indiquer des solutions concrètes, à travers de multiples exemples d'acteurs économiques qui sont déjà engagés dans la voie de l'économie positive.

La première partie de ce livre rappelle les défis et présente, chiffres à l'appui, les solutions au niveau global : comment stabiliser le climat, qui détermine les conditions même de la vie, comment renouveler et sécuriser les approvisionnements en énergie, comment restaurer les matières premières, l'eau et les sols, comment renouer avec la santé, et régénérer la diversité du monde vivant.

La seconde partie dégage les principes d'action de l'économie positive, tels qu'ils s'appliquent au niveau des entreprises et des territoires. Elle montre comment chaque acteur économique peut s'inspirer du fonctionnement des écosystèmes pour créer le modèle de l'usine positive, qui restaure le climat, les réserves d'énergie et de matières premières, les sols, l'eau, la santé et la biodiversité. Elle dessine les contours d'un monde positif – villes, agriculture, transports – où la croissance économique enrichit le capital écologique de l'humanité, en améliorant les conditions de vie de tous.

Ces solutions sont des points de départ. Tous les jours, de nouvelles innovations viennent bousculer les acquis. Nous avons écrit ce livre pour créer une dynamique, pour motiver chacun à devenir un acteur de changement dans sa vie quotidienne, dans son entreprise, dans sa commune. La suite vous appartient, et les prochaines versions de ce livre seront enrichies de vos contributions. Participez à la construction de l'économie positive sur www.reparerlaplanete.com :

> *« Marcheur, ce sont tes traces*
> *ce chemin, et rien de plus ;*
> *marcheur, il n'y a pas de chemin,*
> *le chemin se construit en marchant*[1]. »

1. Antonio Machado, Chant XXIX, *Proverbios y cantares, Campos de Castilla*, 1917.

I

LES CINQ ENJEUX DE L'ÉCONOMIE POSITIVE

1. Stabiliser le climat

2. Renouveler l'énergie

3. Restaurer les ressources

4. Renouer avec la santé

5. Recréer de la diversité

1.

Stabiliser le climat

« Le cycle du carbone est le plus fondamental des cycles de la vie, et la façon dont nous allons le gérer détermine notre futur. »

TIM KING, CARBON TECHNOLOGY TRANSFER CENTER, OREGON.

Pourquoi le climat se réchauffe

L'effet de serre, c'est quoi déjà ?

L'effet de serre et le réchauffement climatique sont partout dans la presse, à la télévision, et dans les librairies. Pourtant, les rouages en restent mal connus du public. Cette confusion renforce le sentiment d'angoisse et d'impuissance collectives face à un enjeu qui détermine notre avenir.

L'effet de serre, chacun en a fait l'expérience : c'est ce qui se passe dans une voiture garée au soleil. Les rayons du soleil passent à travers les vitres, ils restent piégés à l'intérieur et la température monte. Un phénomène étrange : pourquoi les rayons du soleil ne ressortent-ils pas, alors que la vitre est transparente ?

Après avoir traversé les vitres de la voiture, le rayonnement solaire rencontre des objets sombres : siège, tableau de bord, sols... ceux-ci vont transformer les rayons lumineux en infrarouges, c'est-à-dire en rayons de chaleur. Plus les surfaces sont foncées, plus elles renvoient des infrarouges : c'est pourquoi elles nous paraissent brûlantes. Or, le verre bloque le rayonnement infrarouge, qui reste piégé dans la voiture.

Le même phénomène se produit dans l'atmosphère. Sur cent rayons de soleil se dirigeant vers la terre, trente sont renvoyés dans l'espace par les nuages et les surfaces blanches, comme par exemple la neige. Les autres sont absorbés par les océans et la surface de la terre, puis renvoyés sous forme de chaleur, donc de rayons infrarouges. C'est ainsi que le soir en montagne, les rochers restent chauds : comme les sièges d'une voiture garée au soleil, ils renvoient la chaleur accumulée dans la journée. Ces rayons de chaleur sont ensuite arrêtés par certains gaz de l'atmosphère, qui se comportent comme une vitre, et qui sont ainsi appelés « gaz à effet de serre ».

Effet de serre naturel et d'origine humaine

Ce phénomène est naturel, indispensable à la vie. Sans effet de serre, les rayons du soleil repartiraient dans le cosmos, et il ferait -20 °C sur Terre, au lieu de 15 °C aujourd'hui. Alors, quel est le problème ? Le problème, c'est que depuis le début de la révolution industrielle, et surtout depuis son accélération en 1850, l'Homme rejette de plus en plus de gaz à effet de serre dans l'atmosphère. Il faut ainsi distinguer l'effet de serre naturel, bénéfique, et l'effet de serre « anthropique », qui est dû à l'Homme. C'est ce dernier qui pose problème, en modifiant les conditions climatiques auxquelles les espèces vivantes – y compris la nôtre – se sont adaptées.

Quels sont ces gaz à effet de serre ? Le principal d'entre eux, c'est le gaz carbonique, ou dioxyde de carbone, CO_2 pour les chimistes (zoom 3). Les rejets anthropiques de CO_2 proviennent à 75 % de la combustion du pétrole, du gaz naturel et du charbon – des carburants issus de restes de plantes fossiles, décomposées et entassées depuis la préhistoire. Comme toute matière d'origine vivante, ces sources d'énergie contiennent du carbone (C) : lorsqu'on les brûle, il se combine avec l'oxygène (O_2) pour donner du gaz carbonique.

La destruction des forêts, quant à elle, est responsable d'environ 20 % des émissions de CO_2 : le bois contient lui aussi du carbone, rejeté dans l'atmosphère lorsqu'il brûle ou se décompose. Enfin, il faut y ajouter la fabrication du ciment, qui utilise des carburants fossiles et du calcaire ($CaCO_3$), issu de squelettes d'organismes marins, et qui contient aussi du carbone.

Jusqu'au début de la révolution industrielle, la concentration de gaz carbonique est restée assez stable : des forages dans les glaces de l'Antarctique ont permis d'établir que sur les 650 000 dernières années, la teneur en CO_2 est restée comprise entre 200 et 300 ppm[1] (parties par million). Avec l'usage accéléré des carburants fossiles, cette teneur est passée de 280 ppm en 1850, à 380 ppm en 2005 – un niveau jamais atteint de mémoire d'Homme[2].

Après le gaz carbonique, le méthane (CH_4), c'est-à-dire le gaz naturel. Son pouvoir de réchauffement, par unité de volume, est plus de vingt fois supérieur à celui du gaz carbo-

1. 1 ppm = 1 partie par million, soit 0,01 %, soit 1 molécule de CO_2 pour 1 million de molécules de tous les constituants présents dans l'air, ou encore 1 m^3 de CO_2 dans 1 million de m^3 d'air. Les concentrations de méthane se mesurent en ppbv : parties par billion (ou milliard) en volume, soit 1 m^3 de méthane par milliard de m^3 d'air.

2. L'espèce humaine actuelle, *Homo sapiens,* date d'environ 300 000 ans.

nique. Le méthane provient principalement de l'agriculture (57 %), de la décomposition des déchets d'origine vivante (25 %), et des fuites lors de l'exploitation du gaz et du pétrole. Ensemble, ces émissions sont responsables d'environ 18 % de l'effet de serre d'origine humaine. Comme pour le gaz carbonique, la teneur de l'atmosphère en méthane (1750 ppbv ou parties par milliards en volume) dépasse tous les niveaux atteints au cours de l'histoire de notre espèce, puisque sur les 650 000 dernières années, elles avaient oscillé entre 350 et 700 ppbv.

Enfin, il faut y ajouter les gaz fluorés, comme les CFCs et les HFCs, issus de l'industrie, et le protoxyde d'azote (N_2O), issu principalement de l'utilisation des engrais azotés en agriculture (75 %), et de certaines industries chimiques (25 %). Ces gaz étaient présents en quantités très faibles dans l'atmosphère avant l'ère industrielle, ils sont presque entièrement d'origine humaine.

Ainsi, depuis 1850, la quantité de gaz à effet de serre a pratiquement doublé [1] – comme si la vitre qui nous entoure était devenue deux fois plus épaisse. Et la température a commencé à monter : environ 1 °C en moyenne en cent cinquante ans.

1. Il s'agit de la quantité totale de tous les gaz à effet de serre, convertie en équivalent gaz carbonique, sur la base du pouvoir de réchauffement de chaque gaz.

***Zoom 3* : Les principaux gaz à effet de serre**

	% (*)	Prg**	Durée***	Sources
Gaz carbonique (CO_2)	63	1	> 100 ans	Énergies fossiles (70 %), déforestation (20 %), cimenteries (5 %).
Méthane (CH_4)	18	23	> 10 ans	Agriculture (57 %), déchets (25 %), énergies fossiles (18 %)
Gaz fluorés (CFC, HFCs, PFCs, SF_6)	12	140 à 24000	Jusqu'à 50 000 ans	Réfrigérants, aérosols, industrie électronique
Protoxyde d'azote (N_2O)	7	300	120 ans	Engrais azotés (75 %), industrie chimique.

(*) Part dans le réchauffement climatique, en %.
(**) Pouvoir de réchauffement global par kg, comparé à celui du CO_2.
(***) Durée de séjour dans l'atmosphère. Pour le gaz carbonique, elle dépend du niveau de l'activité photosynthétique des plantes.
D'après GIEC, 2007.

Plus de 1 °C ? Il paraît difficile de s'inquiéter pour une telle hausse. Après tout, nous sommes habitués à voir la température fluctuer de plus de 10 °C d'un jour sur l'autre. Mais ces variations quotidiennes n'ont rien à voir avec celles du climat, phénomène global qui correspond à des statistiques sur des dizaines, voire des milliers d'années.

Pour un climatologue, une hausse de 1 °C, c'est considérable : le petit âge glaciaire, qui a plongé l'Europe dans une série d'hivers froids et de famines entre 1450 et 1850, avec un pic entre 1650 et 1750, correspond à une baisse de 0,5 à 1 °C de la température par rapport à la période précédente. À peine 2 à 3 °C nous séparent de la Terre d'il y a 3 millions d'années, lorsque le niveau des mers était de 25 mètres supérieur à aujourd'hui. Et 5 °C nous séparent des dernières grandes glaciations : le niveau des mers était alors de 120 mètres plus bas que maintenant, et des glaciers de plusieurs centaines de mètres d'épaisseur couvraient l'Europe.

Par ailleurs, les moyennes peuvent cacher bien des variations. Ainsi, cette augmentation de 1 °C est inégalement répartie : elle est négligeable sur l'équateur, plus forte dans les régions tempérées (environ 2 °C) et encore plus aux pôles (plus de 4 °C). Mais surtout, cette hausse en apparence minime suffit déjà à bouleverser l'équilibre fragile de l'atmosphère.

La grande déstabilisation

Un vent de tempête

Paris, août 2003. Depuis quinze jours, l'Europe est submergée par une vague de canicule sans précédent. Les records se succèdent : plus de 40 °C pendant une semaine à Auxerre, 42,6 °C à Orange et 47,3 °C dans l'Alentejo, au sud du Portugal. La France est particulièrement touchée : ses grandes villes ne sont pas faites pour la chaleur. La canicule décime les personnes âgées, isolées et plus fragiles. Les systèmes de santé ne sont pas préparés à un tel désastre. Il y aura quinze mille morts en France, trente-cinq mille morts en Europe.

La Nouvelle-Orléans, 29 août 2005. Le plus dévastateur des ouragans qui aient jamais frappé les États-Unis se précipite vers la côte atlantique. Avec 1 300 kilomètres de diamètre, il couvre une surface supérieure à celle de la France. Ses vents atteignent 280 km/h. La Louisiane et La Nouvelle-Orléans sont coupées du monde. Il y aura plus de mille huit cents morts, dont au moins un tiers sont imputables à la panique, à la désorganisation des secours et des forces de l'ordre. Les pillages s'ajoutent aux ravages du vent pour causer 135 milliards de dollars de dégâts. Le vernis de la civilisation craque vite lorsque le chaos s'étend.

Monmouth, Angleterre, novembre 2000. La Grande-Bretagne vient de connaître ses plus fortes précipitations depuis les premières mesures enregistrées en 1766[1]. Près de dix mille maisons sont inondées pour 1,3 milliard d'euros de dégâts. Paul Hayes observe, consterné, les ruines de son restaurant Le Café du Jardin. « *Nous n'avons plus d'hiver, nous avons une saison des pluies. On dirait des orages tropicaux. Et avec les collines qui nous entourent, ces pluies deviennent des inondations. Cela fait trois ans de suite que ma maison se remplit d'eau.* » Quelques mois plus tard, c'est à Collias, dans le Gard, que Pierre Chaboredon déplore la fermeture de son restaurant, L'Enclos, dévasté par les inondations du Gardon.

Des extrêmes, toujours plus d'extrêmes

Certes, il y a toujours eu des catastrophes naturelles. La question est de savoir si leur fréquence a augmenté, et si cette augmentation est due au réchauffement climatique. Or les évidences sont de plus en plus nombreuses (Idée reçue 2). Ainsi, onze des années les plus chaudes depuis 1880 se situent dans les douze dernières années. La répartition des pluies a changé : depuis 1990, elles ont baissé dans les régions sèches (moins 20 % en Europe du Sud), et augmenté de 10 à 40 % en Europe du Nord. Et surtout, ces pluies sont moins également réparties. Ainsi, la fréquence des fortes pluies a augmenté sur la plupart du globe, et il y a eu sept fois plus de grandes inondations dans les régions tempérées dans la seconde moitié du XXe siècle que dans la première[2].

---

1. M. Lynas, *High Tide*, Flamingo, 2004. Ce record sera battu pendant l'été 2007.

2. P.C.D Milly *et al.*, « Increasing Risk of Great Floods in a Changing Climate ». *Nature* 415 (6871) : 514-7, 2002. Les grandes inondations sont celles qui dépassent les niveaux atteints sur les cent dernières années dans des bassins fluviaux de plus de 200 000 km^2, comme celui du Danube.

Idée reçue 2 : Faut-il attendre que tout le monde soit d'accord sur le réchauffement climatique ?

Les chercheurs sont des gens prudents. Ils sont habitués à travailler dans le calme des laboratoires, en prenant leur temps. Avant d'être publiés dans une revue scientifique dite « de rang A », comme les célèbres revues *Nature* ou *Science*, leurs articles sont lus par un comité de lecture anonyme, composé de spécialistes du sujet. Une fois publiés, ils sont épluchés par des centaines de chercheurs du monde entier, qui traquent la moindre faille dans la démarche et les résultats.

Ainsi, selon l'épistémologue Karl Popper, un énoncé est scientifique lorsqu'il est « réfutable ». Cela signifie que chacun peut essayer de trouver des situations dans lesquelles cet énoncé est faux. Ainsi, dès qu'un chercheur écrit « *la température moyenne de l'atmosphère a augmenté de 1 °C depuis cent cinquante ans* », un autre va essayer de prouver qu'il a tort. En ce sens, les énoncés scientifiques se distinguent de la foi, qui ne se réfute pas.

Selon ce principe, lorsque la théorie du réchauffement climatique d'origine humaine a ressurgi dans les années 1980 – après une première formulation en 1896 – elle a subi le tir de barrage de centaines de scientifiques. Or jusqu'ici, toutes les observations indiquent bien une augmentation de la température depuis environ cent cinquante ans, avec une tendance à l'accélération à la fin du XXe siècle. La question est de savoir dans quelle mesure cette évolution est due à l'Homme. Là, les choses se compliquent. Pour tester cette hypothèse, il faudrait pouvoir retirer l'Homme, et comparer ce qui se passe « avec » et « sans ». C'est peut-être ce qui finira par arriver si nous continuons ainsi, mais c'est une autre histoire.

Comme ce type d'expérience est impossible, les scientifiques font des modèles. Ils observent la façon dont les chiffres du climat sont reliés entre eux : par exemple, le lien statistique entre température et présence de gaz carbonique, mais aussi les mécanismes physiques qui expliquent pourquoi le gaz carbonique fait monter la température. Puis ils intègrent ces relations dans des modèles informatiques, qui permettent de faire des simulations : quelle température ferait-il si nous n'émettions pas de gaz carbonique ? Jusqu'ici, tous ces modèles indiquent qu'il devrait faire moins chaud de 1 °C. Ainsi, tous les modèles confirment que l'Homme a bien augmenté la température.

Alors, y a-t-il un consensus quant à l'influence de l'Homme dans le changement climatique ? Oui, dans la mesure où le GIEC, le Groupement Intergouvernemental d'Étude du Changement Climatique, créé en 1988 et qui rassemble 2 500 scientifiques de soixante pays, l'a confirmé dans tous ses rapports : 1992, 1996, 2001 et 2007. Oui, dans la mesure où sur 928 publications parues dans des revues à comité de lecture sur le sujet entre 1998 et 2005, aucune n'a réfuté ce constat[1]. Les hypothèses contraires se rencontrent surtout dans des livres ou des rapports à caractère non scientifique, parfois issus de sources douteuses. Ainsi Exxon, la plus puissante compagnie pétrolière du monde, finance plusieurs dizaines de groupes de réflexions, chercheurs et journalistes spécialisés dans le déni du changement climatique[2] – au point que l'Académie des Sciences Britannique a écrit en 2006 une lettre de protestation aux dirigeants du groupe.

Mais la science étant ce qu'elle est, il y a encore des chercheurs qui émettent des doutes, et qui continuent de tester et vérifier les hypothèses de base du changement climatique. Il est donc toujours possible de dire : « *Il y a des gens qui ne sont pas d'accord, alors ne faisons rien en attendant que tout le monde en soit sûr.* » Seulement, cela n'arrivera jamais, puisque par définition tout énoncé scientifique est réfutable ! Le choix est donc simple : attendre de voir si la réalité va donner raison aux donneurs d'alerte, ou faire le choix d'une économie positive, qui lutte contre le changement climatique en créant des richesses et des emplois pour tous.

---

1. N. Oreskes, « Beyond the Ivory Tower : The Scientific Consensus on Climate Change. », *Science*, 306 (5702) : 1686, 2004.
2. C. Mooney, « Les mensonges du lobby Exxon », *Courrier International*, oct-déc 06.

Les scientifiques ont longtemps hésité à attribuer au changement climatique cette augmentation des évènements extrêmes. Le rapport 2007 du GIEC lève le doute. Il estime qu'il est « probable » à « très probable » que les deux soient liés, et donne pour « probable » à « pratiquement certaine » l'augmentation de la fréquence des canicules, des ouragans violents, des pluies torrentielles et des sécheresses au XXIe siècle.

La montée des eaux

À ces extrêmes, il faut ajouter les dégâts causés par la montée des eaux. En se réchauffant, les océans se dilatent, et leur niveau monte – un phénomène amplifié par le dégel.

Dans l'Arctique, où le réchauffement dépasse 4 °C, la glace a perdu 40 % de son épaisseur en trente ans[1]. Certains glaciers alpins perdent 60 centimètres par an et les glaciers pyrénéens, déjà réduits de 80 %, pourraient disparaître d'ici quarante ans[2]. Au cours du siècle précédent, le niveau des mers a augmenté de 17 centimètres – assez pour menacer les habitants des îles du Pacifique, envahies par l'eau salée. La Nouvelle-Zélande a dû s'engager à accueillir neuf mille réfugiés climatiques du Tuvalu si le pays devenait inhabitable. Et ce n'est qu'un avant-goût : Une hausse de 40 centimètres du niveau des mers, probable au cours du XXIe siècle, pourrait priver 250 millions de personnes de leur logis.

La montée des mers reste modérée tant que la fonte est limitée à la haute montagne et à l'Arctique. La glace de l'Arctique est déjà dans l'eau : lorsqu'elle fond, elle n'influence pas le niveau de l'océan – tout comme un glaçon qui fond

1. C. Parkinson et D. Cavalieri, « A twenty-One year record of Arctic Ice sea extents and their regional, seasonal and monthly variability and trends », *Annals of Glaciology* 34, pp. 441-446, 2002. Cité par Mark Lynas, *High Tide*, Londres, Flamingo, 2004.

2. J. Jouzel et A. Debroise, *Le Climat, jeu dangereux. Dernières nouvelles de la planète*, Dunod, 2007, pp. 161-163.

ne fait pas déborder un verre d'eau. Le véritable danger proviendrait d'une fonte des glaces continentales du Groenland, ou encore de l'Antarctique, dont la fonte provoquerait une hausse de 70 mètres du niveau de la mer. Les scientifiques ont longtemps cru que ces glaces étaient stables, et que leur épaisseur allait même augmenter en raison de chutes de neige en hausse.

Cette hypothèse rassurante est remise en cause par des travaux récents qui indiquent une fonte accélérée des glaces du Groenland et de l'Antarctique[1]. La hausse du niveau des mers pourrait donc s'accélérer.

Les espèces menacées

À terme, c'est tout le tissu de la vie qui est menacé. Les espèces vivantes voient leur croissance et leur reproduction perturbées par la chaleur et le dérèglement des saisons. Les biologistes décrivent des espèces d'oiseaux en danger parce que leur cycle de reproduction s'est décalé par rapport à celui des chenilles dont ils dépendent pour se nourrir. De nombreuses espèces d'insectes, dont certains sont vecteurs de maladies, migrent vers le nord[2]. Les arbres, quant à eux, ne peuvent pas se déplacer – tout au plus peuvent-ils parcourir quelques kilomètres en se reproduisant, à l'échelle d'une ou plusieurs générations. Ainsi le pin sylvestre, peu adapté à la chaleur, est menacé par le réchauffement du climat sur le pourtour méditerranéen.

Comme toujours dans la nature, certaines espèces arriveront à s'adapter, et d'autres pas. Si le réchauffement se

1. I. Velicogna et J. Wahr, « Measurements of Time-Variable Gravity Show Mass Loss in Antarctica », *Science*, vol. 311. N° 5768, pp. 1754-1756, 24/3/2006. Overpeck *et al.*, « Paleoclimatic Evidence for Future Ice-Sheet Instability and Rapid Sea-Level Rise », *Science*, vol. 311 N° 5768, 1747, 24/3/2006.

2. *Cf.* notamment GIEC, *Les Changements climatiques et la biodiversité*, 2002.

poursuit, la biodiversité, facteur essentiel de résistance des écosystèmes (chapitre 5), déjà très dégradée, va encore s'effondrer : une hausse de la température de 2 °C pourrait entraîner la disparition de 15 à 40 % des espèces vivantes. La diversité du vivant pourra se reconstituer naturellement, mais sur des centaines de milliers, voire des millions d'années. Ainsi, le changement climatique fragilise un environnement déjà perturbé.

Des territoires plus vulnérables

Michel aime retaper des maisons anciennes. Il a acheté une magnifique villa à Key West, une zone huppée de la côte de Floride. En 2000, la valeur de sa villa atteignait plusieurs millions de dollars. Aujourd'hui, Michel expose sa déconvenue : « *La valeur des propriétés de la région a chuté depuis le passage de Katrina et le film d'Al Gore sur le changement climatique. Plus personne ne veut acheter des maisons situées sur le passage d'ouragans de plus en plus nombreux.* » En effet, sur la dernière décennie, la fréquence des ouragans les plus violents a doublé dans l'Atlantique Nord, en lien avec l'augmentation de la température des océans[1]. Aux États-Unis, les cyclones de 2004 et 2005, les deux années les plus touchées de mémoire d'homme, ont coûté 345 milliards de dollars[2]. La maison de Michel est devenue invendable.

L'humanité est plus vulnérable qu'autrefois à ces tempêtes, et de façon générale aux catastrophes naturelles. La moi-

1. Webster, P.J., *et al.*, « Changes in Tropical Cyclone Number, Duration, and Intensity in a Warming Environment », *Science*, 309, 1844,1846, 16/09/2005 ; et Emanuel, K.A., « Increasing Destructiveness of Tropical Cyclones over the past 30 years » (Adobe PDF), *Nature*, 436, 686-688, 4/08/2005. À noter toutefois que ces phénomènes ne se retrouvent pas de la même manière dans d'autres zones océaniques, et que le lien entre température et ouragans reste discuté.

2. « A survey of climate change : Reaping the whirlwind », *The Economist*, 380/8494 : pp.11-13, 9/9/2006.

tié de la population mondiale vit à moins de quelques dizaines de kilomètres des côtes. Après le tsunami de décembre 2004, sur la côte Est d'Aceh, en Indonésie, j'ai pu observer[1] que les maisons situées derrière un rideau d'arbres ont été relativement épargnées. Si la vague a causé de tels dégâts, c'est parce que la mangrove, cette bande de forêt qui pousse entre terre et mer, a été remplacée par des maisons, des hôtels ou des élevages de crevettes.

En France, le chauffage a permis de transformer en logements les combles des immeubles, qui autrefois servaient d'isolant naturel – les canicules les transforment en pièges mortels. Les inondations font d'autant plus de ravages que trop de maisons ont été construites dans des zones exposées. Partout, dans le monde, la déforestation et la surexploitation des sols et des eaux se combinent au réchauffement climatique pour assécher des régions entières (chapitre 3). Ces choix sont une réponse à l'augmentation démographique : une réponse inadaptée, sur un mode qui tourne le dos à l'environnement.

Pour le moment, les pays développés sont protégés par leur système d'assurances. Jusqu'à quand ? Dans les années 1990, le coût des catastrophes climatiques s'est monté à 40 milliards de dollars par an[2]. Les compagnies d'assurance s'interrogent sur leur avenir. Leur modèle économique est basé sur une prévision statistique des risques, dont les bases deviennent caduques si l'on ne peut plus prédire la fréquence des événements extrêmes. Le montant des primes devient tel que de plus en plus d'individus et d'entreprises renoncent à s'assurer[3]. L'État américain a dû se substituer aux compagnies d'assurance pour indemniser les victimes d'ouragans.

Si les extrêmes climatiques – canicules, fortes pluies, sécheresses, tempêtes – sont aussi dévastateurs dans des pays

1. C'est Anne qui parle.
2. J. Jouzel et A. Debroise, *op.cit.*
3. J. Lewellyn, *The Business of Climate Change*, Lehman Brothers, *op.cit.*

riches, dotés de communications, de systèmes de secours et d'assurances, que dire des pays en développement ? Ils donnent une idée de ce qui pourrait nous attendre : en Chine, les grandes inondations de 1996 et 1998 ont coûté 54 milliards de dollars, dont moins de 3 % couverts par les assurances[1]. Des villages entiers ont été abandonnés par leurs habitants, sans espoir de retour.

Éviter l'emballement

Le climat, un système instable

Pourquoi tant d'extrêmes alors que la température globale n'a monté que de 1 °C ? Parce que le climat est un système complexe, instable, régi par ce que les physiciens appellent « la théorie du chaos ». Ces systèmes montrent une forte dépendance aux conditions initiales : un changement de conditions minime peut suffire à les faire basculer brutalement d'un état à l'autre (zoom 4).

Imaginez une bille dans une soucoupe posée au bord d'une table. Poussez-la doucement vers les bords de la soucoupe : elle retombe au milieu, et reprend sa position d'équilibre. Poussez un peu plus fort, et nous assistons à un changement d'état : la bille bascule par-dessus le bord de la soucoupe, et tombe par terre. En l'absence d'intervention extérieure, ce changement est irréversible – la bille ne va pas remonter toute seule dans la soucoupe. Or tout indique que comme la bille, le climat pourrait bientôt basculer.

1. *Journal de l'Environnement*, 11/9/2006.

Zoom 4 : Les lois du chaos et l'« effet papillon »

Dans un système stable, linéaire, les effets sont proportionnels aux causes. Les machines nous ont habitués à un monde linéaire. Lorsque l'on appuie sur la pédale de l'accélérateur, une voiture accélère dans les mêmes proportions. Lorsque l'on tourne le bouton d'un radiateur d'un cran, la température augmente de 1 °C dans la pièce.

Dans la réalité, ce fonctionnement est rare. Les phénomènes atmosphériques – la pluie, les vents, les ouragans – n'obéissent pas à des lois linéaires. De même, la croissance d'une population animale, l'extension d'une épidémie, les variations des marchés financiers, ne suivent pas des modèles linéaires. Ils sont régis par les équations de la théorie du chaos, et présentent une grande sensibilité aux conditions initiales. Cette propriété, illustrée par le proverbe populaire « *petites causes, grands effets* », a été définie au début du XXe siècle par le mathématicien Poincaré : « *Un dixième de degré en plus ou en moins en un point quelconque [...], et un cyclone éclate ici et non pas là.* »

Plus tard, elle fut popularisée sous le terme d'« effet papillon » suite à une communication du météorologue Edward Lorenz lors d'un colloque de 1972 intitulé *Prévisibilité : le battement d'ailes d'un papillon au Brésil peut-il déclencher une tornade au Texas ?* Il s'agit d'illustrer le fait que dans un système régi par les lois du chaos, comme l'atmosphère, une perturbation minuscule peut avoir des conséquences disproportionnées[1]. Ainsi, il est impossible de prévoir à partir de quel seuil de réchauffement le climat pourrait basculer vers un régime radicalement nouveau, dans lequel la répartition des températures, des pluies, des tempêtes, n'aurait plus rien à voir avec le monde actuel.

« *Le climat est une bête féroce assoupie, que nous nous amusons à titiller* », expliquent des spécialistes[2]. Jean Jou-

1. J. Gleick, *La Théorie du chaos*, Flammarion, 1991.
2. J. Adams, M. Maslin et E. Thomas, « Sudden climate transitions during the Quaternary », *Progress in Physical geography*, 1999, vol. 23, pp.1-36.

zel, un des plus grands climatologues du moment, confirme : « *Au début des années 1990, une découverte majeure a secoué le monde de la paléoclimatologie. Il y a eu, dans le passé, des variations climatiques subites et fortes. Ces sautes d'humeur pourraient chambouler l'évolution régulière du climat telle qu'elle est actuellement simulée*[1]. » Ainsi, au cours des cent dix mille dernières années, la Terre a connu plusieurs variations brusques de ce type, dont une hausse de 16 °C en quelques dizaines d'années. Allons-nous connaître la même chose au XXIe siècle ?

Ces données remettent en cause l'évolution linéaire du changement climatique telle qu'elle est présentée dans la plupart des rapports officiels, en particulier ceux du GIEC. Le dernier rapport de cet organisme envisage des hausses de température de 1,1 à 6,4 °C pour le prochain siècle. Sur ces bases, la plupart des politiques officielles, comme celle de la France, proposent de limiter la hausse de la concentration de gaz carbonique à 450 ppm (contre 380 aujourd'hui). L'objectif est de limiter la hausse des températures à 2 °C, seuil qui permettrait d'éviter les conséquences les plus catastrophiques.

Le problème, c'est que ce seuil de 2 °C est fictif. Il représente une limite rassurante, parce qu'elle semble compatible avec une poursuite du modèle économique actuel, à quelques ajustements près. En réalité, compte tenu du caractère chaotique du climat, personne ne peut dire à partir de quand le réchauffement pourrait s'emballer...

Alors, pourquoi le GIEC s'obstine-t-il à parler d'une hausse des températures de 1,1 à 6,4 °C, alors que nul ne peut garantir qu'elles resteront dans cette fourchette ? Ce groupement intergouvernemental est par nature modéré. Les documents qu'il produit doivent être approuvés par les repré-

1. J. Jouzel et A. Debroise, *op. cit.*

sentants de tous les États qui le composent, y compris ceux des États-Unis, opposés aux accords internationaux de lutte contre l'effet de serre. Ainsi, dans un rapport de 2000 présentant sa méthode de travail, le GIEC explique qu'il a choisi de présenter plusieurs scénarios pour le XXIe siècle, « *en excluant volontairement les futurs catastrophiques*[1] ». En somme, le GIEC se comporte comme un marin qui partirait en mer en s'interdisant d'envisager la possibilité d'une tempête... Tout ira bien, petites grenouilles !

Quand le réchauffement s'accélère

Pourtant, au-delà de certains seuils de températures, le réchauffement climatique pourrait entrer dans un cercle vicieux d'auto-renforcement. Pourquoi ? Parce qu'un certain nombre de réservoirs naturels de gaz à effet de serre pourraient déborder, et évacuer brutalement les gaz accumulés jusqu'alors. Explications.

Chaque année, l'humanité rejette environ 30 milliards de tonnes de gaz carbonique. Là-dessus, un bon tiers, environ 10 milliards, est absorbé par les réservoirs ou « puits » naturels que sont la végétation, les sols et les océans (zoom 5). Ces puits nous protègent encore un peu du changement climatique. Or à partir d'une certaine température, leur rôle peut s'inverser. Dès lors, non seulement ils n'absorbent plus de carbone, mais ils peuvent se mettre à rejeter les gaz à effet de serre qu'ils avaient stockés depuis des centaines d'années, voire des centaines de millions d'années dans certains cas – un peu comme un ballon qui explose parce qu'on a voulu trop le gonfler.

1. « *The SRES scenarios are intended to exclude catastrophic futures.* » *SRES Special Report on Emissions Scenarios,* GIEC, 2000.

***Zoom 5* : Stocks et flux de carbone** (milliards de tonnes)

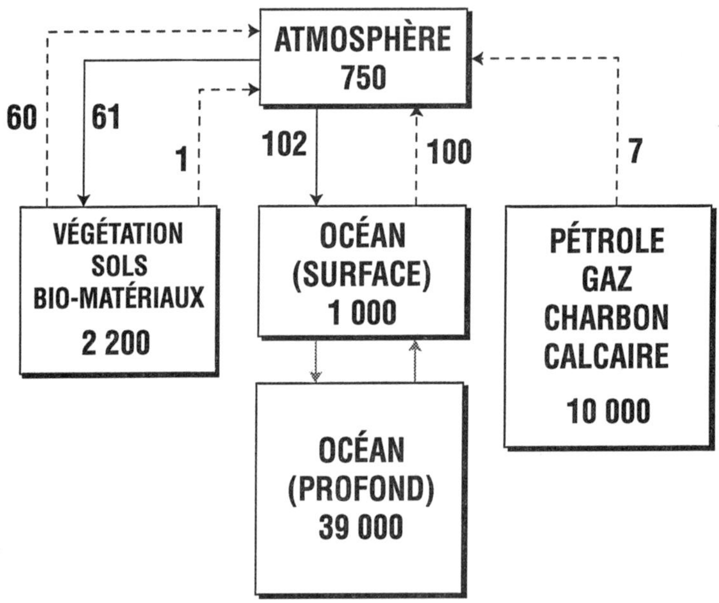

D'après Woods Hole Research Center et GIEC. Les chiffres dans chaque case représentent les stocks, en milliards de tonnes (Gt) de carbone. Pour chaque flux, l'incertitude est de +/- 1 Gt. Rappelons que 1 t de CO_2 contient 0,27 t de carbone.

Et si la forêt cessait de nous protéger ?

La forêt est un exemple de réservoir au bord de la saturation. Pour assurer leur croissance, les arbres puisent du gaz carbonique dans l'atmosphère, et se servent du carbone pour fabriquer du bois grâce à la photosynthèse. La nuit, ces mêmes arbres arrêtent d'absorber du carbone, et, par le biais de leur respiration, ils continuent de rejeter du gaz carbonique – comme la plupart des êtres vivants. La différence entre les quantités de carbone absorbées et rejetées dépend, entre autres, de la température. Jusqu'ici, le changement climatique a joué en notre faveur : comme il y a plus de gaz carbonique dans l'air, les forêts en absorbent plus et poussent plus vite.

Mais il y a des limites. Pour absorber du gaz carbonique, les plantes doivent ouvrir leurs stomates – de petits sas qui se trouvent dans leurs feuilles. Quand il fait trop chaud, ces orifices se ferment, pour éviter à la plante de se déshydrater. Dès lors, le gaz carbonique n'entre plus : les arbres interrompent leur croissance pour éviter la déshydratation. Ainsi, pendant les canicules, les arbres cessent d'absorber du gaz carbonique pendant la journée, et continuent d'en émettre pendant la nuit en respirant. Et voici comment un « puits » devient une source de carbone.

Il y a plus grave. Chaque année, des millions d'hectares de forêts brûlent dans le monde, aussi bien dans les régions tropicales qu'en Russie ou en Californie. Les échelles sont impressionnantes : en 1997-1998, 90 000 kilomètres carrés de forêt ont brûlé en Indonésie – un sixième de la surface de la France. Ces feux augmentent de fréquence et d'intensité au fur et à mesure que les canicules et les sécheresses, souvent conjuguées à une mauvaise gestion, fragilisent les forêts. Et à chaque incendie, ce sont des millions de tonnes de carbone stockées pendant des dizaines, voire des centaines d'années qui sont libérées dans l'atmosphère.

« Libérer les dragons » : La fonte du carbone gelé

Maintenant, les sols. Ils contiennent de la matière organique, c'est-à-dire des organismes vivants – vers, insectes, champignons, bactéries – et des résidus de matière vivante, par exemple des feuilles mortes. Or, toute matière organique est principalement constituée de carbone : les sols de la planète en contiennent ainsi deux fois plus que l'atmosphère. Le réchauffement accélère la décomposition de cette matière organique, qui dégage du gaz carbonique, mais aussi du méthane, dont l'impact sur l'effet de serre est vingt fois supérieur.

C'est ainsi que les permafrosts, ces sols gelés du Grand Nord canadien ou sibérien, représentent une bombe climatique en puissance. Ils couvrent 20 % des terres émergées, et atteignent jusqu'à 440 mètres d'épaisseur. Ce ne sont rien d'autre que des marécages congelés : or les marécages sont riches en matière organique fermentée, et donc en méthane et en gaz carbonique. Ils contiennent notamment des hydrates de méthane, sorte de « cages » formées de cristaux de glace qui piègent du méthane, libéré lors de la fonte du permafrost. Hubert Reeves dit à ce propos que l'Homme s'apprête ainsi à « *libérer les dragons* », ces milliards de tonnes de gaz à effet de serre qui dorment sous la glace.

Les océans : une bombe climatique

Les océans forment une autre bombe à retardement. En raison de leur inertie thermique, ils se sont réchauffés deux fois moins que l'air. Après avoir longtemps fonctionné comme un « puits » absorbant du carbone, les océans pourraient se mettre à en rejeter des quantités supérieures à celles présentes dans l'atmosphère.

Les océans absorbent du gaz carbonique en deux temps. Tout d'abord, le gaz se dissout dans l'eau. Puis le plancton végétal absorbe le gaz ainsi dissous pour fabriquer ses tissus, grâce à la photosynthèse. Une partie de ce carbone est utilisée pour construire le squelette calcaire du plancton, qui s'accumule ensuite au fond des océans.

Aujourd'hui, la quantité de gaz carbonique dépasse la capacité d'absorption du plancton. Sa concentration augmente dans l'eau de mer, et la rend plus acide. Cette acidité, à son tour, empêche la poursuite de l'absorption de gaz carbonique par l'océan, qui arrive à saturation. Un cercle vicieux est alors enclenché : l'acidité des eaux dissout le calcaire. Le plancton ne peut plus fabriquer ses coquilles, et finit par mourir. Il libère alors du carbone au lieu d'en absorber, et entraîne dans sa fin celle de tous les poissons de l'océan qui dépendent de lui, directement ou non, pour leur nourriture.

Il y a pire. Une partie du carbone océanique est stockée sous forme d'hydrates de méthane à plusieurs centaines de mètres de profondeur. Une hausse de la température océanique de 1 à 2 °C – nous sommes à 0,5 °C aujourd'hui – pourrait suffire à libérer des milliers de milliards de mètres cubes de méthane, qui feraient monter la température très au-dessus des fourchettes données par le GIEC. Une telle déstabilisation pourrait aussi causer des glissements de terrain sous-marins, entraînant des raz-de-marée géants. « *Libérer les dragons...* »

Ainsi, la plupart des phénomènes naturels peuvent conduire à ce que les scientifiques appellent des « boucles de rétroactions positives », c'est-à-dire un cercle vicieux dans lequel le changement climatique se renforce lui-même. Il en va de même pour l'économie actuelle, qui aggrave le problème en essayant de s'y adapter.

Arrêter la fuite en avant

Montélimar, mai 2004. Madame F. a quatre-vingts ans. Elle n'est pas en bonne santé. Comme beaucoup de femmes de son âge, elle vit seule : ses enfants ont quitté la région pour trouver du travail. Elle a suivi plusieurs émissions télévisées sur la canicule. En 2003, elle a eu de la chance, elle était en vacances au bord de la mer avec sa fille. Mais que se passera-t-il si la chaleur revient quand elle est seule ? Déjà, en ce mois de mai, les températures sont anormales. Le gouvernement a ouvert une ligne de téléphone spéciale pour ceux qui craignent la canicule. Madame F. casse sa tirelire et fait installer un climatiseur dans sa chambre.

Ils sont des millions, en France et ailleurs, à avoir fait comme Madame F. Qui va les blâmer de vouloir continuer à vivre, travailler et dormir confortablement ? Mais ce faisant, ils contribuent à la hausse des températures dont ils cherchent à se protéger. La climatisation automobile, par exemple, engendre une surconsommation énergétique de 15 %, soit autant de rejets de CO_2. Il s'y s'ajoute les fuites éventuelles de CFC ou HFC, ces gaz réfrigérants qui sont de puissants gaz à effet de serre.

Paris, juin 2006. Nous sommes dans le bureau de Monsieur L., un haut fonctionnaire du ministère du Tourisme. Un homme motivé, actif en matière de coopération internationale. Il nous parle de la Mongolie, dont l'agriculture et l'élevage sont dévastés par le changement climatique : la pluviométrie a baissé de 40 %. Pour survivre, la Mongolie compte sur les touristes, et de préférence sur les Européens, au pouvoir d'achat plus conséquent que celui des voisins chinois. « *Ils espèrent obtenir l'ouverture de la première ligne charter qui reliera directement la Mongolie à l'Europe* », m'explique Monsieur L. Pauvres Mongols ! La seule solution qu'ils ont trouvée pour combattre les effets du changement climatique, c'est de faire venir des avions, le moyen de transport qui émet le plus de gaz à effet de serre par kilomètre.

Les solutions : d'abord, faire moins mal

Un nombre croissant d'acteurs économiques prennent acte du réchauffement et cherchent à s'adapter à ce qui paraît inéluctable. Mais ces stratégies relèvent le plus souvent de la fuite en avant : en s'adaptant, chacun renforce le problème. Pourquoi ? Parce que l'économie fonctionne encore sur un mode linéaire, dépendant des énergies fossiles, qui ne sait intervenir qu'en dépensant plus d'énergie et en rejetant plus de gaz carbonique.

Les individus, les entreprises et les territoires qui s'adaptent de cette manière s'enferment donc dans un cercle vicieux. C'est à la racine du problème qu'il faut agir : en mettant en place des stratégies de croissance qui réduisent les émissions et absorbent du carbone. Et s'il s'agit de s'adapter, choisir des stratégies qui réduisent le problème au lieu de l'aggraver. La bonne nouvelle, c'est que ces stratégies existent... et que les solutions, souvent, sont au cœur du problème. Commençons par le plus important des gaz à effet de serre, le gaz carbonique.

Le cycle du carbone

Quel est le point commun entre les énergies fossiles, le bois et le ciment ? La vie, ou plus précisément la photosynthèse. Cette réaction chimique merveilleuse permet aux plantes, aux algues et à certaines bactéries de croître en prélevant du gaz carbonique dans l'atmosphère (zoom 6). Les tissus des plantes sont ainsi formés de chaînes dont l'élément de base est le carbone. Lorsque les plantes meurent et se décomposent, ce carbone repart dans l'atmosphère sous forme de gaz carbonique. C'est pourquoi les scientifiques parlent du « cycle » du carbone.

Le fonctionnement de ce cycle détermine la concentration de gaz carbonique dans l'atmosphère, c'est-à-dire l'épaisseur de la « vitre » qui entoure la Terre. Plus les plantes stockent du carbone, plus l'effet de serre diminue. Il y a 4,5 milliards d'années, la Terre était recouverte d'un manteau de gaz carbonique en quantité cent mille fois supérieure à aujourd'hui, et avec une pression quarante fois plus élevée – des quantités équivalentes à celles de Vénus, où la température est de 400 °C (zoom 7).

Zoom 6 : Comment la vie stocke du carbone

Les végétaux et les bactéries sont le plus ancien moyen d'absorber du carbone. La photosynthèse permet aux végétaux de capter l'énergie lumineuse, à l'aide de la chlorophylle, pour agréger des atomes de carbone et d'hydrogène, prélevés dans l'atmosphère et dans le sol, selon la réaction :

$$6\ CO_2 + 6\ H_2O + \text{Lumière} \rightarrow \text{Sucre}\ (C_6H_{12}O_6) + 6\ O_2$$

À travers cette réaction, les végétaux prélèvent du gaz carbonique (CO_2) dans l'atmosphère, gardent le carbone (C) et rejettent l'oxygène (O_2). Ils fabriquent ainsi des sucres simples, qui sont les composants de base de la structure des plantes. Ces sucres simples sont ensuite ajoutés les uns aux autres pour former des sucres complexes, c'est-à-dire de longues chaînes hydrocarbonées. On y retrouve toutes les molécules fondamentales des plantes, comme l'amidon, qui leur permet de stocker de l'énergie, la cellulose, qui donne sa souplesse aux tiges des plantes, ou la lignine, qui donne sa rigidité au bois.

En présence de chaleur et d'oxygène, les chaînes hydrocarbonées se cassent. C'est la combustion, qui restitue l'énergie et le gaz carbonique stockés. Ce dernier sera évacué par la respiration – ce qui explique pourquoi les animaux et les plantes émettent en permanence du gaz carbonique :

$$\text{Sucre}\ (C_6H_{12}O_6) + 6\ O_2 + \text{Chaleur} \rightarrow 6\ CO_2 + 6\ H_2O$$

Puis, des milliards de bactéries, d'algues, d'herbes, de fougères et finalement d'arbres, ont fait baisser la teneur en gaz carbonique et fait monter la teneur en oxygène de l'air. Nous leur devons notre atmosphère respirable et nos températures modérées. Ainsi, grâce aux végétaux, la concentration de gaz carbonique dans l'air a baissé pour atteindre le niveau de 280 ppm antérieur à la Révolution industrielle (zoom 7).

***Zoom 7* : Variations historiques de la quantité de gaz carbonique dans l'atmosphère**

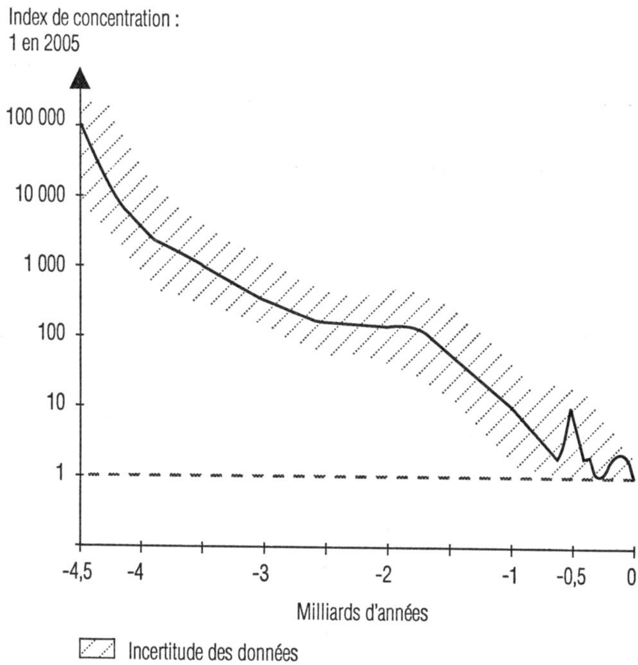

D'après Pierre Thomas, www.ens-lyon.fr, 08/01/2004. Le trait pointillé horizontal correspond à la concentration mesurée en juin 2005, soit 380 ppm (parties par millions).

En brûlant des combustibles fossiles, l'humanité est en train d'inverser le mécanisme qui a permis au climat de devenir tempéré. Le pétrole, le gaz et le charbon sont en effet des restes de plantes qui se sont entassés pendant la préhistoire, sur près de trois cents millions d'années. La température de la terre était alors tropicale, avec une concentration de gaz carbonique plusieurs fois supérieure à celle d'aujourd'hui. En brûlant ces carburants fossiles, l'humanité rejette dans l'atmosphère le gaz carbonique absorbé par les végétaux, les bactéries et le plancton de la préhistoire, et menace de ramener la Terre au climat de l'ère des dinosaures[1].

Il faut ajouter à ces émissions celles qui proviennent du « déstockage » du carbone contenu dans la végétation et dans les sols d'aujourd'hui. Ce phénomène dépend des zones climatiques. Dans les régions tempérées et froides, les résidus de matière vivante, par exemple les feuilles, se décomposent lentement : c'est pourquoi dans une forêt tempérée, le sol contient plus de carbone que la végétation (zoom 8). L'agriculture contemporaine tend à réduire la quantité de matière organique, et donc de carbone dans les sols – un processus qu'il est possible d'inverser par des techniques de culture adaptées (chapitres 3 et 8).

Zoom 8 : Stockage de carbone dans les sols et la végétation

En t / hectare	Végétation	Sol	Total	Sol / total
Terres cultivées	2	80	82	98 %
Forêts tropicales	120	123	243	51 %
Forêts tempérées	57	96	153	63 %
Forêts nordiques	64	344	408	84 %
Savanes	29	117	146	80 %
Prairies tempérées	7	236	243	97 %
Toundra	6	128	134	95 %
Zones désertiques	2	42	44	96 %
Zones humides	43	643	686	84 %

Sources : GIEC, rapport 2001, Jancovici, 2002.

1. Le même phénomène se produit lorsque le calcaire ($CaCO_3$), reste de squelettes d'organismes marins préhistoriques, est calciné pour fabriquer du ciment ou de la chaux.

Dans les régions chaudes, la décomposition de la matière organique est rapide, et le carbone retourne vite dans l'atmosphère. Il y en a donc peu dans les sols. Par contre, la dense végétation de ces régions en stocke beaucoup. C'est pourquoi la destruction de la forêt tropicale, estimée à 150 000 km^2 par an, soit près du quart de la France, représente près de 20 % des émissions mondiales de CO_2.

Diminuer les émissions : du facteur 4 au facteur 10

Ainsi, au total, l'humanité « déstocke » chaque année environ 30 milliards de tonnes de gaz carbonique, dont 24 milliards sont dues à la combustion de carburants fossiles, et 6 à la destruction des forêts et à la dégradation des sols. Ce phénomène n'est pas inéluctable. Il est possible de l'inverser en mettant en place une économie positive, qui stocke plus de carbone qu'elle n'en émet.

Pour y parvenir, il faut d'abord diminuer les émissions, en combinant trois politiques : réduire la consommation d'énergie, substituer des sources d'énergies sans carbone aux carburants fossiles, stopper la destruction des forêts. Toutes supposent de se donner des objectifs beaucoup plus ambitieux que ceux des politiques actuelles. Explications en quelques calculs.

L'humanité émet environ 50 milliards de tonnes de gaz à effet de serre par an [1], dont 30 de gaz carbonique. Environ 10 milliards de tonnes de gaz carbonique sont absorbées par les « puits naturels » que constituent la forêt, la végétation et les sols. Pour stabiliser la concentration de gaz à effet de serre dans l'atmosphère, il faudrait donc limiter les émissions à 10 milliards de tonnes par an, soit 1,5 tonne par personne en moyenne. C'est en quelque sorte notre quota d'émissions

1. Quantité mesurée en équivalent CO_2, compte tenu du pouvoir de réchauffement global des différents gaz.

individuelles, celui qui est compatible avec la lutte contre le réchauffement climatique.

Aujourd'hui, les pays de l'OCDE, c'est-à-dire les plus industrialisés, sont responsables de la moitié des émissions de gaz à effet de serre, avec une population de seulement 1,5 milliard sur les 6,5 que compte la planète. Cela signifie que ces pays émettent 15 tonnes de gaz à effet de serre par personne. Pour ramener les émissions des pays industrialisés au niveau du quota individuel de 1,5 tonne, il faut donc les diviser par 10[1].

Cet objectif est encore plus drastique si l'on se projette dans l'avenir : une poursuite de la croissance démographique et économique sur le mode actuel aboutirait à des émissions supérieures de vingt fois notre quota individuel en 2050.

Où en sont les politiques aujourd'hui ? L'Union Européenne s'est engagée à une réduction de 20 % de ses émissions en 2020 pour atteindre 50 % en 2050 – objectif repris lors de la dernière réunion du G8. Elle envisage ainsi de diviser par 2 ses émissions : c'est cinq fois moins que ce qu'il faudrait faire. Certains pays comme la France ou la Grande-Bretagne affichent des objectifs plus ambitieux, mais encore insuffisants : ils se proposent de réduire leurs émissions par un facteur 4 en 2050.

Pourquoi un tel décalage ? La formule du « facteur 4 » est apparue pour la première fois en 1997 dans un ouvrage issu d'un rapport au Club de Rome, qui a rencontré un vif succès[2]. Elle a fini par être adoptée par les responsables politiques – mais avec dix ans de retard. Or entre-temps, la

---

1. En France, en raison de la forte part du nucléaire dans la production d'électricité (environ 80 %), les émissions de gaz à effet de serre sont d'environ 10 tonnes par habitant, soit 6,7 fois plus que le quota individuel de 1,5 tonne permettant la stabilisation de la concentration de gaz à effet de serre.

2. E.U. von Weizsäcker, A.B. Lovins, L. Hunter Lovins, *Facteur 4 : deux fois plus de bien-être en consommant deux fois moins de ressources. Rapport au Club de Rome*. Terre Vivante, 1997.

concentration de gaz à effet de serre a continué d'augmenter... et maintenant, il faudrait remplacer l'objectif du « facteur 4 » par un « facteur 10 ». Aujourd'hui, les politiques affichent un objectif qui était pertinent il y a dix ans. Une remise à jour est indispensable : c'est bien par 10 qu'il faut réduire les émissions de gaz à effet de serre – sinon, demain, c'est un facteur 20 ou 50 qu'il faudra viser. Et dès lors, il sera en effet difficile d'éviter une décroissance massive et brutale de l'économie.

Récupérer le méthane

Des follets brillent dans l'ombre
Et la voix que j'entendais
Se mêle aux cris d'un grand nombre
De lutins, de farfadets.

Ce poème du XIXe siècle[1] évoque les feux follets, ces lueurs visibles la nuit dans les marais et les cimetières, et que nos ancêtres prenaient pour des esprits malins. La réalité est plus triviale. La matière organique en décomposition dégage du méthane (CH_4), qui s'enflamme facilement à l'air libre.

Pour notre malheur, l'estomac des ruminants fonctionne comme un marécage : il est rempli de bactéries qui décomposent l'herbe, et produisent des flatulences riches en méthane – de l'ordre de 40 litres par jour et par vache – auquel il faut ajouter celui issu des déjections des animaux. C'est ainsi que l'élevage, surtout de bovins, représente environ 45 % des émissions de méthane, et donc 8 % du réchauffement climatique.

Il faut y ajouter les émissions de ces marécages artificiels que sont les rizières, inondées en période de croissance (12 % du méthane d'origine humaine). Une autre partie

1. *Les Lutins de Montlhéry*, de Pierre-Jean de Béranger, *Chansons*, 1829.

(25 %) provient de la décomposition des déchets organiques – épluchures de légumes des ménages ou résidus des industries agro-alimentaires, par exemple. Enfin, le gaz naturel est aussi un carburant fossile, issu des marécages de la préhistoire, et présent dans les gisements d'hydrocarbures. L'exploitation du pétrole et du gaz donne lieu à des fuites, qui représentent à elles seules 18 % des émanations de méthane.

Tout comme le gaz carbonique, le méthane peut faire partie des solutions au changement climatique. La première étape, là encore, consiste à réduire les émissions. C'est un objectif plus complexe que dans le cas du gaz carbonique, car les sources de méthane sont encore plus diffuses – difficile de contrôler les intestins de millions de vaches soumises à des régimes différents selon les saisons et les continents. Il est pourtant possible de réduire les émanations de méthane de l'élevage en diminuant la consommation de viande, excessive dans les pays industrialisés, et en modifiant l'alimentation des animaux (chapitres 4 et 8).

Mais surtout, il est possible de récupérer le méthane issu de la fermentation des déjections animales et des déchets organiques, et celui issu des fuites d'exploitation des hydrocarbures. Car ce méthane qui s'envole dans l'atmosphère, c'est aussi un précieux carburant. Au moins un tiers de ces émissions peut être récupéré, soit l'équivalent de 280 millions de tonnes de pétrole, ou 7 % de la consommation de pétrole actuelle. Positive pour le climat, la récupération du méthane des décharges est aussi un secteur en expansion, générateur de croissance et d'emplois. Nous y reviendrons en détail dans la deuxième partie de ce livre.

Arrêter les usines à gaz

Tout en produisant du froid, les réfrigérateurs et les climatiseurs contribuent au réchauffement climatique. En effet, ils utilisent des gaz réfrigérants de la famille des gaz fluorés qui ont un fort pouvoir de réchauffement, et restent longtemps dans l'atmosphère (zoom 3)[1]. Ces gaz sont aussi utilisés pour la fabrication de nettoyants industriels, de bombes à aérosols et de mousses synthétiques. Enfin, le dernier des gaz à effet de serre est le protoxyde d'azote (N_2O), principalement issu des engrais azotés utilisés en agriculture, et aussi de l'industrie chimique[2].

Ces gaz représentent, ensemble, 19 % du réchauffement climatique. Ils restent des milliers d'années dans l'atmosphère. Contrairement au gaz carbonique, on ne sait pas les en retirer. Une seule solution, en réduire l'utilisation et les remplacer par d'autres substances, non génératrices d'effet de serre.

Stabiliser le climat : stocker du carbone

Absorber du carbone grâce à la vie

Un calcul simple indique que même si l'humanité parvient à diviser par 10 ses émissions d'ici à 2050, la poursuite des rejets de gaz à effet de serre dans les années à venir entraînera une hausse de leur concentration. Ainsi la concentration de gaz carbonique se stabiliserait autour de 500 ppm, soit un niveau près de deux fois supérieur à celui d'avant la Révolution industrielle. Or, même s'il était possible de stabiliser la concentration des gaz à effet de serre à leur niveau

1. Les principaux gaz réfrigérants ont longtemps été les CFC. Ils ont été interdits en 1987 par le protocole de Montréal en raison de leur effet destructeur sur la couche d'ozone, qui protège la Terre des rayons ultraviolets dangereux pour la vie. Ils ont été remplacés par les HFC et les HCFC, qui épargnent l'ozone mais pas le climat.

2. Il faudrait y ajouter l'ozone (O_3), dont la contribution à l'effet de serre est équivalente à celle des gaz fluorés. Mais l'essentiel de l'ozone présent dans l'atmosphère a une origine indirecte : il se forme à partir d'autres gaz, comme les oxydes nitreux, le monoxyde de carbone ou certains hydrocarbures. C'est pourquoi l'ozone ne fait pas partie du protocole de Kyoto.

actuel, ce ne serait pas suffisant pour arrêter le réchauffement climatique. Explications.

Les courbes d'évolution de la température et des gaz à effet de serre sur les cinquante dernières années présentent un décalage curieux. Les concentrations de gaz carbonique et de méthane se sont envolées bien au-dessus de leur maximum depuis quatre cent mille ans. La température a beaucoup moins augmenté (zoom 9).

Zoom 9 **: Le décalage entre hausse des gaz à effet de serre et hausse de la température**

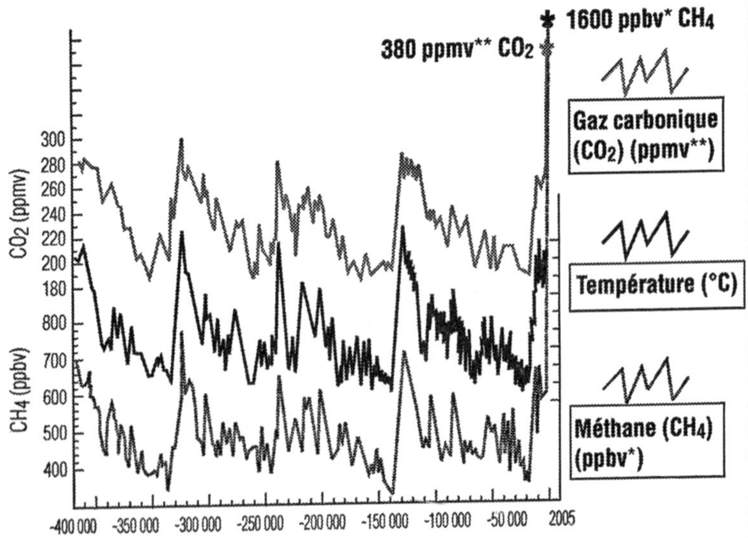

*ppbv : parties par milliards (billions en anglais) en volume.
**ppmv : parties par millions en volumc.

D'après Petit *et. al., Nature,* 339 : 429-436, 1999.

Ce délai entre la hausse de la concentration des gaz à effet de serre et celle de la température est dû en particulier à l'inertie des océans, qui se réchauffent lentement. Cela signifie que même si aujourd'hui nous stabilisons la concentration de gaz à effet de serre, l'atmosphère et les océans continueront de se réchauffer, par effet d'inertie.

Il ne suffira donc pas d'arrêter d'épaissir la « vitre » qui entoure la Terre pour stopper le réchauffement. Pour stabiliser le climat, il faut ramener l'épaisseur de cette vitre aux niveaux antérieurs à la Révolution industrielle, qui correspondent aux conditions dans lesquelles l'espèce humaine s'est développée. Toutes les autres solutions représentent un pari effroyable sur l'avenir.

Pour y parvenir, il faut que la concentration de gaz à effet de serre diminue. Cela signifie que tout en réduisant les émissions, il faut aussi absorber, et stocker de manière durable, les gaz à effet de serre en excès dans l'atmosphère aujourd'hui. Ces gaz correspondent au total émis depuis la Révolution industrielle, soit environ 1 700 milliards de tonnes d'équivalent gaz carbonique (zoom 10). Comment faire pour capter et stocker ces gaz à effet de serre qui sont déjà présents dans l'atmosphère sous forme diffuse ? Aucune solution n'existe en ce qui concerne le méthane, le protoxyde d'azote ou les gaz fluorés. Le seul gaz qu'il est possible de prélever dans l'atmosphère, c'est le gaz carbonique, que les végétaux et certaines bactéries sont capables d'absorber grâce à la photosynthèse.

Cette voie n'a rien à voir avec les méthodes de « captage et stockage géologique » du gaz carbonique, qui font beaucoup parler d'elles. Ces solutions « géologiques » permettent de capter les gaz qui sortent des cheminées d'usine, sous forme concentrée. Elles peuvent donc réduire une partie des émissions à venir, mais elles ne peuvent pas capter le carbone déjà présent dans l'atmosphère (idée reçue 3).

***Zoom 10* : Les objectifs de restauration du climat**

Quantités de gaz à effet de serre atmosphériques de l'économie négative Projections pour 2030 et 2050

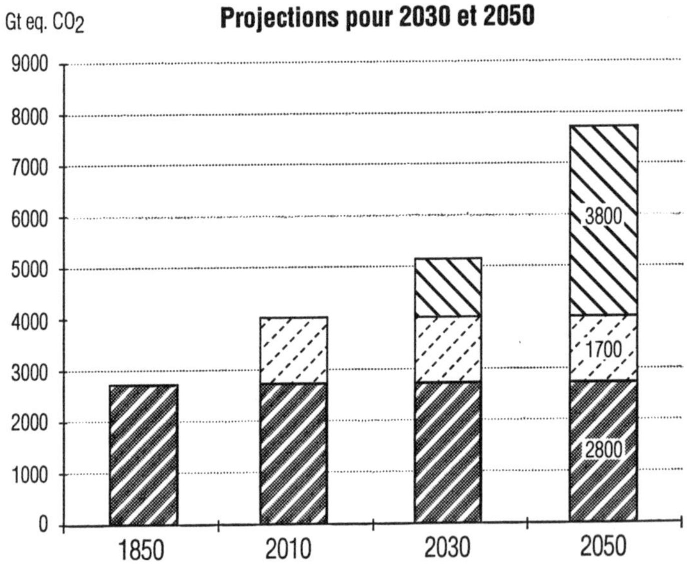

Quantité de gaz à effet de serre de l'atmosphère avant la Révolution industrielle (plus exactement avant 1850), en milliards de tonnes (Gt) d'équivalent gaz carbonique.

Quantités émises entre 1850 et la période actuelle.

Émissions futures, en cas de poursuite de la croissance à un rythme de 2 % par an dans les pays industrialisés et de 5 % dans les pays en développement, **avec le même profil d'émissions qu'aujourd'hui**.

Source : BeCitizen, modèle Carbon Killer, 08/2007.

Idée reçue 3 : Le captage géologique est-il la solution miracle au réchauffement climatique ?

Les solutions de « captage géologique » et de « stockage géologique » du gaz carbonique sont souvent présentées comme une méthode miracle de lutte pour débarrasser l'atmosphère des excès de gaz à effet de serre.

De quoi s'agit-il ? De capter le gaz carbonique émis par une centrale thermique ou un site industriel, de le compresser et de l'injecter dans le sous-sol. Cette opération nécessite des sites adaptés, permettant de piéger le gaz en dessous de 800 mètres de profondeur, pour limiter les risques de fuites vers la surface. Il peut s'agir de gisements de pétrole ou de gaz naturel épuisés, ou de formations salines profondes. Ainsi, Total développe ce système sur l'ancien site gazier de Lacq, en Aquitaine.

Cet outil est pertinent sur des sites à émissions concentrées, qui ne soient pas trop éloignés d'un site de stockage adapté. Le GIEC estime que d'ici à 2050, 30 à 60 % des émissions des centrales thermiques électriques pourraient ainsi être captées, et 30 à 40 % des émissions provenant de l'industrie. Au total, il serait ainsi possible de réduire de 20 à 40 % les émissions mondiales de gaz carbonique émanant de combustibles fossiles, soit 10 à 20 % des émissions de gaz à effet de serre. Il ne s'agit donc au mieux que d'une des solutions disponibles pour réduire les émissions. Par ailleurs, on manque encore de recul pour évaluer la pérennité de cet outil : il n'y a aucune assurance sur la stabilité du stockage gazeux en profondeur. Plutôt que d'émettre du carbone pour ensuite chercher à le stocker, il est donc plus efficace de ne pas en émettre.

Enfin, rappelons que le stockage géologique concerne le carbone issu de sites industriels, capté au fur et à mesure des émissions. Il ne permet donc pas de capter le carbone diffus qui se trouve dans l'atmosphère, qui a été émis dans le passé. Pour y parvenir, une seule méthode est disponible aujourd'hui : activer la photosynthèse par les végétaux, c'est-à-dire le stockage biologique.

Chiffres de GIEC, 2005 : Piégeage et stockage du dioxyde de carbone.

Comment utiliser la vie pour stocker du carbone ? Les trois grands réservoirs naturels de carbone sont les océans, les sols et la végétation. Diverses méthodes ont été proposées pour stocker du gaz carbonique dans l'océan : comme d'autres méthodes d'« ingénierie climatique » ou de « géo-ingénierie » elles restent dangereuses, compte tenu de notre manque de connaissance sur la stabilité des gaz dissous dans l'océan (zoom 11).

Zoom 11 : Géo-ingénierie ou géo-intelligence ?

Les océans représentent le plus grand réservoir naturel de gaz carbonique : environ 40 000 milliards de tonnes d'équivalent carbone. Diverses expériences de « géo-ingénierie » ont été tentées pour accroître leur capacité de stockage, notamment en stimulant la croissance du plancton végétal par des apports de fer. Ces expériences se sont révélées des échecs. Le fonctionnement des océans reste trop mal connu pour qu'il soit possible d'y intervenir sans courir le risque de créer de nouveaux déséquilibres.

D'autres méthodes d'ingénierie climatique ont été proposées pour réduire l'effet de serre. Parmi elles, l'idée de déployer des écrans filtrants autour de la Terre, pour stopper les rayons du soleil. D'autres ont proposé de larguer du soufre dans l'atmosphère pour absorber le rayonnement solaire, comme lors d'une éruption volcanique. Ces solutions réduiraient la photosynthèse, donc la croissance des végétaux et la production agricole. Nul ne peut imaginer quels déséquilibres elles pourraient créer : il s'agit là encore d'une fuite en avant dangereuse.

À l'inverse de ces mesures d'apprentis-sorciers, l'économie positive repose sur une géo-intelligence. Elle vise à recréer l'équilibre naturel des stocks de carbone grâce à la photosynthèse. Elle vise à restaurer l'équilibre des écosystèmes, en travaillant avec eux plutôt que contre eux. Elle utilise le potentiel de la vie, c'est-à-dire le résultat de 4,5 milliards d'années de recherche-développement par la Nature – grâce aux connaissances scientifiques disponibles aujourd'hui sur le fonctionnement des organismes vivants, et leurs interactions au sein des écosystèmes.

Aujourd'hui, la seule méthode disponible pour capter le carbone diffus dans l'atmosphère sans créer de déséquilibres, c'est de restaurer la capacité des sols et de la végétation à stocker du carbone. Les solutions au réchauffement climatique seront plus biologiques que géologiques. Démonstration.

Reverdir les déserts

Aujourd'hui, les forêts occupent à peine 25 % des surfaces du globe, contre 30 % pour la savane et les broussailles, 8 % pour les prairies, 11 % pour les cultures et 14 % pour les sols nus, c'est-à-dire des zones de haute montagne ou des déserts [1]. Or les déserts ont fortement progressé au cours du XXe siècle. Environ un tiers des terres cultivées il y a quarante ans, soit 6,5 millions de km^2 – plus de dix fois la surface de la France – ont été abandonnées en raison de l'érosion et de la désertification [2]. Remplacer les surfaces désertifiées par des prairies, des cultures ou des forêts permettrait de stocker du carbone, mais aussi de recréer de la biodiversité, de lutter contre l'érosion et, dans certains cas, d'augmenter l'humidité et les précipitations locales. Et surtout, ce programme permettrait de produire des aliments, des matières premières, des biocarburants, et de fournir des revenus pour la population locale. Vous avez dit économie positive ?

Ce programme repose sur la culture d'espèces adaptées aux zones arides, résistantes à la sécheresse, qui peuvent se développer avec des apports en eau et engrais minimes. L'une des espèces les plus prometteuses aujourd'hui est le *Jatropha curcas*, ou pourghère, une plante buissonnante déjà utilisée dans de nombreux pays du Sud comme haie ou pour ses propriétés médicinales. Son fruit produit une huile utili-

1. Sources : FAO. Le reste est constitué par des zones urbaines, des surfaces gelées, des marais, et un mélange de différents types de terrains.
2. UNEP, *Don't Desert Drylands ! Facts About Deserts And Desertification*, 2006 ; Pimentel D. (2006) « Soil erosion : a food and environmental threat », *Environment Development and Sustainability* 8 : 119-137.

sable dans certains moteurs et chaudières, ou transformable en biodiesel par réaction chimique.

Une plantation de jatropha stocke environ 5 tonnes de carbone par hectare pendant sa croissance. Un programme de replantation des deux tiers des 6,5 millions de km^2 de déserts créés au XXe siècle permettrait ainsi de stocker près de 160 milliards de tonnes de gaz carbonique, soit près de 10 % des gaz à effet de serre émis depuis le début de la Révolution industrielle. Sur la base d'un rendement de 300 tonnes d'équivalent pétrole par km^2 et par an, ce programme pourrait permettre de produire 1,3 Gtep par an, soit près de 30 % de la consommation actuelle de pétrole. Il créerait des millions d'emplois dans des pays qui sont parmi les plus pauvres de la planète.

Pour réaliser un tel programme en quarante ans, il faudrait planter plus de 100 000 km^2 par an – à titre de comparaison, la surface agricole de la France est de 400 000 km^2. Le coût peut être estimé entre 50 000 et 100 000 euros par km^2 selon les régions. Le montant d'un tel programme serait donc de 5 à 10 milliards d'euros par an. À titre indicatif, l'aide publique au développement consentie par les pays de l'OCDE, en 2005, s'est élevée à 80 milliards d'euros, soit 0,33 % du revenu national brut des pays correspondants. L'investissement nécessaire correspond donc à environ 6 à 12 % de ce montant.

Et il n'est même pas forcément nécessaire de compter sur la générosité des États pour lancer un tel programme : le jatropha permet de produire du biodiesel, à des coûts compétitifs en ces temps de pétrole cher. Une société britannique, D1 Oils, développe des centaines de milliers d'hectares de jatropha dans le monde (solution 2). De nombreux pays s'intéressent ainsi à cette culture : l'Inde, qui mise beaucoup sur les biocarburants, a identifié près de 40 millions d'hectares de terrains disponibles, et se donne comme objectif de remplacer 20 % de son diesel par de l'huile de jatropha en cinq ans. La durabilité de ces projets dépendra de leur capacité à générer des emplois et des revenus pour la population, et de faire entrer l'économie locale dans une dynamique positive.

Solution 2 : Des biocarburants dans le désert

Pourquoi faudrait-il détruire des forêts tropicales, comme en Indonésie, ou remplacer des cultures de maïs, comme au Mexique, pour remplir des réservoirs d'essence ?

Du point de vue économique, social et environnemental, le meilleur biocarburant est celui qui permet de valoriser des surfaces désertiques. C'est le cas de l'huile de jatropha, une plante oléagineuse originaire d'Amérique latine, dont les graines étaient traditionnellement utilisées pour produire de l'huile de lampes. Après avoir cherché à utiliser l'huile de colza, trop onéreuse, la société britannique D1 Oils a dû trouver des alternatives. Le *Jatropha curcas* fut choisi pour sa haute teneur en huile, sa rusticité, sa résistance à la sécheresse et sa longévité de trente ans.

Les graines sont écrasées pour la production de biodiesel. Les tourteaux résiduels peuvent servir d'engrais, d'aliment pour le bétail, ou de combustible. Le biodiesel ainsi produit est moins toxique que le diesel traditionnel : moins de composés sulfuriques, aromatiques et volatiles. Il peut être utilisé avec très peu de modifications dans les véhicules. En Inde, Daimler Chrysler a testé avec succès l'utilisation d'huile de jatropha dans les moteurs de ses Mercedes.

Cette nouvelle filière a permis à D1 Oils de lever plus de 50 millions d'euros sur les marchés financiers. Près de 110 000 hectares de droits à planter ont été obtenus en Inde, en Asie du Sud-Est et en Afrique du Sud, avec pour objectif de valoriser des territoires considérés hier comme improductifs.

L'économie positive se nourrira de diversité. Le jatropha ne sera pas nécessairement la meilleure solution pour toutes les situations. Il n'est qu'un exemple parmi d'autres de cultures qui pourraient valoriser les déserts pour stocker du carbone, tout en produisant des aliments pour l'Homme ou le bétail, ou encore des biocarburants ou des biomatériaux. En Inde, des essais sont conduits pour produire du biodiesel avec le neem (*Azadirachta indicta*) ou le karanj (*Pongamia pinnata*). En Arizona, les fermiers testent le guayule, une plante buissonnante qui produit du caoutchouc, l'hesperaloe, qui produit des fibres de grande qualité pour l'industrie du papier, le lesquerella, une plante dont l'huile peut servir à fabriquer des lubrifiants, ou le sorgho à sucre, qui pourrait produire de l'éthanol. Des espèces végétales connues depuis longtemps, bien adaptées à leur environnement, et qui peuvent être développées pour répondre aux enjeux énergétiques, climatiques et économiques du XXIe siècle.

Protéger et reboiser les forêts

Après les déserts, les forêts. Elles représentent un potentiel considérable de stockage de carbone – fonction qui peut, et doit être combinée avec les multiples rôles traditionnels de la forêt : production de bois et de produits non ligneux (plantes médicinales, résines, écorces, fruits, champignons, etc.), protection des sols, des eaux et de la biodiversité, tourisme...

L'approche reste la même que précédemment : d'abord, faire moins mal, stopper les dégâts. Cela signifie mettre un frein à la déforestation. Or, les forêts qui sont détruites aujourd'hui se situent essentiellement dans des pays pauvres, en zones tropicales, où 900 millions de personnes dépendent des forêts pour leur vie quotidienne. Leurs dirigeants voient surtout dans la forêt une source d'enrichissement rapide, par le biais des concessions d'abattage du bois, souvent confiées à des sociétés étrangères – à moins qu'ils ne préfèrent voir la forêt remplacée par des cultures ou des élevages extensifs, destinés à l'exportation et générateurs de devises. Aucune considération écologique ne peut faire le poids face aux intérêts économiques en jeu.

Pour que la population et les dirigeants de ces pays soient motivés à la protéger, ils doivent y voir une source de revenus durable – il faut qu'un arbre vivant rapporte plus qu'un arbre abattu. Quelles sont les options possibles ?

La première consiste à mettre en place une gestion durable des forêts, qui permette de concilier rentabilité économique et conservation de l'environnement, telle que définie par le Forest Stewardship Council (FSC, cf. chapitre 8). Imposer progressivement un label de bonne gestion, tel que celui du FSC, à toutes les importations de bois en Europe permettrait d'inciter les exploitants à protéger les forêts sans renoncer à en tirer des revenus.

Ce programme de gestion durable peut s'appliquer à la reforestation des espaces dégradés. Dans les pays tropicaux, de vastes espaces autrefois couverts de forêts primaires ont été transformés en forêts secondaires, en savane arborée ou en broussailles. Le reboisement de 20 % des surfaces de savanes et de brousses du monde, soit environ 8 millions de kilomètres carrés dans les quarante ans à venir, permettrait de stocker environ 5 tonnes de carbone par hectare et par an, soit 260 milliards de tonnes de gaz carbonique – soit environ 15 % des gaz à effet de serre émis depuis la Révolution industrielle.

La deuxième option consiste à financer des programmes de conservation forestière permettant à la fois de protéger la biodiversité et de stocker du carbone, ce qui est compatible avec une exploitation économique limitée et raisonnée de la forêt, à faible impact, par exemple par le biais de l'écotourisme. De tels programmes sont mis en place par des ONG financées par des acteurs privés qui souhaitent investir pour préserver le climat et la richesse naturelle des forêts tropicales, tout en proposant des opportunités de revenus aux populations locales. Ainsi à Madagascar, plusieurs ONG internationales se sont alliées pour préserver la forêt de Makira, avec l'aide de groupes comme Mitsubishi, BP, SC Johnson – et même les musiciens de Pearl Jam.

Il reste encore beaucoup à faire, en revanche, pour que la forêt soit prise en charge de manière satisfaisante dans le cadre du marché des permis d'émissions de carbone mis en place par le protocole de Kyoto. Dans le cadre du protocole, un pays ou une entreprise qui rejette des gaz à effet de serre peut compenser ces émissions en finançant un programme de réduction d'émissions dans un pays en développement : c'est ce que l'on appelle le « Mécanisme de Développement Propre » (MDP). Il peut permettre, par exemple, de financer le remplacement d'énergies fossiles par des énergies renouvelables.

Le MDP s'applique en théorie à la plantation ou la replantation d'arbres, mais en pratique, les mécanismes sont trop complexes, et n'offrent pas de garanties suffisantes pour permettre au marché de fonctionner. Par ailleurs, il ne s'applique pas à la protection de forêts déjà en place. Aujourd'hui, des discussions sont en cours aux Nations unies pour que le MDP permette de financer la réduction de la déforestation lors de la période qui suivra la fin du protocole actuel, c'est-à-dire après 2012. Si ces discussions aboutissent, de nouveaux mécanismes seront disponibles pour protéger la forêt.

Stocker du carbone dans le bois

La gestion durable des forêts naturelles et des espaces reboisés permettrait d'augmenter la production de bois. Une partie de ce bois peut ensuite être utilisée comme source d'énergie, et remplacer des carburants fossiles (chapitre 2). Une partie peut être broyée et transformée en « bois raméal fragmenté » (BRF), qui peut ensuite être ajouté à des sols désertifiés pour augmenter leur fertilité et leur rétention d'eau. Ainsi, dans un cercle vertueux, les forêts gérées durablement contribuent aux programmes de reboisement et de reverdissement du désert.

Mais surtout, la production de bois peut fournir des matériaux de construction, qui permettent de stocker durablement du carbone. De nouvelles technologies permettent de rendre le bois plus résistant et de le substituer au béton, à l'acier ou à l'aluminium pour de multiples applications (chapitre 7).

Aujourd'hui, l'humanité consomme environ 10 Gt de matériaux de construction par an, un chiffre appelé à augmenter avec la croissance économique. Augmenter la part de bois permettrait de réduire les émissions de gaz à effet de serre liées à la production de béton, d'acier ou d'aluminium, fortement consommatrices d'énergie. Mais cela permettrait aussi de stocker du carbone dans les constructions, pour plusieurs dizaines d'années : une tonne de bois contient environ 500 kg de carbone.

Le potentiel de production de bois et donc de stockage de carbone est considérable. Dans une forêt bien gérée, il est possible de couper chaque année entre 5 et 25 tonnes de bois par hectare et par an, selon les régions climatiques. Un prélèvement de seulement 1,2 tonne de bois par hectare et par an sur l'ensemble des forêts du monde permettrait de remplacer plus de la moitié des matériaux de construction par du bois. D'ici à 2050, il serait ainsi possible de stocker environ 90 milliards de tonnes de gaz carbonique, soit 5 % des gaz à effet de serre émis depuis la révolution industrielle.

Stocker du carbone dans les sols

Les sols représentent aujourd'hui le plus gros réservoir de carbone terrestre. Ce stock a diminué au XXe siècle, et surtout depuis 1950, en raison de la transformation des techniques agricoles. Des labours plus profonds, combinés à l'utilisation d'engrais chimiques et de pesticides, ont diminué la teneur en matière vivante des sols agricoles : bactéries, champignons, vers, etc. (chapitre 3). Une transformation réversible : il est possible, dès aujourd'hui, de changer les pratiques agricoles en restaurant la matière organique des sols, et donc leur capacité de stockage du carbone – avec pour effet de restaurer leur fertilité.

Ces solutions seront détaillées au chapitre 8. Pour donner un ordre de grandeur du potentiel, rappelons qu'aujourd'hui, les sols agricoles stockent environ 125 Gt de carbone. Une augmentation de 20 % de la profondeur de la partie fertile d'un sol dégradé, assortie d'un doublement du taux de matière organique permet d'augmenter de 140 % la quantité de carbone stockée dans un sol. Appliqué sur seulement 20 % des terres cultivées, ce programme permettrait de stocker environ 370 milliards de tonnes de gaz carbonique, soit près de 20 % du carbone émis depuis la révolution industrielle.

2030 : la croissance restaure le climat

Tentons un bilan chiffré des différentes mesures proposées jusqu'ici. Restaurer la stabilité du climat suppose de mettre en œuvre une économie positive, qui stocke plus de carbone qu'elle n'en émet.

Pour y parvenir, il faut commencer par diviser par 5 les émissions de gaz à effet de serre de l'humanité, de façon à les ramener de 50 milliards de tonnes à 10 milliards de tonnes, ce qui correspond à la capacité d'absorption annuelle par la végétation, les sols et l'océan. Cette réduction est possible d'ici à 2050. Elle suppose de diviser par 10 les émissions des pays de l'OCDE, c'est-à-dire les pays industrialisés. Pour y parvenir, deux objectifs doivent être combinés : tout d'abord, diviser par 5 la consommation énergétique. Puis, remplacer la moitié des énergies fossiles par des énergies non émettrices de carbone : nucléaire et énergies renouvelables (chapitre 2).

Ces mesures de réduction, à elles seules, permettraient de stabiliser la concentration de gaz carbonique à environ

500 ppm. Mais cela ne suffirait pas à stabiliser le climat et à éviter un emballement. Il faut donc aller plus loin, et faire plus que réduire les émissions : il faut capter le carbone en excès dans l'atmosphère, grâce à la végétation et aux sols.

Il est possible, dès aujourd'hui, d'augmenter la capacité de stockage de carbone en reverdissant les déserts, en reboisant les surfaces déforestées, en produisant du bois comme matériau de construction, et en améliorant la capacité des sols agricoles à stocker de la matière organique. Le total de ces mesures, présentées en détail ci-dessus, permet de stocker environ 880 milliards de tonnes de gaz carbonique. Ce chiffre correspond à la moitié de ce que l'humanité a émis depuis 1850, ou à la totalité de ce qui sera émis d'ici à 2050 dans le cadre d'une économie en voie de réduction de ses émissions.

Zoom 12 : Vingt ans pour restaurer le climat

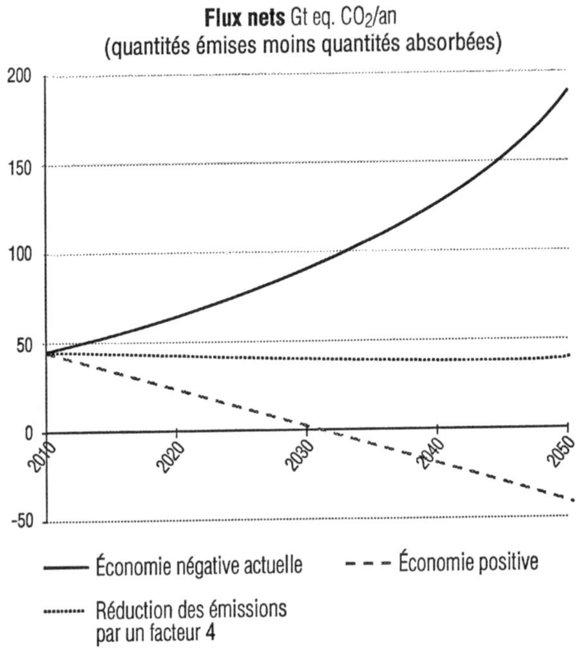

Le graphique ci-dessus indique les projections de flux de gaz à effet de serre annuels entre 2010 et 2050 en Gt, ou milliards de tonnes d'équivalent CO_2, selon trois scénarios. Il s'agit des flux nets, c'est-à-dire les émissions d'origine humaine, moins les quantités absorbées par les sols, la végétation et l'océan à l'heure actuelle (environ 10 Gt). Lorsque les flux nets arrivent à zéro, les gaz à effet de serre cessent de s'accumuler. Lorsqu'ils passent en dessous de zéro, le stockage de carbone devient supérieur aux émissions. Dès lors, la restauration du climat a commencé : la concentration de gaz à effet de serre commence à redescendre pour se rapprocher des niveaux préindustriels (cf. graphique page suivante).

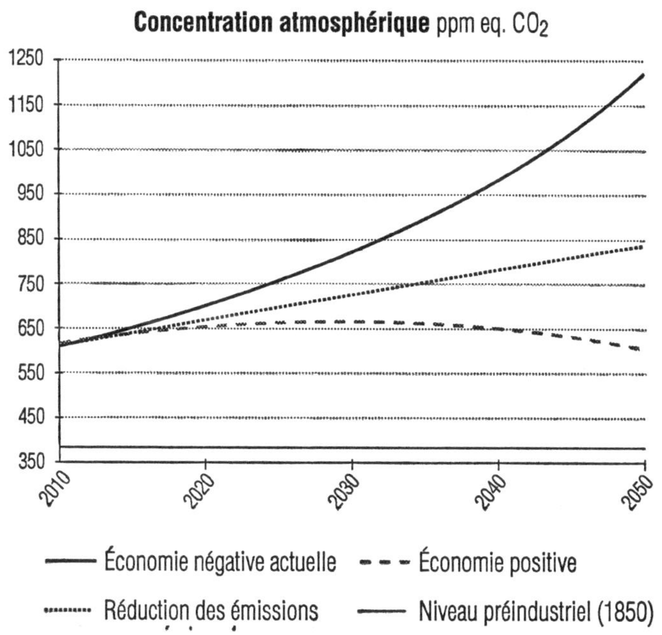

Les graphiques présentent trois scénarios : la courbe du haut correspond à la poursuite de l'économie actuelle, avec une croissance de 2 % par an des pays de l'OCDE, et 5 % des pays hors OCDE. En dessous, le « facteur 4 » correspond à l'objectif affiché par la France d'une réduction par quatre des émissions, qui permet de faire moins mal, mais n'empêche pas la concentration de gaz à effet de serre (GES) de continuer à augmenter.

La courbe du bas correspond au scénario de l'économie positive, qui ramène progressivement la concentration de gaz à effet de serre aux niveaux préindustriels. La stratégie consiste d'abord à diviser par cinq les émissions de gaz à effet de serre de l'humanité, par rapport au niveau d'aujourd'hui (ce qui revient à diviser par dix celles des pays industrialisés). Cette réduction se combine au stockage du gaz carbonique, obtenu en replantant les déserts, en reboisant les surfaces déforestées, en produisant du bois comme matériau de construction, et en restaurant la teneur en matière organique des sols.

Sources : modèle carbon killer, BeCitizen, 08/2007.

Ainsi, à partir de 2030, les scénarios présentés ci-dessus permettent de faire baisser la concentration de gaz à effet de serre dans l'atmosphère, qui se rapproche progressivement des niveaux antérieurs à la Révolution industrielle. Ils reposent essentiellement sur des solutions d'économie d'énergie, de substitution d'énergies fossiles par des énergies non émettrices de carbone, et de réduction des émissions de méthane et des autres gaz à effet de serre, qui seront présentés dans les prochains chapitres.

Ils reposent aussi sur la formidable capacité de la vie à absorber et à stocker le carbone présent dans l'atmosphère. Ces solutions de stockage par la végétation sont sans regrets. Elles ne supposent pas de faire des sacrifices économiques au nom de la protection de l'environnement. Au contraire, elles permettent de redonner de la valeur à des terrains dégradés au cours du XXe siècle, et de créer des emplois et des richesses, notamment dans les pays en développement. Elles créent aussi autant d'opportunités pour les entreprises qui fourniront les solutions nécessaires. Un beau programme de croissance positive pour le XXIe siècle, qui combine restauration du climat et relance économique.

2.

Renouveler l'énergie

> *« L'âge de pierre n'a pas pris fin par manque de pierres. »*
>
> CHEIKH YAMANI,
> ancien ministre du Pétrole saoudien[1].

Les dernières gouttes de pétrole

Le village qui fond

Rien ne destinait les habitants de Shishmaref à la célébrité. Cette petite île de glace, entourée par une mer hostile, est devenue une figure emblématique du changement climatique. La glace fond, et les vagues menacent d'engloutir l'île dans moins de dix ans. Ses six cents habitants commencent à émigrer. Mais pour aller où ? Tout l'Alaska est en train de

1. Cité par Jean Christophe Victor, Virginie Raisson et Frank Tétart, *Le Dessous des cartes,* atlas géopolitique, Tallandier/ARTE, Paris, 2006.

fondre. Son économie se porte de plus en plus mal au fur et à mesure que les ressources de l'exploitation forestière et de la chasse diminuent dans un environnement en pleine crise – la température a monté de plus de 4 °C dans ces régions proches du pôle Nord.

Les habitants de l'Alaska ne s'inquiètent pas outre mesure du changement climatique. Ils ont une solution : le pétrole ! Comment ça, une solution ? Le pétrole, c'est pourtant une des causes du problème... Oui, mais 80 % des revenus de l'État proviennent des droits payés par les compagnies pétrolières, qui rapportent 1 500 dollars par an et par habitant[1]. Une manne tentante pour une population en difficulté. Alors, en Alaska, les forages pétroliers, on est pour. Et tant pis si la région continue à s'enfoncer dans la boue.

L'Alaska est emblématique d'une économie tellement habituée au pétrole qu'elle ne peut envisager de s'en passer, même lorsque les dégâts l'emportent sur les avantages. Une situation d'autant plus absurde que les substituts existent. L'humanité est aujourd'hui capable de produire de l'énergie de manière renouvelable – et non pas seulement d'extraire des stocks anciens, accumulés il y a des millions d'années. Chaque entreprise, chaque région, chaque individu peut basculer dans une économie à énergie positive, en produisant plus d'énergie qu'il n'en a besoin, sans dépendre de ressources fossiles.

Un nouveau choc pétrolier...

Le pétrole est-il vraiment si important ? Après tout, il ne représente « que » 35 % de la consommation énergétique mondiale, suivi par le charbon (24 %) et le gaz (21 %). Le problème, c'est qu'il est impossible de mettre du charbon dans le réservoir d'une voiture. Le gaz, qui peut être liquéfié, est plus facile à transporter, mais il reste d'un maniement

1. Mark Ryan, *High Tide, News from a Warming World*, Flamingo, 2004.

délicat. Alors le pétrole, dense, liquide, facile à stocker et à transporter, continue de régner sur les « énergies nomades » : il alimente 95 % des transports. Cette dépendance fait du pétrole une matière première stratégique, qui permet de gagner ou perdre les guerres (Idée reçue 4), et peut justifier d'en démarrer de nouvelles.

Zoom 13 : Les principales sources d'énergie mondiales

	Consommation		Émissions de carbone, kg/tep
	En Mtep*	En %	
Pétrole	4 100	36 %	800
Charbon	2 720	24 %	1120
Gaz naturel	2 450	21 %	650
Biomasse (bois, etc.)	1 200	10 %	80 à 240**
Nucléaire	730	6 %	7
Hydraulique	250	2 %	6
Autres renouvelables (solaire, éolien, etc.)	80	1 %	10 à 120
Total	**11 530**	**100 %**	

Il s'agit de la part de chaque source dans la production primaire d'énergie, c'est-à-dire avant les pertes liées au transport, au stockage et à la transformation de l'énergie. La consommation finale correspond environ à 72 % de ce total. Estimations pour 2006-2007, sur la base des données de l'AIE, World Energy Outlook 2005.

* 1 Tep = 1 tonne équivalent pétrole = 12MWh = 43 GJ.
** Les émissions de carbone pour la biomasse sont calculées sur la base d'un cycle de production durable, où les arbres sont replantés au fur et à mesure de la production de bois.

D'après ADEME, EDF, Jancovici.

Idée reçue 4 : Savons-nous pourquoi l'Allemagne a perdu la guerre ?

« *À ma libération, j'ai été stupéfait par le nombre de voitures qui circulaient, l'incroyable gaspillage en énergie [...]. Le monde dans lequel vous évoluez n'a pas le moindre avenir ; croyez-moi, monsieur, le pétrole qui nous a tant manqué disparaîtra rapidement pour vous*[1]. » Qui parle ainsi ? Le tristement célèbre Albert Speer, ministre de l'Armement et de la Production de guerre de Hitler. Car pour Speer, c'est bien par manque de pétrole que l'Allemagne nazie a perdu la guerre. Dès le début des hostilités, Hitler savait que son talon d'Achille serait le précieux carburant, sans lequel ses armées ne pouvaient pas bouger. Une faille qui devint encore plus inquiétante après l'entrée en guerre des États-Unis et leurs nombreux gisements.

L'Allemagne nazie couvrira une partie de ses besoins en synthétisant de l'essence à partir de charbon liquéfié : trois cent mille déportés y travailleront, dans une annexe d'Auschwitz transformée en usine par IG Farben. La campagne de Russie, qui emmènera l'Allemagne à sa perte, avait pour motif principal de mettre la main sur les gisements de pétrole du Caucase.

Démarrée tardivement, la fabrication de substituts au pétrole ne permettra pas aux Nazis de gagner la guerre – tant mieux pour le reste du monde. Il reste à voir si notre civilisation s'en sortira mieux, et saura prendre à temps les mesures nécessaires pour remplacer le pétrole avant qu'il ne nous mène à notre perte.

La récente hausse des prix du pétrole diffère des chocs pétroliers de 1973-74 ou de 1979-80. Dans les années 1970, la montée des prix a été orchestrée par les pays producteurs de pétrole, organisés au sein de l'OPEP. Il semblerait que le gouvernement et les grandes compagnies pétrolières américaines aient soutenu cette décision : une hausse des prix était

1. Interview de Albert Speer par Eric Laurent, *La Face cachée du pétrole*, Plon, 2006, pp. 70-79.

indispensable pour permettre d'investir dans l'exploitation de nouveaux gisements, notamment en Alaska et en mer du Nord[1]. Ainsi, les prix sont passés de 3 dollars dans les années 1960, à plus de 30 en 1981 – ce qui équivaut à plus de 70 dollars d'aujourd'hui.

L'économie des pays consommateurs, alors en pleine croissance et très dépendante du pétrole, a subi un coup d'arrêt. Les États et les entreprises ont réagi en mettant en place des mesures d'économie d'énergie et en développant des énergies de substitution comme le nucléaire. En France, ce fut la période de la « *chasse au gaspi* » et du fameux slogan : « *En France, on n'a pas de pétrole, mais on a des idées.* » La demande de pétrole a commencé à ralentir, alors que l'offre progressait grâce à la mise en exploitation de nouveaux gisements.

C'est ainsi qu'a démarré le « contre-choc pétrolier » : les prix sont retombés, pour osciller autour de 15 dollars entre 1985 et 2000. Les efforts d'économie d'énergie et de substitution se sont alors relâchés, surtout aux États-Unis – moins en Europe, qui a continué à taxer les produits pétroliers. Les projets d'énergie renouvelables sont retournés dans les cartons et le nucléaire a fait l'objet d'une opposition croissante, surtout après les accidents de Three Miles Island et de Tchernobyl. L'économie mondiale s'est réhabituée au pétrole à bon marché.

... ou la fin du pétrole bon marché ?

Le réveil sera rude. En 2003, la hausse des prix du pétrole qui fait suite à la guerre d'Irak semble prendre tout le monde par surprise. Entre août 2002 et août 2006, le prix du baril passe de 25 à 75 dollars, et retrouve les niveaux les plus élevés atteints en 1981 lors de la crise iranienne.

Pourtant, cette hausse n'est pas inattendue : cela fait plusieurs années que les experts tirent la sonnette d'alarme sur

1. Eric Laurent, *op. cit.*, pp. 142-147.

l'épuisement des réserves et la montée de la demande des pays émergents. La consommation de pétrole de la Chine a augmenté de 7,6 % en 2003, et de 15,8 % en 2004, alors que sa production a commencé à diminuer en 2003. Or les pays fournisseurs de pétrole, mesurant très bien aujourd'hui les limites de leurs réserves, n'ont pas intérêt à augmenter leur production, ce qui voudrait dire se rapprocher du moment où le gisement ne produira plus, ou à des coûts prohibitifs. Une situation résumée par Kenneth Courtis, vice-président de Goldman-Sachs Asie : « *En cinq ans, la Chine, l'Inde et les États-Unis ont augmenté massivement leur consommation. Or les réserves stagnent, tout comme la découverte de nouveaux gisements. Comment voulez-vous que nous n'allions pas droit dans le mur*[1] *?* »

La situation est donc bien différente de celle des années 1970 : les pays fournisseurs de pétrole avaient alors provoqué une hausse en fermant volontairement le « robinet du pétrole ». Aujourd'hui, le robinet est grand ouvert. Après une chute à 55 $ fin 2006, les prix du pétrole sont repartis à la hausse. Et tant que la demande continue de monter, que les découvertes continuent de stagner et que les substituts au pétrole ne sont pas disponibles, il n'y a aucune raison pour que les prix baissent durablement.

Le pétrole, rappelons-le, est une ressource fossile. Le vocable « production de pétrole » est une dangereuse approximation. Aujourd'hui, personne ne *produit* de pétrole : l'industrie ne fait qu'extraire, transformer et brûler des combustibles – pétrole, charbon et gaz – accumulés à la préhistoire. Tôt ou tard, ces réserves toucheront à leur fin. Alors, pendant combien de temps sera-t-il possible d'extraire du pétrole ? Sans doute plus longtemps. Mais pas aux prix qui ont régné pendant l'essentiel du XXᵉ siècle. Le pétrole va devenir une ressource rare et coûteuse.

1. J.L. Barberi, « La planète sur un baril de poudre », *L'Expansion*, 31/05/06.

Les grands gisements qui ont fait la fortune des compagnies pétrolières et des princes de la péninsule arabe ont été découverts avant 1970. Depuis, le volume des découvertes n'a cessé de baisser par rapport à celui de l'extraction. Aujourd'hui, l'industrie découvrirait, chaque année, un baril de nouveaux gisements pour quatre barils extraits. Un peu comme si chaque mois, vous dépensiez 4 000 euros, alors que vous en gagnez 1 000. Même si votre compte en banque est bien fourni, il y a une fin à tout.

De plus, les nouveaux gisements de pétrole découverts sont plus petits, moins riches en pétrole et plus difficiles d'accès. En 2000, treize gisements d'une capacité supérieure à 500 millions de barils/jour ont été découverts, puis six en 2001, deux en 2002 et depuis... plus aucun. Certes, de nouvelles technologies permettent d'améliorer le rendement des gisements et d'exploiter des réserves autrefois inaccessibles avec des puits obliques, ou des forages off-shore à 2 000, voire 3 000 mètres de profondeur. Mais à quel coût ? Ainsi, en 2003, les dix plus grands groupes pétroliers ont investi 8 milliards de dollars dans la recherche de nouveaux gisements, dont la valeur commerciale s'est révélée inférieure à 4 milliards de dollars[1]. Seule une hausse durable des prix peut permettre de rentabiliser ces investissements.

Alors, jusqu'où va aller la hausse des prix ? Le prix Nobel de physique Niels Bohr aimait à souligner que « *les prévisions sont difficiles, surtout quand elles concernent l'avenir* ». Quelques économistes s'y sont pourtant risqués. Patrick Artus, directeur des recherches à Natixis, estime entre 200 et 380 dollars le prix qui sera nécessaire d'ici dix ans pour faire face à la demande de la Chine, dans un contexte de production qui ne peut plus augmenter. Lors du dernier Cleantech Venture Forum de San Francisco, le Trésor américain a indiqué qu'il base ses prévisions sur un prix du baril entre 150 et

1. Eric Laurent, *op. cit.*

200 dollars sur les cinq prochaines années. Bienvenue dans le siècle du pétrole cher.

Réserves, chères réserves

« *Je suis de plus en plus écœuré et lassé de mentir à propos du problème de l'état de nos réserves...* » Cette petite phrase, tirée d'un courrier électronique adressé en 2003 par le directeur de la branche exploration de Shell à sa direction, et divulgué à la presse, provoquera le scandale. En janvier 2004, le cours de l'action de Shell s'effondre, après que la direction a admis avoir surévalué ses réserves de 20 % dans ses rapports au public. La société subit un procès pour avoir gonflé la valeur de ses actifs. Le président finit par démissionner.

Cet incident a révélé que la notion de réserve pétrolière, plus qu'une donnée scientifique ou technique, est avant tout un élément politique, manipulé par les différents acteurs au gré de leurs intérêts. Les experts parlent ainsi de réserves prouvées, probables, possibles ou ultimes, dont le montant est régulièrement modifié à la hausse ou à la baisse, au gré des découvertes, mais surtout des stratégies des uns et des autres.

La stratégie de la plupart des acteurs a longtemps consisté à surestimer les réserves. Depuis les années 1970, tout le monde y avait intérêt : les pays exportateurs, en particulier les membres de l'OPEP pouvaient ainsi obtenir des quotas de vente plus importants, et gagner en poids lors de négociations internationales. C'est ainsi qu'en 2002 Poutine a fait passer une loi qui punit de peines de prison la divulgation de l'état réel des réserves de Russie. Les compagnies pétrolières, de leur côté, pouvaient ainsi augmenter la valeur de leurs actifs.

Même du côté des pays importateurs, la tendance a longtemps été à l'optimisme. En 2001, l'un de nous a assisté à un séminaire organisé à Paris par l'ASPO, l'Association pour l'Étude du Pic Pétrolier. Pendant deux jours, des experts internationaux se sont succédé pour parler de la « déplétion » du pétrole, c'est-à-dire de la baisse des réserves. Un des participants a demandé publiquement : « *Si la situation est aussi grave, comment se fait-il qu'aucun représentant des gouvernements européens ne soit présent ?* » Réponse du président de l'ASPO, le professeur Kjell Aleklett : « *Nous avons invité le Commissariat européen à l'Énergie, qui nous a répondu au téléphone que "le sujet était trop grave pour que l'Union européenne puisse admettre en être officiellement informée..."* »

Les choses ont changé. En 2005, l'Union européenne et les principales compagnies pétrolières ont envoyé un représentant à la conférence de l'ASPO. Les publications sur le thème de « la fin du pétrole » se sont multipliées. Comme en 1970, les compagnies pétrolières ont besoin d'argent pour investir dans de nouvelles raffineries, et éventuellement lancer l'exploitation de nouveaux types de gisements, comme les schistes bitumineux. Après avoir longtemps nié la baisse des réserves, la plupart des grandes « majors » – Chevron, Shell, BP, Total – y font référence dans leur communication. Et elles commencent à investir dans les énergies alternatives. À travers sa filiale Tenesol, Total a relancé ses investissements dans l'énergie solaire, ralentis dans les années 1990. BP (British Petroleum) se donne pour slogan *Beyond Petroleum* (« Au-delà du pétrole »), et investit dans l'énergie solaire ou éolienne et dans le jatropha.

Un monde en paix ?

La hausse des prix du pétrole peut être une bénédiction si elle pousse à relancer les mesures prises dans les années 1970, et vite abandonnées : efficacité énergétique et substitution par d'autres sources d'énergie. Des mesures d'autant plus nécessaires que la hausse des prix du pétrole et les tensions sur les approvisionnements mettent en danger la croissance et la stabilité de l'économie mondiale. Or, il faut une économie forte, en bon état de fonctionnement, pour réaliser les investissements nécessaires pour passer à une économie positive.

Sortir des guerres de l'énergie

Les risques géopolitiques liés à la dépendance de l'économie mondiale au pétrole sont considérables. Au début du XXe siècle, les États-Unis étaient le plus gros consommateur et le plus gros fournisseur de pétrole. L'extraction de pétrole américain a atteint son pic vers 1970, et n'a cessé de décliner depuis : le géant est devenu importateur. Aujourd'hui, les gisements sont concentrés dans un petit nombre de pays – 60 % au Moyen-Orient – qui consomment peu de pétrole. Depuis les années 1970, le monde voit donc s'affronter pays consommateurs et pays producteurs, aux régimes politiques souvent instables et peu démocratiques. Qu'il s'agisse des guerres d'Afghanistan ou des conflits en Irak, sans parler de l'Amérique latine ou de l'Afrique, l'accès aux gisements de pétrole a déjà fait couler beaucoup de sang, et coûté des milliards de dollars aux États-Unis, mais aussi à l'Europe[1]. Plus le pétrole coûtera cher, plus ce type d'« investissements » deviendra rentable, et même indispensable.

Aujourd'hui, les conflits pour le pétrole continuent, même si les protagonistes et les méthodes changent. Les pays occidentaux doivent faire face à un nouveau concurrent sur le terrain : la Chine, qui multiplie les interventions économiques et politiques pour s'approvisionner en pétrole en Afrique, au Moyen-Orient, en Asie centrale et même en Amérique latine. Ainsi pour Nicolas Sarkis, « *Les antagonismes et les risques de conflits se situent désormais bien moins entre les pays producteurs et les pays importateurs qu'entre les pays grands consommateurs*[2]. »

---

1. Peter Dale Scott, *Drugs, Oil, And War : The Deep Politics Of U.S. Interventions In Vietnam, Colombia, And Afghanistan*. Rowman and Littlefield, 2003.
2. Directeur de la revue *Pétrole et gaz arabe* et du Centre arabe d'études pétrolières. Interview pour *Sentinel*, mars 2003.

Un monde où des géants tels que la Chine, l'Europe, la Russie et les États-Unis – et de plus en plus, l'Inde – se battent pour les dernières réserves de pétrole est un monde dangereux. Il est peu probable que la Chine et les États-Unis se déclarent la guerre à court terme : ils ont trop de liens commerciaux et financiers pour y avoir intérêt[1]. Mais cela n'empêche pas les grandes puissances de se livrer bataille sur le terrain pour contrôler les gisements – quitte à déstabiliser des régions entières, manipuler leurs économies et leurs régimes politiques.

Pour sortir d'un monde de guerre énergétique, il faut réduire la dépendance au pétrole et le remplacer par un bouquet d'énergies plus équitablement réparties. C'est une des conditions de la paix, de la stabilité et donc de la prospérité mondiales.

Attention aux nouveaux pauvres

En France, en 2005, pour la première fois, le trafic routier a baissé en raison de la hausse des prix de l'essence. Mais très marginalement : environ 1,4 %. La situation financière est difficile pour de nombreux ménages, de nombreuses entreprises. Dans les pays les plus pauvres, elle devient dramatique.

Dans les années 1970, l'Indonésie est sortie de la famine grâce à ses exportations de pétrole, qui ont financé la modernisation de sa production de riz. En 1985, le pays était autosuffisant en riz, pour la première fois depuis la Seconde Guerre mondiale. Puis, notamment sur les conseils de la Banque mondiale, le gouvernement a changé de stratégie ; il a misé sur les exportations de produits manufacturés. Les investissements dans le développement de l'agriculture ont ralenti

1. Thomas Friedman, *La terre est plate, une brève histoire du XXIe siècle*, Saint-Simon, 2006.

– tandis que la population continuait d'augmenter, dépassant les deux cents millions de bouches à nourrir. Dans les années 1990, l'Indonésie a recommencé à importer du riz.

Mais entre-temps, la manne pétrolière s'est épuisée. Les gisements de pétrole indonésiens ont atteint leur pic de production, et le pays doit importer. Le gouvernement a longtemps essayé de maintenir les subventions qui permettaient à la population, qui survit avec des salaires mensuels de 50 euros, de continuer à payer l'essence peu cher : 0,2 centime d'euro le litre à la pompe en 2004. Puis l'addition est devenue trop lourde. Le prix à la pompe a augmenté, suscitant toujours plus d'émeutes. En 2005, des familles entières n'ont pas pu s'acheter un billet de bus pour rentrer dans leur village à la fin du Ramadan. Les routes se sont couvertes de mobylettes portant des familles entières avec leurs bagages, pour des trajets de plusieurs centaines de kilomètres.

Le prix du pétrole pèse d'autant plus sur les pays les plus pauvres que leur économie est souvent peu efficace sur le plan énergétique. Pour un point de PIB, le Brésil consomme 42 % d'énergie en plus que les pays de l'OCDE, la Chine 132 % et l'Inde 188 %. L'Indonésie, les Philippines, le Maroc, le Sénégal, le Bangladesh : autant de pays qui doivent importer du pétrole, qui abritent des centaines de millions de personnes, et dont l'économie est au bord de la faillite. Or ces pays ont une forte population musulmane, que le désespoir peut pousser dans les bras des fanatiques, et parfois des terroristes. Écoutons Rusdi, responsable d'un programme de soutien à l'éducation financé par le gouvernement australien en Indonésie : « *Lorsque l'État ne peut plus financer les écoles, ce sont des groupes musulmans radicaux, financés par des sources étrangères, qui assurent l'éducation dans les campagnes.* »

Al Qaeda adore les nouveaux pauvres : elle y voit ses armées de demain. Pour lui couper l'herbe sous les pieds, il faut investir dans les pays en développement, pour qu'ils puissent bénéficier d'une croissance économique indépendante du pétrole. La paix est à ce prix – et une nouvelle prospérité mondiale, tirée par la consommation de milliards de personnes délivrées de la pauvreté.

La bulle des pétrodollars

Pour sortir de la dépendance au pétrole, il faut investir tant que l'économie mondiale est encore stable. Un certain nombre d'entreprises, de secteurs économiques et de territoires souffrent déjà de la hausse du prix de l'énergie. Pourtant, la croissance de l'économie mondiale ne semble pas encore affectée par ce nouveau choc pétrolier. Comment est-ce possible ?

Grâce à des efforts d'efficacité et de diversification énergétique, pour timides qu'ils soient encore, l'économie des pays industrialisés repose moins sur le pétrole que dans les années 1970. Par ailleurs, leur économie est temporairement protégée de la récession par la globalisation des marchés des capitaux. Les « pétrodollars » perçus dans les pays producteurs sont réinvestis dans les économies occidentales, et en particulier dans des actifs financiers et immobiliers, dont ils font grimper les prix. Ils alimentent ainsi une bulle financière[1].

Pour soutenir l'investissement – par exemple pour permettre aux particuliers d'acheter des logements de plus en plus chers – les banques ont ouvert les vannes du crédit, dont les volumes ont augmenté de 15 % par an sur les dernières années. Les ménages comme les entreprises sont ainsi beaucoup plus endettés qu'il y a dix ans. Cette situation n'est pas durable. En cas de relèvement des taux d'intérêts des banques centrales, la bulle pourrait exploser. Le risque est alors de voir simultanément une correction brutale de la valeur des actifs, et une baisse de la disponibilité en crédit : la recette d'une récession globale. Ainsi, la volatilité des prix du pétrole se répercute sur l'ensemble des marchés financiers, et déstabilise en permanence l'économie mondiale.

1. Patrick Artus, entretien pour *Libération*, 15 /11/06.

La pire des solutions : le charbon

Le dernier danger lié à la déplétion du pétrole est la tentation de la fuite en avant dans des énergies fossiles de plus en plus émettrices de gaz carbonique. Déjà, l'exploitation de gisements difficiles d'accès, par exemple les puits off-shore de grande profondeur, entraîne des consommations d'énergie croissantes – car pour extraire du pétrole, il faut commencer par dépenser de l'énergie, et donc émettre des gaz à effet de serre.

De la même manière, les prix élevés de l'énergie amènent les compagnies pétrolières à s'intéresser à des sources de carburants « non conventionnelles ». Ainsi, la hausse des cours donne de nouvelles perspectives de rentabilité à l'exploitation de pétrole extra-lourd ou de schistes bitumineux qu'il faut chauffer avec de la vapeur à haute pression, ou mélanger avec des solvants pour les extraire. Dans certains cas, il faut apporter presque autant d'énergie que celle contenue dans les carburants extraits. Total envisage ainsi la construction d'une centrale nucléaire au Canada pour exploiter de tels gisements.

La tentation est également grande de remplacer le pétrole par d'autres sources d'énergies fossiles. Le gaz naturel a ainsi beaucoup progressé – un moindre mal puisqu'il émet 20 % moins de carbone que le pétrole. Mais ses réserves sont limitées et inégalement réparties, et son transport est difficile. Il pose donc les mêmes problèmes géopolitiques que le pétrole, comme le bras de fer entre Poutine et l'Ukraine l'a montré : à tout moment, la Russie peut fermer les gazoducs qui alimentent l'Europe de l'Ouest.

Pour un pays comme la Chine, il n'est pas question de dépendre de la Russie pour son énergie. La Chine a donc fait le choix du charbon, dont les réserves sont encore abondantes, et mieux réparties : elle construit une centrale thermique au charbon toutes les semaines en moyenne. Or le charbon est la plus « sale » des énergies fossiles : 40 % d'émissions de gaz à effet de serre en plus que le pétrole. Les technologies de captage des émissions à la sortie des cheminées d'usine, qui alimentent le rêve d'un « charbon propre », ne résoudront qu'une partie du problème (cf. chapitre 1, idée reçue 3). De plus, à partir de 50 dollars le baril de pétrole, il devient rentable de liquéfier le charbon pour en faire du carburant, qui pourra être utilisé dans les véhicules : or aucune technique de captage de ces émissions diffuses n'est disponible. Il est donc inutile de compter sur un épuisement des réserves de pétrole pour arrêter le réchauffement climatique (Idée reçue 5).

Ainsi, le pire des dangers liés à la raréfaction du pétrole, c'est bien la tentation d'utiliser des carburants encore plus émetteurs de gaz carbonique. Pour stabiliser le climat, il faut faire le choix délibéré de réduire la consommation d'énergie, et de remplacer les énergies fossiles par des énergies non émettrices de gaz à effet de serre.

Plus avec moins : réduire les besoins

L'efficacité énergétique

Cette année, Monsieur L. s'est décidé : il va équiper son toit de panneaux solaires pour chauffer sa maison. Il est confiant. Son voisin, dont la maison est de la même taille, remplit déjà l'essentiel de ses besoins de chauffage et d'eau chaude avec des panneaux solaires « thermiques ». Ces panneaux chauffent un fluide « caloporteur », vecteur de chaleur, qui à son tour chauffe les radiateurs et l'eau des robinets. Leur rendement, environ 40 %[1], est trois à quatre fois supérieur à celui des panneaux photovoltaïques, qui produisent de l'électricité.

1. Cela signifie qu'ils convertissent en énergie utile environ 40 % de l'énergie solaire reçue. Les mesures de rendement des panneaux solaires se font dans des conditions d'exposition bien précises.

Idée reçue 5 : Le réchauffement climatique s'arrêtera par manque de pétrole

Il serait tentant de se dire que l'épuisement des réserves de pétrole conduira « automatiquement » à un arrêt de nos émissions de CO_2, et permettra ainsi de stopper la déstabilisation du climat. Cette illusion est démentie par les faits. En effet, plus le pétrole « conventionnel » coûte cher, plus il devient rentable d'exploiter d'autres réserves de carburants fossiles, qui conduiront à des rejets de CO_2 bien supérieurs à ceux du pétrole. Comme le soulignait la revue *Énergie et Développement Durable* : *« Il y a encore bien assez de pétrole, de gaz et de charbon pour provoquer les catastrophes liées au changement climatique. »* (N° 12, juin/juillet 2006, p. 6.)

Les sables bitumineux, par exemple, sont déjà exploités au Canada et au Venezuela. Leur extraction entraîne des records de consommation d'énergie : pelleteuses hautes comme des maisons de plusieurs étages, camions de 400 tonnes, injection de vapeur d'eau (trois volumes d'eau pour un volume de bitume extrait). Au total, 25 % de l'énergie contenue dans le pétrole brut de ces gisements sert à son extraction. De même, le pétrole cher permet d'envisager la conversion du charbon et du gaz en carburants liquides substituables au pétrole.

Il est donc inutile de compter sur une pénurie de pétrole pour entraîner à elle seule un changement des modes de production et d'utilisation de l'énergie. De fait, si le prix du pétrole baisse momentanément, il pourrait paraître tentant d'arrêter les efforts d'économies et de substitution, comme cela a été le cas dans les années 1980 et 1990 – jusqu'à ce qu'une catastrophe climatique mette fin, de manière plus brutale, à la civilisation des énergies fossiles.

Monsieur L. fait venir un installateur, qui va calculer ses besoins en énergie pour le chauffage. Chaque année, Monsieur L. consomme en moyenne 300 kWh/m² pour son chauffage et son eau chaude, il a donc besoin de 30 000 kWh/an pour sa maison de 100 m² habitables. En cela, il est dans la moyenne des constructions antérieures au choc pétrolier (chapitre 7). Hélas, la surface du toit de sa maison à un étage n'est que de 50 m², juste assez pour produire 20 000 kWh. Monsieur L. n'arrivera pas à subvenir à ses besoins de chauffage avec l'énergie solaire. Mais alors, pourquoi son voisin y arrive-t-il ? Peut-être utilise-t-il des panneaux plus performants ?

Non, mais le voisin a procédé dans l'ordre. Avant de changer de source d'énergie, il a commencé par réduire sa consommation en isolant sa maison. Il consomme ainsi seulement 100 kWh/m², soit 10 000 kWh/an. Et il peut largement subvenir à ses besoins de chauffage avec des panneaux solaires thermiques, complétés par un poêle pour les périodes sans soleil.

Cet exemple illustre un des concepts clés de l'économie positive : avant de changer de source d'énergie, il faut réduire la consommation. Rappelons que pour stabiliser le climat, il faut diviser par 10 l'utilisation d'énergie fossile des pays industrialisés. Mais remplacer 90 % de la production d'énergie par des sources renouvelables nécessiterait des investissements considérables. Il est plus rentable de commencer par améliorer l'efficacité de l'économie, pour obtenir le même service avec 5 fois moins d'énergie. Dès lors, il suffira de substituer 50 % des énergies fossiles par des énergies renouvelables pour arriver au facteur 10.

Entre 1970 et 1985, sous la pression du choc pétrolier, l'intensité énergétique de l'économie française, c'est-à-dire la quantité d'énergie dépensée par rapport à la production de biens et services, a baissé d'environ 1 % par an [1]. Des évolutions similaires ont été observées dans les autres pays de l'OCDE [2]. Un doublement de cet effort – donc une baisse de l'intensité énergétique de 2 % par an – permettrait de réduire de 90 %, donc de diviser par 10 la consommation d'énergie

1. P. Villa, *Évolution sur longue période de l'intensité énergétique*, CEPII, document de travail n° 98-08, septembre 1998.

2. A. Delbosc, J.H. Keppler et A. Lesueur, *Croître sans réchauffer ? L'intensité carbone des économies développées.* Note d'étude n° 10, mission Climat, Caisse des Dépôts, janvier 2007.

des pays industrialisés. Cette réduction, toutefois, ne pourra pas provenir de la seule mise en œuvre de technologies d'efficacité énergétique. Une réorganisation de l'économie est nécessaire pour éviter un « effet rebond ». Explications.

Éviter l'effet rebond

En France, comme dans d'autres pays industrialisés, les émissions de gaz à effet de serre de l'industrie, de l'agriculture et du secteur de la production d'énergie ont baissé sur les quinze dernières années (zoom 14). Ces progrès sont dus à une baisse de la part de ces secteurs dans l'économie, mais aussi à des gains d'efficacité énergétique réalisés par les entreprises, soit pour réduire leur facture d'énergie, soit sous la pression de la législation. Par exemple, pour l'agriculture, les réglementations de lutte contre la pollution des eaux ont conduit à une baisse de l'utilisation des engrais, et donc des émissions de gaz à effet de serre qui y sont liées (chapitre 8).

Le bâtiment (tertiaire et habitat) et le transport[1] restent les mauvais élèves : leurs émissions continuent d'augmenter, non seulement en France, mais en Europe et dans le reste du monde. Pourquoi ? En raison de l'effet rebond : si le prix de l'énergie reste constant, une amélioration des performances énergétiques va permettre aux particuliers de consommer plus. Ainsi en France, la législation a conduit les constructeurs à doubler l'efficacité énergétique des logements depuis les années 1970. Cela signifie que pour la même surface et le même confort, une maison consomme deux fois moins d'énergie. Mais sur la même période, la surface moyenne des logements est passée de 25 à 35 m² par habitant – et compte tenu de l'augmentation démographique, la surface totale du

1. En France toutefois les émissions du transport tendent à se stabiliser depuis 2002, en raison de la hausse du prix de l'énergie. *L'Environnement en France*, Institut Français de l'Environnement, 2006.

parc d'habitation français a plus que doublé, ce qui a annulé les gains d'efficacité énergétique[1].

De même, l'efficacité des moteurs a progressé, mais la plus petite des Citroën d'aujourd'hui, la C1, déploie une puissance quatre fois supérieure à celle des 2CV d'autrefois. Par ailleurs, le nombre de kilomètres parcourus par les véhicules français a doublé depuis l'époque de la 2CV. Ces augmentations de distance et de puissance ont compensé les gains d'efficacité, et la quantité de gaz à effet de serre émis par le secteur des transports a donc augmenté.

Changer les rapports de coût entre énergie et travail ?

Cet effet est inévitable tant que le prix de l'énergie baisse ou reste constant. Or sur la plus grande partie du XXe siècle – avec une légère exception au début des années 1970 – le prix de l'énergie a baissé ou stagné par rapport aux salaires (zoom 15). En 1920, un salarié européen devait travailler environ une heure pour se payer un litre d'essence – contre à peine cinq minutes en 2000. Cette évolution a encouragé le passage à des solutions industrielles utilisant peu de main-d'œuvre, et consommatrices d'énergie. Dans un premier temps, elle a été bénéfique, puisqu'elle correspond à une hausse de la productivité de la main-d'œuvre qui a permis d'améliorer le bien-être des salariés et de diminuer le temps de travail.

1. J.M. Jancovici et A. Grandjean, *Le Plein s'il vous plaît, la solution au problème de l'énergie*. Paris, Seuil, 2006.

Zoom 14 : Émissions de gaz à effet de serre par secteur

Émissions mondiales de gaz à effet de serre
2005

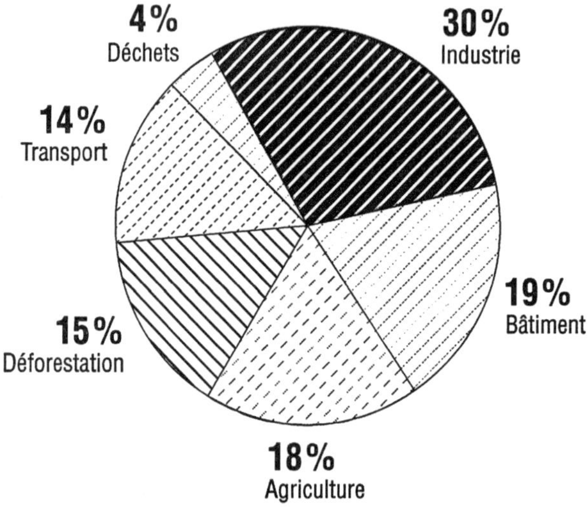

Émissions françaises de gaz à effet de serre
entre 1990 et 2005

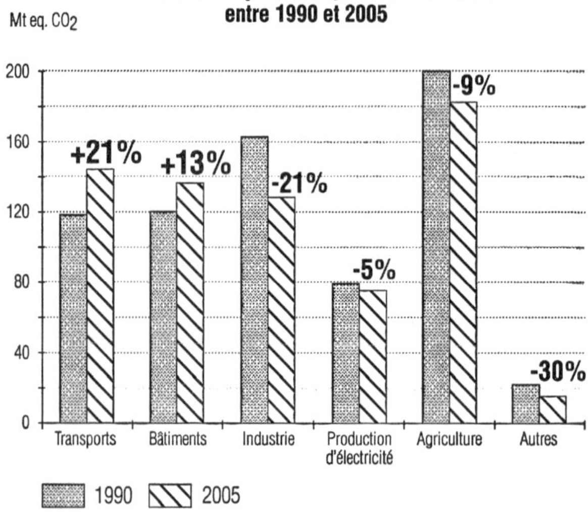

Source : CITEPA, 2005.

Zoom 15 : De l'énergie de moins en moins chère

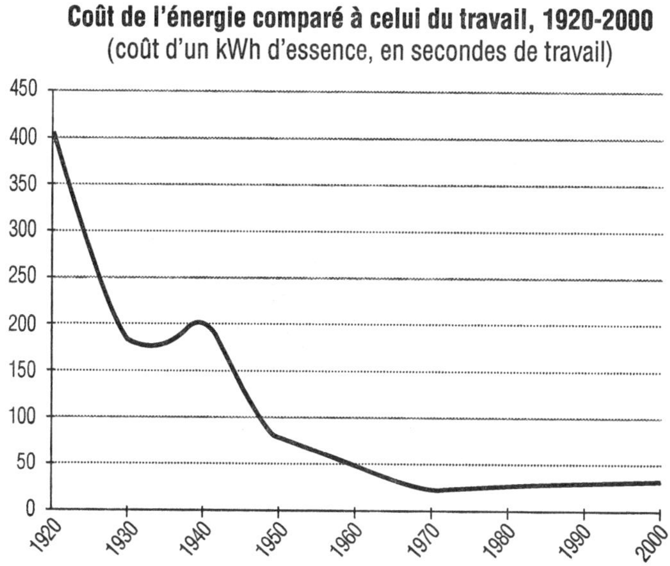

Ce graphique montre la baisse du coût relatif de l'énergie par rapport au travail, depuis le début du siècle. En 1920, un salarié européen devait travailler 400 secondes pour pouvoir acheter un kWh d'essence. Entre 1920 et 1950, ce coût a été divisé par plus de 5. Entre 1950 et 2000, il a été divisé encore par 2,5 – et ce malgré le choc pétrolier des années 1970.

D'après Folke Günther, *Sustainability through local self-sufficiency*, www.feasta.org.

Aujourd'hui, les besoins de la société sont différents : la priorité est de relancer l'emploi, et de réduire la consommation d'énergie. Il est donc temps de favoriser une inversion de la courbe du coût de l'énergie, de façon à ce que le coût du travail baisse par rapport à celui de l'énergie, surtout si celle-ci est d'origine fossile. Nous aurons l'occasion d'y revenir.

Substituer : plus avec le soleil

Le réveil de la belle endormie

Font-Romeu est une petite bourgade des Pyrénées-Orientales, au cœur de la Cerdagne. Abbayes, villages fortifiés, pastoralisme... cette région ancrée dans l'histoire est aussi une pionnière du monde de demain. Elle a le privilège d'être la région la plus ensoleillée de France, et d'avoir accueilli, à la fin des années 1960, la construction d'un four solaire d'avant-garde sur le site d'Odeillo.

L'histoire de ce projet illustre à merveille celle des énergies renouvelables. À l'origine, le four solaire d'Odeillo était destiné à réaliser des travaux expérimentaux sur les matériaux. Ses miroirs concentrent la lumière du soleil et permettent d'atteindre de hautes températures qui permettent de faire fondre les minerais. Rien de nouveau sous le soleil : on sait depuis longtemps comment mettre feu à une feuille avec une loupe, et en 1774, Lavoisier avait déjà inventé un concentrateur de rayons solaires à base de lentilles. Les technologies de l'économie positive font souvent du neuf avec du vieux, en donnant une nouvelle vie à des solutions connues depuis toujours.

Après le premier choc pétrolier, en 1973, les responsables d'Odeillo eurent l'idée de le valoriser pour développer de nouvelles technologies énergétiques. Ils persuadent EDF de réaliser une centrale solaire expérimentale, Themis, qui entre en fonctionnement en 1982. Des essais de chaudière solaire et de stockage de l'énergie par voie chimique sont mis en place. Unique au monde par son champ de miroirs qui suivent le soleil, Themis est alors à la pointe du progrès en matière de nouvelles énergies.

Le contre-choc pétrolier portera un coup d'arrêt à ces recherches. Dans les années 1980, l'économie renoue avec le pétrole à bon marché. Pour la production d'électricité, EDF préfère investir dans le nucléaire, plus avancé, qui permet d'atteindre rapidement de grosses capacités de production – 750 MW pour les premiers réacteurs, 1 500 MW aujourd'hui. Themis fermera ses portes en 1986, avec seulement 2,5 MW de capacité installée sur les 35 prévus. Les études sur l'électricité solaire sont mises en sommeil ; les chercheurs retournent à leurs travaux sur les matériaux.

Il faudra attendre 2003 et le retour des préoccupations énergétiques, liées cette fois à l'effet de serre, pour qu'un nouveau laboratoire de recherches sur l'énergie solaire voie le jour à Font Romeu. En Espagne et dans le sud des États-Unis, des projets similaires sont en cours de déploiement. La belle endormie se réveille.

Le soleil est en effet aujourd'hui la seule source d'énergie entièrement renouvelable et abondante dont dispose l'humanité. La Terre reçoit en moyenne 1 375 kWh de soleil par m^2 et par an, soit l'équivalent de 117 000 tonnes de pétrole par km^2. Cela signifie que les 500 millions de km^2 de la Terre reçoivent une énergie équivalente à environ 60 000 milliards de tonnes de pétrole, soit 5 000 fois la consommation d'énergie primaire de l'humanité. Toutes les autres énergies renouvelables – éolienne, hydraulique, géothermie superficielle, houlomotricité – ne sont que des manières indirectes d'exploiter l'énergie du soleil[1]. Car le défi, c'est d'être en mesure de capter cette énergie, puis de la convertir en une forme utile : chaleur, électricité ou carburant.

Sous la chaleur du soleil

Commençons par la chaleur, c'est-à-dire le solaire thermique. La conversion d'énergie solaire en chaleur est la méthode la plus efficace, en terme de rendement par unité de surface, disponible aujourd'hui.

1. La géothermie profonde est une exception, puisqu'elle valorise l'énergie issue des réactions de fission au centre de la Terre, transmises sous forme de chaleur. Mais son potentiel est limité.

Les panneaux solaires thermiques à usage domestique permettent de chauffer un fluide « caloporteur », qui transmet la chaleur à un ballon d'eau. Les panneaux du commerce atteignent un rendement de 30 à 50 % : ils valorisent près de la moitié de la chaleur reçue par le soleil. Au départ limités à la production d'eau chaude sanitaire, ils sont de plus en plus utilisés pour le chauffage. Une installation domestique permet ainsi de couvrir 30 à 60 % des besoins de chauffage et d'eau chaude d'une maison – et potentiellement 80 % des besoins d'une maison éco-conçue, dont les besoins énergétiques ont été optimisés. Le reste, qui correspond aux périodes sans soleil, peut être fourni par une chaudière au gaz ou un poêle à bois.

Aujourd'hui, il faut près de quinze ans pour amortir le coût de remplacement d'une chaudière classique par un système solaire thermique. Cette durée peut être divisée par deux grâce aux aides disponibles : crédit d'impôt et subventions des régions, tant pour les particuliers que pour les entreprises et les collectivités. Ainsi, après une longue période de sommeil, le secteur se réveille, avec un taux de croissance de 80 % entre 2005 et 2006 en France (zoom 16).

Zoom 16 : Le marché du solaire thermique en France

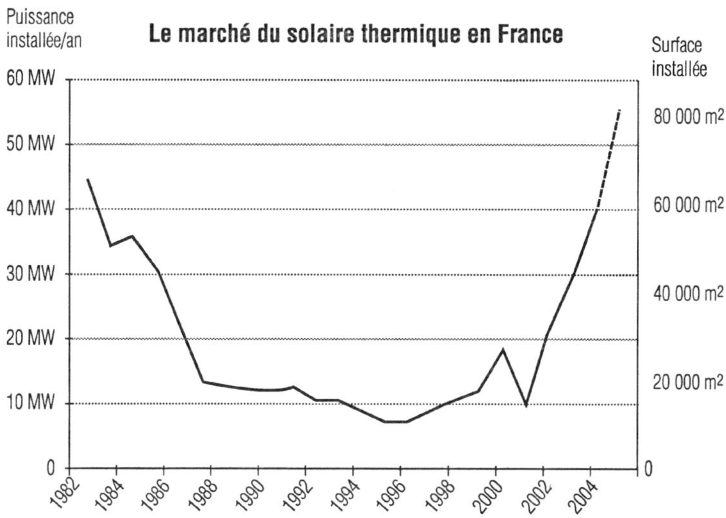

Source : ESTIF, 2005.

Dans les années à venir, de nouvelles baisses de coûts devraient intervenir en raison des changements d'échelle et du développement de la production dans des pays à faible coût comme la Chine. Et aussi à une plus grande variété de technologies : la nouvelle génération de panneaux à tubes sous vides permet de chauffer des radiateurs à haute température, ce qui permet de les utiliser sans modifier les installations de chauffage. De nouveaux supports font leur apparition, comme les vitres solaires qui remplacent les murs (solution 3).

Solution 3 : Quand les murs deviennent chauffe-eau

Les panneaux solaires sont de plus en plus fréquents : ce sont ces plaques noires ou bleutées qui fleurissent un peu partout sur les toits. Mais que faire lorsque la surface des toits est insuffisante ? Eh bien, il reste encore toute la surface des murs à valoriser. C'est l'idée qu'a eue Robin Sun, une start-up strasbourgeoise.

Son vitrage solaire, qui peut remplacer tout ou partie d'un mur non porteur, est une solution 3 en 1 : non content d'isoler comme un triple vitrage, il produit de l'eau chaude grâce à des capteurs solaires intégrés dans des lamelles. Et il offre 40 % de transparence pour laisser entrer la lumière naturelle. En bilan global, l'énergie utilisée pour fabriquer le vitrage est récupérée en seize mois.

Ainsi, 5 à 7 m^2 peuvent couvrir la consommation d'eau chaude d'une famille de quatre personnes, et l'installation est rentabilisée en quelques années. Après trois ans de recherche-développement, la commercialisation du vitrage solaire de Robin Sun a démarré en 2006, grâce à un partenariat avec Glaverbel, numéro un mondial de la fabrication de verre plat.

Le solaire thermique sort maintenant des usages domestiques pour alimenter des sites industriels ou des réseaux de chaleur, qui ont besoin d'eau, voire de vapeur, à forte température ou en grande quantité. Il peut aussi permettre de fabriquer de l'électricité au sein de centrales « thermodynamiques ». Cette filière se fonde sur la concentration des rayons du soleil, à l'aide de miroirs – comme ceux de Themis. Les rayons concentrés permettent alors de chauffer de l'eau ou un autre fluide caloporteur pour alimenter une turbine, ou d'actionner un moteur « Stirling », qui permet de produire de l'électricité avec un rendement encore supérieur. Ainsi, en Californie, la société Stirling Energy Systems projette de construire deux mégacentrales solaires, d'une capacité de 850 et 900 MW chacune, soit l'équivalent d'un réacteur nucléaire[1].

C'est les watts que je préfère

Pas besoin d'installer des mégacentrales pour produire de l'électricité avec le soleil. Grâce au développement du solaire photovoltaïque, chacun pourra peut-être devenir producteur d'électricité.

L'invention de la cellule photovoltaïque (PV) date des années 1950. Le principe : les photons des rayons lumineux frappent un matériau semi-conducteur, à base de silicium, et lui arrachent des électrons, ce qui génère un courant électrique. Initialement destiné à l'alimentation de satellites ou de sites isolés, le photovoltaïque a longtemps souffert de faibles rendements – 3 à 10 % de l'énergie solaire convertie – et de coûts élevés, dix à vingt fois supérieurs à ceux du nucléaire. Comme les autres énergies renouvelables, elle a connu une phase d'engouement pendant les années 1970, suivie d'une phase de sommeil.

Aujourd'hui, le marché redémarre (zoom 17). La demande est tirée par des volontés de sécurité énergétique et de lutte contre l'effet de serre, qui poussent les gouvernements à mettre en place des mesures incitatives : subventions, crédits d'impôts, tarifs de rachats garantis et soutenus. Ainsi en France, EDF est tenu, pour vingt ans, de racheter à 55 centimes d'euros/kWh l'électricité produite par des panneaux solaires intégrés à un bâti, soit environ cinq fois plus que le tarif de vente de l'électricité aux particuliers. Et par ailleurs, la technologie s'est diversifiée, et les coûts sont en baisse.

1. La France, à titre indicatif, couvre 80 % de ses besoins en électricité avec 34 réacteurs nucléaires de 900 MW, et 24 réacteurs de 1300 à 1450 MW.

***Zoom 17* : Le marché du solaire photovoltaïque en France**

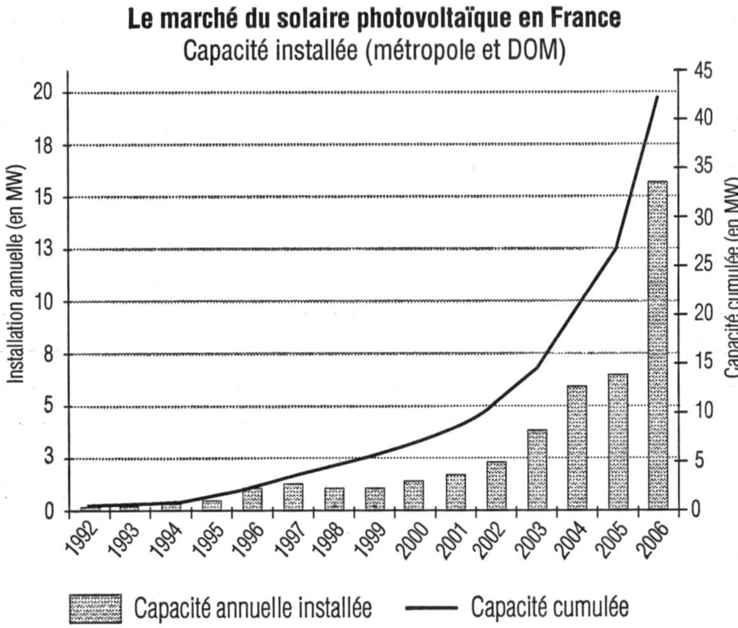

Depuis 1980, les panneaux solaires ont gagné en robustesse et en rendement, et les prix ont baissé de 5 à 7 % par an. La première génération de panneaux monocristallins, issus des satellites, offre les meilleurs rendements, mais à un coût élevé. Puis sont venues les cellules polycristallines, qui présentent aujourd'hui le meilleur rapport entre rendement et prix. Il existe même maintenant des panneaux « amorphes », sans cristaux, très minces et bon marché – mais à rendement plus faible.

En terme de coûts, c'est surtout du côté du silicium que les progrès sont à venir. Le silicium utilisé pour l'industrie solaire est produit par les mêmes usines que celles qui alimentent l'industrie des semi-conducteurs. Très pur, il est produit en petites quantités, à des coûts élevés. Aujourd'hui, l'offre ne suit plus la demande. Une situation d'autant plus étonnante que le silicium est l'élément le plus présent sur Terre : on le trouve dans la silice, c'est-à-dire dans le sable, les galets... Pour répondre à la demande, plusieurs usines de silicium destiné à l'électricité solaire, moins pur, sont en cours de construction. Ainsi, le prix des cellules devrait baisser de 20 à 30 % dès 2008.

Il faut aussi compter avec l'arrivée de nouveaux producteurs. Pendant longtemps, le Japon et l'Allemagne ont représenté l'essentiel de la demande et de la production, avec 70 % de la capacité installée aujourd'hui. D'autres marchés émergent : USA, Espagne, Chine, grâce au soutien des politiques nationales ou locales. Ainsi, en 2010, la demande chinoise de panneaux photovoltaïques devrait atteindre quatre fois le volume actuel de la production mondiale. Et ce pays est en passe de devenir un des plus gros producteurs mondiaux. Le marché devrait donc changer d'échelle, ce qui aboutirait à une nouvelle baisse des coûts pendant la prochaine décennie.

Et surtout, les technologies continuent d'évoluer, avec une nouvelle génération de panneaux solaires à base de matériaux autres que le silicium. Leur avantage : ils sont produits en couches très minces, ce qui permet de réduire la quantité de matériaux utilisés, et donc le poids et le coût des panneaux (solution 4). Finis, les lourds panneaux rigides. La nouvelle génération de panneaux en couches minces est maintenant imprimée sur des films souples, ce qui permet de les déployer sur de multiples supports, comme par exemple le toit des véhicules.

Solution 4 : Le papier peint solaire

Martin Roscheisen a su profiter de la vague Internet. À trente-quatre ans, il a vendu sa société eGroups à Yahoo ! pour 450 millions de dollars. Pourtant, pas question de prendre une retraite dorée. Martin a l'œil sur la prochaine révolution, celle des technologies vertes, les GreenTech ou CleanTech comme on les appelle en Californie. Son rêve : « *Un panneau solaire sur chaque bâtiment.* » Pour cela, il va falloir diviser par dix le coût de fabrication des panneaux, pour les mettre à la portée de tous.

Après un tour du monde des usines, des laboratoires et des colloques, Martin a trouvé la solution. Pour être moins chers et plus faciles à utiliser, les panneaux de demain seront 100 fois plus minces que ceux d'aujourd'hui. Tellement minces qu'ils pourront être imprimés par des rotatives sur des films en plastiques, à un coût bien moindre que l'assemblage des cellules photovoltaïques de première génération.

Après avoir surfé sur la vague Internet, Martin connaît les rouages du capital-risque, un marché plus dynamique aux États-Unis qu'en Europe. Il réussit vite à lever des capitaux pour sa société, Nanosolar. Ses partenaires financiers : les fondateurs de Google, Larry Page et Sergey Brin, et le groupe Benchmark Capital, qui a fait fortune avec eBay. Ensemble, ils vont « lever » plus de 100 millions de dollars, complétés par 20 millions du gouvernement américain. C'est assez pour construire la plus grande usine de panneaux solaires du monde, qui produira 450 MW par an, assez pour alimenter plus de 300 000 foyers dans les conditions de consommation actuelles. La nouvelle usine sera installée dans d'anciens locaux de Cisco, le fabricant de serveurs. La Silicon Valley est en train de passer des semi-conducteurs aux panneaux solaires. Et une deuxième usine est prévue en Allemagne, le pays de naissance de Roscheisen.

Une seule inquiétude : cette technologie repose sur des métaux rares, comme l'indium, le gallium et le sélénium. Mais déjà, dans le monde entier, d'autres start-ups investissent dans la fabrication de panneaux souples à base de pigments au dioxyde de titane, un matériau bon marché et disponible, ou à base de polymères et de semi-conducteurs issus de la chimie organique.

L'éolien a le vent en poupe

Lorsqu'il est impossible de capter directement l'énergie du soleil, il reste ses manifestations indirectes. La plus connue, c'est sans doute le vent. Car l'énergie éolienne n'est qu'une forme d'énergie solaire : ce sont les écarts de températures entre différentes parties de l'atmosphère qui mettent l'air en mouvement.

Comme le solaire, l'éolien a longtemps été confiné à l'alimentation de sites isolés, avec des petites machines et des coûts élevés. Dans les années 1990, grâce à des investissements dans la recherche et des politiques de soutien volontaristes, les éoliennes sont sorties de leur niche. Leur capacité a dépassé 1 MW par machine, et va jusqu'à 6 MW aujourd'hui. Ces méga-éoliennes atteignent un rendement d'environ 30 %, voire 40 %[1]. Le coût de production a baissé de 80 % en vingt ans, et atteint 4 à 6 centimes d'euros/kWh sur des sites terrestres. À titre de comparaison, le coût de l'énergie issue des centrales nucléaires est d'environ 3 centimes d'euros/kWh, celle des centrales thermiques au charbon ou au gaz de l'ordre de 4 à 5 centimes d'euros/kWh.

En France, l'éolien suscite pourtant une vive opposition en raison de l'encombrement des machines. Dans un secteur bien venté, une éolienne de 5 MW produit de 15 à 20 millions de kWh par an. Pour répondre aux besoins d'électricité actuelle de la France (environ 500 milliards de kWh), il faudrait 30 000 éoliennes de plusieurs dizaines de mètres de diamètre. C'est beaucoup – et c'est peu, en regard des 254 000 pylônes à haute et très haute tension (25 à 100 mètres de hauteur) déjà égrenés dans le paysage. Un travail de pédagogie et de concertation est donc nécessaire

---

1. Un physicien, Albert Betz, a calculé que le rendement maximal qu'une éolienne puisse atteindre est de 59,3 % : en effet, l'air doit conserver de l'énergie pour qu'il subsiste un écoulement le long des pales.

pour permettre d'exploiter les nombreux sites potentiels, en particulier dans des régions rurales peu peuplées.

Comme toutes les énergies renouvelables, l'énergie éolienne fournira une partie de la solution, dans des conditions qui varieront d'un territoire à l'autre. L'éolien se développe rapidement dans les pays qui disposent de gisements de vents « off-shore », c'est-à-dire en mer le long des côtes, comme au Danemark, ou ceux qui disposent d'espaces ventés inoccupés, comme l'Espagne ou le sud des États-Unis. Ainsi, le marché mondial croît de 23 % par an, avec plus de 50 GW déjà installés dans le monde, soit une capacité de l'ordre de grandeur de celle de trente centrales nucléaires.

L'éolien de demain sera peut-être aussi urbain. À côté des machines de 100 mètres de haut, l'industrie développe des mini éoliennes aux formes surprenantes, et complémentaires des précédentes. Elles peuvent se fixer sur le toit d'un immeuble pour valoriser les vents forts à cette altitude, ou sur le côté, pour utiliser l'effet Venturi, c'est-à-dire l'accélération d'un courant d'air dans une zone en forme de couloir. L'électricité produite est symbolique par rapport aux grandes éoliennes, mais peut contribuer à rendre positifs en énergie les bâtiments et les infrastructures. Ainsi, il serait possible d'en équiper les lampadaires le long des routes, ce qui permettrait d'éviter des milliers de kilomètres de câbles et de tranchées.

Une nouvelle vie pour l'hydraulique ?

L'énergie hydraulique est la forme d'énergie renouvelable la plus développée dans le monde. Elle aussi n'est qu'une forme déguisée d'énergie solaire : sans soleil pas d'évaporation d'eau, pas de pluies, donc pas de rivières ni de barrages.

Pendant longtemps, l'énergie hydraulique a été synonyme de grands barrages, d'une capacité de 10 à 15 000 MW. Cette ère se termine. Le développement des grands barrages se heurte à leur coût social et environnemental. L'essentiel du potentiel concerne des barrages déjà existants, qui ont été construits pour l'irrigation : dans le monde, à peine 25 % des barrages sont équipés de turbines électriques. Par ailleurs, le potentiel de la petite hydraulique, qui existe depuis des siècles, revient en force (solution 5).

Héritée des roues à aubes, la mini-hydraulique permet de valoriser un grand nombre de sites sans perturber l'environnement et les activités locales, et sans gros besoin d'infrastructures (solution 5). Elle est particulièrement intéressante lorsqu'elle est couplée à un réseau d'irrigation, notamment dans les pays en développement, ce qui permet d'amortir le coût des installations.

La mer : les nouvelles énergies renouvelables

L'énergie de la mer, une idée nouvelle ? Pas vraiment, puisque les premiers moulins à marée datent de 1120. Ils exploitaient déjà l'énergie liée à l'élévation du niveau de la mer pendant les marées, elle-même due aux forces gravitationnelles du soleil, de la lune et à la rotation de la Terre. L'ordre de grandeur de l'énergie dissipée annuellement par les marées équivaut à 2 milliards de tonnes de pétrole, assez pour couvrir 20 % des besoins de l'humanité actuels. L'avantage de cette énergie, par rapport à l'énergie solaire et éolienne, est son caractère régulier : elle peut donc servir à alimenter les besoins de base d'un réseau. Pourtant, il est difficile de parler d'énergie marémotrice en France : tout le monde a en tête l'usine de la Rance, qui avait suscité beaucoup d'espoirs et qui s'est révélée plus coûteuse que prévu. Aujourd'hui encore, peu de sites sont exploitables : il faut des marées de forte amplitude et des aménagements coûteux, qui peuvent dégrader des sites par ailleurs touristiques.

Solution 5 : Le retour de la roue à aubes

L'économie positive aime faire du neuf avec du vieux. Demain, une partie de notre électricité viendra peut-être de mini turbines hydrauliques, comme celles de la société française H3E – versions modernes de la roue à aubes. Elles permettent de valoriser des chutes d'eau de moins de 5 mètres en tournant lentement, ce qui permet aux poissons de les traverser sans dommage.

En France, plus de 10 000 sites « fondés en titre » pourraient être valorisés avec cette technologie. Ce sont des sites qui ont fait l'objet d'une exploitation hydraulique dans le passé : moulins à grains, scieries, forges... Ils possèdent encore des canaux de dérivation ou biefs qui facilitent l'implantation des turbines. Et surtout, ils disposent des autorisations nécessaires pour ce type d'installation. Au total, ces sites, qui ne représentent que 10 % de la production hydraulique française à la fin du XIXe siècle, pourraient produire 12 milliards de kWh. Cela représente 2 % de la consommation électrique de la France dans le cadre de l'économie actuelle – ou 10 % dans le cadre d'une économie qui aurait divisé par 5 ses besoins en énergie.

Compte tenu de son faible coût d'investissement (pas de bâtiments, très peu de génie civil) et son temps de retour sur investissement situé entre six et dix ans, c'est une technologie utile pour les pays émergents, surtout si elle valorise des barrages utilisés pour l'irrigation. En France, deux sites pilotes sont prévus.

L'avenir semble donc venir de l'énergie des courants marins et de l'énergie de la houle – elle aussi directement dérivée de l'énergie solaire, puisque c'est le vent qui la crée. De nouvelles technologies « hydroliennes » apparaissent pour exploiter les courants marins ou ceux des rivières, et valoriser ainsi une grande variété de sites. Une société britannique a même mis au point un nouveau concept de générateurs flottants, qui utilisent l'énergie de la houle (solution 6).

L'énergie de la houle pourrait ainsi couvrir plus de 25 % des besoins en électricité du Royaume-Uni, leader dans ce domaine. En France, selon EDF, le potentiel des hydroliennes serait de 3 000 MW, l'équivalent de deux tranches de centrales nucléaires. Les coûts restent encore élevés : de l'ordre de 10 à 20 centimes d'euros/kWh – proches de ceux de l'éolien il y a vingt ans. Les progrès de la technologie devraient les faire baisser à environ 6 centimes d'euros en 2015, un ordre de grandeur compétitif.

Et la Terre dans tout ça ?

Il serait injuste d'oublier l'énergie de la Terre, ou géothermie – issue de la chaleur du magma terrestre en fusion. Attention, toutefois, il s'agit alors de la géothermie profonde. Elle peut être utilisée pour chauffer des serres, des bassins à poisson ou des installations balnéaires, ou pour produire de l'électricité, lorsque les températures dépassent 100 °C. Les coûts de production sont compétitifs (3 à 5 centimes d'euros/kWh), et ce sans intermittence. Cette technologie est ancienne : à Landarello en Italie, une centrale de 500 MW fonctionne depuis 1904. La reprise de la prospection, motivée par la hausse du prix du pétrole, devrait permettre d'identifier de nouveaux sites.

À l'opposé, la géothermie superficielle, qui est de plus en plus proposée aux particuliers pour chauffer leur maison, est en fait issue de l'énergie solaire. Elle utilise des pompes à chaleur pour capter les calories stockées dans les premiers mètres du sous-sol ou même celles de l'atmosphère. Cette solution est mise en avant par EDF, car plutôt que de remplacer l'électricité du réseau, elle en augmente le rendement : pour 1 kWh électrique qui entre dans une pompe à chaleur, il en sort 3 à 4 sous forme de chaleur.

En France, le temps de retour sur investissement est d'environ dix à quinze ans, et il s'améliore grâce aux aides. Comme

Solution 6 : De l'électricité avec des vagues

Récupérer l'énergie des vagues : comment ne pas y avoir pensé plus tôt ? Et pourtant, Ocean Power Delivery est la première société à proposer une technologie permettant de transformer l'énergie houlomotrice en électricité. Et ce, grâce au Pelamis, une sorte de boudin flottant de 120 mètres de long, composé de 4 cylindres articulés de 3,5 mètres de diamètre, équipés de générateurs électriques à chaque articulation. Puissance nominale : 750 kW par Pelamis.

Le Pelamis est discret : il est installé en général à 5-10 km des côtes – donc sans nuisance pour le littoral – sous forme de « fermes houlomotrices », desquelles part un seul câble électrique. Une ferme de 30 MW couvrant 1 km^2 pourrait alimenter en énergie 20 000 foyers dans les conditions actuelles de consommation – donc 100 000 foyers qui auraient divisé par 5 leur intensité énergétique. Ayant réuni plus de 30 milliards d'euros d'investissements, Ocean Power Delivery a réalisé la première ferme houlomotrice commerciale au large des côtes portugaises, d'une capacité de 2,25 MW. Elle a 8 MW de commandes fermes au Royaume-Uni.

Selon l'Agence internationale de l'énergie, les gisements potentiels représentent de 10 à 50 % de la consommation électrique mondiale actuelle. Les variations journalières sont faibles, et les variations saisonnières suivent les besoins en électricité, en tout cas dans les pays tempérés où il y a plus de vagues en hiver. Ils valorisent des surfaces maritimes éloignées des côtes, peu utilisées, sans entrer en compétition avec d'autres usages.

L'impact sur la vie marine serait positif, puisque ces zones sont protégées de la pêche, ce qui permet de reconstituer les stocks de poisson. Il reste nécessaire de prévoir des plans d'installation permettant la circulation des bateaux. Comme pour toute énergie renouvelable, seule une partie du potentiel pourra sans doute être exploitée, dans le cadre d'un « mix » énergétique optimisé.

le marché du solaire thermique, ce secteur est en plein boom, avec 50 000 installations en 2006, soit deux fois plus qu'en 2005 – et on en prévoit 100 000 à 150 000 par an en 2010. Et là encore, il y a des emplois à la clé : un vaste plan de formation est en cours pour les quelque 40 000 chauffagistes susceptibles d'être intéressés par ce marché[1].

Le stockage : la nouvelle frontière technologique

Le soleil, capté sous toutes ces formes, peut largement répondre aux besoins d'énergie de l'humanité. Si le potentiel représente en théorie 5 000 fois nos besoins actuels, celui qui est exploitable par les technologies déjà disponibles représenterait déjà plus de 5 fois la consommation d'énergie actuelle[2]. Le problème, c'est que cette énergie est disponible de manière irrégulière, et souvent décalée par rapport aux besoins, en tout cas dans les pays tempérés et nordiques. Car à ces latitudes, c'est en hiver que les besoins d'énergie sont maximums, et c'est en été qu'il y a du soleil.

L'ouverture des marchés électriques peut pallier ce problème, en permettant par exemple aux Espagnols de vendre de l'énergie solaire aux Allemands. Le transport de l'électricité sur une longue distance engendre toutefois des pertes en ligne d'environ 20 %, sans compter la construction de lignes disgracieuses et coûteuses. Il serait donc préférable de pouvoir stocker cette énergie pour la valoriser localement en fonction des besoins.

Or le stockage de l'énergie, en particulier de l'électricité, a encore besoin de progresser. La solution la plus répandue est la pile ou batterie chimique alcaline, au plomb, au lithium, au cadmium, au zinc... Ses inconvénients sont nombreux. Elle est inefficace : 30 % de l'énergie est perdue au cours du processus de stockage et déstockage. C'est ainsi

1. Dossier « Produisez votre énergie », *Sciences et Avenir*, mai 2007, pp. 56-58.

2. *Energy Revolution, a Sustainable Energy Outlook.* Report for the German Aerospatial Agency, Institute of Technical Thermodynamics, Stuttgart, Greenpeace and European Renewable Energy Council, 2007.

qu'un ordinateur portable qui marche sur batteries consomme plus que le même fonctionnant sur le secteur. Le bilan est encore plus négatif dans le cas de piles non rechargeables, qui nécessitent de dépenser, pour leur fabrication, jusqu'à 150 fois l'énergie stockée. Ainsi, le coût d'un kWh d'électricité issu d'une pile non rechargeable vaut 200 euros... contre 0,1 euro pour l'électricité fournie par EDF, et 0,3 euro pour une batterie rechargeable.

Par ailleurs, les batteries sont fabriquées à partir de matériaux onéreux et polluants. Elles sont lourdes et encombrantes, ce qui limite leur utilisation dans les véhicules. Ainsi, les voitures électriques ont encore une autonomie faible, à moins d'embarquer plusieurs dizaines de kilos de batteries. La pile à combustible alimentée à l'hydrogène pourrait représenter une solution, à condition de produire cet hydrogène à partir de sources d'énergie renouvelable (idée reçue 6).

Ainsi, aujourd'hui, deux défis se présentent pour le stockage. D'une part, stocker de l'énergie en petite quantité, de manière légère, pour des applications mobiles comme les véhicules. Et d'autre part, stocker de l'énergie pour des applications stationnaires : industrie, habitat...

De nombreuses solutions de stockage sont testées. La plus rentable consiste à pomper en hauteur l'eau d'un barrage, qui alimentera ainsi sa turbine. D'autres technologies en test stockent de l'énergie à l'aide de nano-condensateurs, d'air comprimé ou de volants inertiels – une sorte de roue géante qui tourne tout doucement, et stocke de l'énergie par l'inertie de son mouvement. L'eau chaude – ou tout autre fluide caloporteur – est aussi une des plus anciennes méthodes de stockage de l'énergie. L'énergie d'un chauffe-eau solaire peut être conservée dans un ballon isolé ou même sous terre. Un fluide chauffé peut permettre aussi de stocker de l'énergie d'origine électrique. Ainsi, la centrale Solar 3 d'Almeria pourra fonctionner nuit et jour grâce à une autonomie de seize heures, en stockant l'énergie dans de l'eau salée portée à près de 500 °C.

Idée reçue 6 : L'hydrogène, source d'énergie gratuite de demain ?

Jeremy Rifkin s'est fait une spécialité de décrypter les grandes tendances de l'économie et de la société. Dans un de ses ouvrages *L'Économie hydrogène*, il décrit une humanité délivrée de la pénurie énergétique. Chaque habitant devient son propre producteur d'énergie, par exemple solaire, et échange de l'énergie avec les autres, en fonction de ses disponibilités et de ses besoins, grâce à l'hydrogène.

Il est vrai que l'hydrogène est partout : c'est le gaz le plus disponible sur terre. Ce livre a ainsi contribué à alimenter le rêve d'un monde qui serait alimenté en énergie propre et pas chère sous forme d'hydrogène.

Pourtant, l'hydrogène n'est pas une source d'énergie disponible de façon gratuite. Il représente plutôt un vecteur d'énergie, un mode de stockage. Pour se procurer de l'hydrogène, il faut l'extraire et pour cela, il faut dépenser de l'énergie. Aujourd'hui, la plupart de l'hydrogène est produit à partir de gaz naturel. Mais il est possible aussi de l'extraire de l'eau, à condition de disposer d'électricité. L'hydrogène ainsi produit peut ensuite alimenter des « piles à combustible », qui fabriquent de l'électricité grâce à l'hydrogène. Ainsi, comme l'avait rêvé Rifkin, l'hydrogène pourrait être une réponse au problème de stockage de l'énergie renouvelable.

Encore faut-il résoudre d'abord... le problème du stockage de l'hydrogène, et de son transport. Gaz aux molécules très petites, peu dense, l'hydrogène s'échappe par la moindre fuite, et il faut beaucoup d'énergie pour le pomper dans un gazoduc. Pour le moment, il peut représenter une solution pour des petites applications comme les téléphones portables. Il pourrait aussi convenir aux besoins de flottes captives, dont les véhicules reviennent tous les soirs dans le même parking, où ils pourraient être rechargés en hydrogène. À terme, de nouvelles technologies de stockage de l'hydrogène, comme le stockage dans des nanostructures, pourraient donner plus d'ampleur à cette technologie.

Pour faire fortune, investissez dans le stockage d'énergie : c'est un des grands marchés de demain. Le stockage devra se développer en parallèle avec les énergies renouvelables. Les sociétés qui fourniront des solutions pour ce marché ont l'avenir pour elles. Une certitude qui n'échappe pas aux investisseurs : sur les trois dernières années, 3 milliards de dollars ont été investis dans des start-ups destinées à la production d'énergie renouvelable, et 1,3 dans celles dédiées au stockage.

Les énergies nomades : la révolution de la biomasse

Manger ou rouler : un faux problème ?

La nature a inventé depuis longtemps un moyen de capter et de stocker en même temps l'énergie solaire : la photosynthèse. Que fait une plante ? Elle convertit l'énergie des rayons du soleil en sucres et en graisses, qui sont les plus anciens moyens de stockage de l'énergie à notre disposition. Cette faculté n'a pas échappé aux êtres humains : le bois, la paille, l'huile des premières lampes, sont autant de biocombustibles, c'est-à-dire de combustibles ou carburants issus de matière vivante, ou biomasse (idée reçue 7).

Déjà, les chaudières à biomasse représentent une alternative en développement pour le chauffage domestique et industriel. Elles peuvent être alimentées au bois, à la paille ou au charbon végétal, mais aussi avec des sous-produits de l'industrie agro-alimentaire ou forestière, comme les déchets de scierie. La conversion en électricité offre un faible rendement – de 15 à 30 %. L'avenir est sans doute à la cogénération, qui permet d'atteindre des rendements de 90 % en combinant la production de chaleur et d'électricité. Les centrales à biomasse présentent alors un grand avantage par rapport aux autres énergies renouvelables : elles permettent de produire de l'énergie en continu, un point très important pour les réseaux électriques.

Mais surtout, l'avantage des plantes est leur capacité à fabriquer des carburants aux propriétés similaires à celles du pétrole, c'est-à-dire léger, liquide et concentré – ce qui correspond aux besoins du transport. Ces biocarburants font couler beaucoup d'encre. Ils ont été présentés comme une solution miracle à la fin du pétrole et au changement climatique. Ils représentent un espoir pour des secteurs en difficultés : pour l'agriculture, qui y voit de nouveaux débouchés, et pour les constructeurs automobiles, qui espèrent continuer à vendre des voitures sans devoir modifier radicalement les moteurs, en remplaçant l'essence par du bioéthanol, ou le gazole par du biodiesel.

Idée reçue 7 : Les biocarburants sont-ils bios ?

Le suffixe bio est à la mode. Il évoque des images d'écologie et de santé. Il provient du grec *bio*, qui signifie vie. Le préfixe « bio » est ainsi de plus en plus utilisé pour désigner les ressources issues de processus vivants, par opposition aux ressources minérales ou aux ressources fossiles. On parle ainsi de biomatériaux pour désigner le bois, la paille ou les isolants à base de plumes. Le terme biocarburants est utilisé pour désigner les huiles de colza qui remplacent le diesel, ou l'éthanol produit à partir de maïs. Le biogaz, quant à lui, est issu de la fermentation de déchets organiques, comme ceux des poubelles alimentaires.

Mais alors, les biocarburants sont-ils des « produits bios » ? Non, dans la mesure où en France, l'adjectif « bio » est un raccourci pour « produit issu de l'agriculture biologique », c'est-à-dire produit selon des méthodes inspirées du fonctionnement naturel des écosystèmes, sans engrais chimiques ni pesticides de synthèse. Aujourd'hui, la plupart des biocarburants sont issus d'agriculture conventionnelle, qui n'a rien à voir avec l'agriculture bio. Pour éviter la confusion, il est ainsi de plus en plus courant de remplacer le terme biocarburants par « agrocarburants ».

Mais aujourd'hui, les premières inquiétudes apparaissent. Au Mexique, le prix de la tortilla de maïs, base de l'alimentation, grimpe en flèche alors que les États-Unis achètent de plus en plus de maïs pour remplir leurs voitures de bioéthanol. En Asie la demande d'huile de palme, qui peut remplacer le diesel, pousse à détruire les dernières surfaces de forêts pour développer toujours plus de plantations. Faudra-t-il choisir entre manger ou rouler ? Faudra-t-il sacrifier l'habitat des derniers orang-outans pour alimenter nos moteurs ?

Pas nécessairement. Mais les biocarburants de demain ne seront pas ceux d'aujourd'hui, dont le potentiel est limité. Aujourd'hui, les biocarburants ne représentent que 2 % des consommations mondiales de carburants routiers. Ils sont toujours combinés avec des carburants à base de pétrole – le bioéthanol avec l'essence, ou le biodiesel avec le gazole. Dans ces mélanges, la part de biocarburant reste minoritaire, de l'ordre de 5 à 10 %, avec un maximum de 20 à 25 % au Brésil. Les moteurs actuels ne permettent pas d'en utiliser plus. Ainsi les véhicules flex-fuel, pouvant fonctionner avec 85 % d'éthanol sont encore minoritaires dans la flotte mondiale. Seuls les modèles les plus simples de tracteurs agricoles utilisent de l'huile végétale pure. Pour que les biocarburants puissent remplacer significativement le pétrole, il faut investir dans de nouvelles technologies.

Biocarburants de première et deuxième génération

Deux types de biocarburants dits de première génération sont aujourd'hui disponibles sur le marché. Le bioéthanol est produit à partir de la fermentation des « parties nobles » de plantes comme la canne à sucre, la betterave, le blé ou le maïs. Pourquoi « nobles ? » Parce que ces parties riches en sucres servent à l'alimentation humaine. De même, le biodiesel est issu de l'estérification d'huiles végétales produites à partir des graines de plantes alimentaires comme le colza, le soja, le tournesol ou le palmier à huile. La production de ces carburants entre donc en compétition avec les usages alimentaires de ces cultures.

En Europe, aux États-Unis, ces biocarburants ont été développés pour des raisons largement politiques : ils permettent de trouver des débouchés à des filières agricoles en difficulté. Leur production par unité de surface est faible. La totalité des surfaces cultivées mondiales, converties en biocarburants de première génération, couvrirait à peine un quart des besoins en carburants actuels. Déjà, la hausse des prix du sucre, des grains et des huiles alimentaires, liée à la demande de ces biocarburants, fragilise les populations pauvres des pays en développement.

Ces filières auront toutefois permis de tester et populariser l'usage des biocarburants. Elles représentent un pas dans la bonne direction. Demain, elles seront remplacées par de nouvelles technologies, qui valorisent des sources de biomasse non alimentaires, en consommant 3 à 50 fois moins d'espace pour la même quantité d'énergie produite. Comme le rappelle Lord Oxburgh, le président de D1 Oils : « *La question du réchauffement climatique est tellement cruciale, que nous devons commencer avec ce que nous avons, pour l'améliorer par la suite.* » Explications.

Valoriser des surfaces abandonnées

Si les biocarburants de première génération sont inefficaces, c'est parce qu'ils ne valorisent qu'une petite partie de la plante – celle que nous mangeons. Leur contribution à la lutte contre l'effet de serre reste modeste, car leur culture consomme de l'énergie. Ainsi, un litre d'éthanol permet de diminuer les émissions de gaz à effet de serre de 30 % par rapport à un litre d'essence, un litre de biodiesel de 60 % par rapport à un litre de gazole. Les biocarburants dits de deuxième génération, au contraire, valorisent toute la plante : par exemple, l'ensemble d'un plant de maïs, qui peut faire plus de 1,50 mètre de hauteur, au lieu des seuls grains. Dans ces filières, la biomasse issue de la plante entière est d'abord fragmentée, puis fermentée pour donner du bioéthanol, qui est un substitut à l'essence, ou transformée en biodiesel, substitut au gazole.

L'avantage des filières de deuxième génération, c'est que le carburant peut être produit à partir de plantes rustiques, qui sont souvent des plantes pérennes, nécessitant peu d'eau, peu d'engrais, peu de produits chimiques et peu d'énergie pour leur culture. Leur rendement par unité de surface et leur bilan énergétique sont ainsi bien meilleurs. Ces biocarburants devraient être disponibles dans moins de dix ans. Aux États-Unis, des start-ups ont déjà levé des fonds pour des unités qui devraient entrer en production dès 2009.

Des exemples ? Il est possible de produire de l'éthanol à partir du miscanthus, ou herbe à éléphant, ou encore de l'arundo ou canne de Provence, ou même du sorgho à sucre. Une partie de ces plantes sont adaptées aux zones arides. De la même manière, il est possible de produire du biodiesel à partir de plantes oléagineuses résistantes à la sécheresse comme le jatropha (chapitre 1). Ces espèces peuvent valoriser des surfaces agricoles abandonnées, qui ne sont pas utilisées pour la production alimentaire. C'est donc une solution sans regrets.

L'Europe compte 80 000 km^2 de terres en jachère, c'est-à-dire des terres agricoles qui ont été retirées de la production en raison des excédents sur les marchés. Il s'y ajoute environ 200 000 km^2 occupés par les réseaux de transport, dont au minimum 10 %, soit 20 000 km^2, peuvent être mis en culture (par exemple, les bords d'autoroute : chapitre 9). Enfin, il faut y ajouter, selon une étude du parlement européen, environ 100 000 km^2 de terres agricoles excédentaires prévues dans les dix ans à venir, du fait de la hausse de la productivité agricole. Au total, 200 000 km^2 pourraient donc être utilisés pour des cultures de biocarburants, sans remettre en cause la production alimentaire. C'est l'équivalent de 1/8 de la surface cultivable européenne.

Cultivées en colza, ces surfaces permettraient à peine de fournir 4 % des besoins en carburants actuels de l'Europe. Avec des cultures de biocarburants de seconde génération, elles pourraient couvrir 17 % des besoins actuels – et les 2/3 des besoins d'une Europe qui aurait divisé par quatre sa consommation de carburant grâce à une réorganisation des territoires et une meilleure efficacité des véhicules (zoom 18). Les biocarburants ont l'avenir devant eux. D'autant plus qu'ils peuvent permettre de valoriser des déchets.

Des déchets dans les moteurs

Il faut en effet rappeler que le pétrole est issu de matière végétale ou animale transformée. C'est ainsi que toute matière organique ou tout résidu de l'industrie pétrolière, c'est-à-dire toute molécule contenant des chaînes à base d'atomes de carbone, peut être transformée en carburant. C'est donc le cas des boues de station d'épuration, des lisiers, des déchets agricoles et alimentaires, mais aussi de tous les déchets plastiques.

Certains déchets peuvent être convertis en carburant avec très peu de transformations : c'est le cas des huiles usagées, comme les huiles de friture, ou des déchets d'abattoirs riches en graisses animales, qui peuvent être transformés en biodiesel. Le biogaz, issu de la fermentation des décharges, représente d'ores et déjà un potentiel de 210 millions de tonnes équivalent pétrole, soit 10 % de la consommation énergétique actuelle des transports (chapitre 1). Et les nouvelles filières de deuxième génération pourront bientôt transformer en éthanol et diesel des résidus d'industrie agro-alimentaire, comme par exemple, les tiges de la canne à sucre ou les écorces d'orange (solution 7). Ils peuvent aussi permettre de valoriser les déchets de l'exploitation forestière et des scieries, qui représentent un volume souvent supérieur à celui du bois effectivement exploité. Les poubelles des ménages et de l'industrie sont les futurs gisements de pétrole.

La révolution des algues

Après les plantes des friches et les fonds de poubelles, les algues pourraient bien devenir la principale source de biocarburant. Les moteurs tourneront-ils au goémon ? Pas vraiment. Les algues en question sont microscopiques. Et c'est justement ce qui fait leur redoutable efficacité.

Comparées à un panneau solaire, les plantes restent un moyen peu efficace de capter l'énergie du soleil. Elles permettent à peine de transformer 1 % de l'énergie reçue du soleil en carburant. Alors, faut-il abandonner le sujet ? Pas nécessairement. L'avantage des biocarburants, c'est qu'ils stockent l'énergie sous une forme qui correspond bien aux usages nomades. Il reste donc à améliorer le rendement de conversion de l'énergie solaire en carburant par les végétaux. La solution vient peut-être des plus petits d'entre eux.

Une plante supérieure, comme le maïs, le jatropha ou les arbres, doit dépenser beaucoup d'énergie pour maintenir une structure complexe – un peu comme une grande entreprise, qui a d'importants frais généraux pour maintenir son encadrement et son siège social. À l'opposé, les algues microscopiques, formées d'une seule cellule, se comportent comme des travailleurs indépendants : pas d'énergie perdue en frais de structure. Leur rendement de conversion de l'énergie solaire en sucres et en huile est ainsi bien plus efficace.

Une dizaine de sociétés, principalement américaines, souvent dirigées par d'anciens cadres de l'industrie du pétrole, développent actuellement des « bioréacteurs » à partir d'algues. Ils ressemblent en fait à des panneaux solaires, formés de tubes dans lesquels circule une gelée verdâtre : de

Solution 7 : De l'essence à base d'orange

La région de Valence, dans le Sud de l'Espagne, est le royaume du soleil, et donc des oranges : elle en produit 4 millions par an, essentiellement pour la production de jus. Pourtant les orangeraies de Valence, gourmandes en eau, sont de moins en moins rentables, et sont remplacées par des friches, à leur tour converties en projets de construction toujours plus nombreux, qui déparent les paysages de cette région touristique.

Pour repousser les pelleteuses, une solution : valoriser les déchets des usines de jus d'orange, c'est-à-dire la pulpe et les écorces gorgées de sucre, qui peut fermenter pour produire du bioéthanol. Le potentiel de la région correspond à plus de 35 millions de litres de bioéthanol, qui peut remplacer autant de litres d'essence.

« *Nous ne pouvons pas laisser passer cette opportunité* », explique Esteban González Pons, ministre régional de l'Environnement. Les autorités régionales se sont engagées à investir plus de 50 millions d'euros dans ce projet. Car outre le sauvetage des orangeraies, la production de bioéthanol va permettre de préserver des emplois. La fabrication du bioéthanol sera réalisée dans une usine du constructeur automobile Ford, qui devait fermer ses portes pour cause de délocalisation, et qui sera reconvertie pour l'occasion.

Cet exemple illustre la dynamique de l'économie positive : valoriser des ressources inemployées, transformer des déchets en richesses, et créer des emplois non délocalisables, car ancrés dans les territoires. Créer des richesses en réparant la planète...

l'eau remplie d'algues microscopiques. Les algues captent le gaz carbonique de l'air et fabriquent des sucres et de l'huile, qui peut ensuite être raffinée pour faire du biodiesel. Comme elles grandissent en milieu confiné, elles consomment très peu d'eau. Le rendement atteint 30 à 50 tonnes d'équivalent pétrole par hectare, contre moins d'une tonne pour le colza ou le maïs. Les algues peuvent aussi valoriser les émanations de CO_2 à la sortie de cheminées d'usine, et permettre ainsi de réduire leurs émissions de carbone (solution 8).

Solution 8 : Transformer les fumées en carburant

Le rêve de l'économie positive, ce sont les solutions trois en un. Par exemple : débarrasser les cheminées d'usine de leur pollution, économiser de l'énergie, et fabriquer du carburant. Qui peut y arriver ? Les micro-algues vertes, qui sont les plus efficaces des végétaux lorsqu'il s'agit de capter l'énergie du soleil.

L'énergie du soleil, il y en a partout. Mais pour grandir, les algues ont aussi besoin de matières premières, et en particulier d'atomes de carbone et d'azote, qui leur servent de briques pour fabriquer leur propre organisme. Et où trouve-t-on ces précieux matériaux en abondance ? Dans les cheminées d'usine, d'où ils sortent sous la forme de polluants, c'est-à-dire de gaz carbonique, responsable de l'effet de serre, et de monoxyde ou dioxyde d'azote, responsables de troubles respiratoires et de pluies acides.

Le pari de la jeune société américaine GreenFuel est d'associer la culture d'algues aux usines, par l'intermédiaire de panneaux solaires d'un nouveau type, qui contiennent une solution riche en algues, et qui sont enrichis avec les fumées d'usine. Les algues captent ainsi 80 % des émissions de CO_2 et 80 % de celles d'oxydes d'azote en journée ensoleillée. Ainsi, elles remplacent les filtres à fumées, consommateurs d'énergie, pour un coût de 20 à 40 % inférieur. Environ 70 % des usines américaines disposeraient de la place et des fumées nécessaires pour installer des bioréacteurs GreenFuel. Et les algues sont ensuite récoltées et transformées en biocarburants. Ainsi, la boucle est bouclée : les algues fabriquent du carburant avec du carbone issu de pétrole, lui-même issu d'algues fossiles. Les algues se nourrissent des restes de leurs ancêtres...

Pas étonnant que GreenFuel soit une des stars de la nouvelle économie verte. Lors du précédent CleanTech Investment Forum à San Francisco, des dizaines d'investisseurs faisaient la queue devant le stand de GreenFuel. Des partenariats sont ainsi en cours pour développer des unités GreenFuel aux États-Unis, mais aussi en Afrique du Sud, en Nouvelle Zélande, en Australie ou en Allemagne.

Avec des rendements de l'ordre de 30 à 50 tonnes d'équivalent pétrole par hectare, les algues présentent un potentiel considérable. Les 200 000 km² de surfaces disponibles pourraient ainsi permettre de couvrir plus de deux fois les besoins actuels du secteur des transports européens. Les panneaux à base d'algues sont particulièrement adaptés à la valorisation de surfaces ensoleillées et inutilisées, comme celles des déserts.

Les premiers carburants à base d'algues pourraient fournir le marché dans les années qui viennent. Les entreprises qui se lancent annoncent des coûts de production de 25 à 70 dollars par baril d'huile – à comparer avec les 60 dollars du pétrole aujourd'hui. Et déjà, le potentiel des algues n'a pas échappé à Boeing, qui prévoit de tester l'incorporation d'« algocarburant » en mélange au kérosène pour les moteurs de ses avions.

***Zoom 18* : Des biocarburants pour l'Europe**

Culture (carburant produit)	Production brute, litres/ha	Production nette, tep/ha*	Potentiel Européen (Mtep)	% des besoins actuels	% des besoins réduits**
Colza (biodiesel)	1200	0,67	13	4,3 %	17 %
Miscanthus (bioéthanol)	7 500	2,5	50	17 %	66 %
Algues (biodiesel)	50 000	30 (estimation basse)	600	200 %	800 %

* En tep, ou tonnes équivalent pétrole, après déduction des coûts énergétiques de la culture. ** Les pourcentages sont ramenés à la consommation de carburants actuelle en Europe, puis à la consommation d'une Europe qui aurait réduit d'un facteur 4 ses besoins de carburants grâce à une politique d'efficacité énergétique et de réaménagement des réseaux de transport et des territoires.

Faire feu de tout bois

Un monde énergétique diversifié

L'humanité aime les solutions miracles. Après le pétrole, le nucléaire, puis le solaire, l'éolien et les biocarburants ont été présentés comme « la » solution au problème de l'énergie et du changement climatique. Puis, chacune a présenté des limites, qui ont engendré des déceptions à la hauteur des espoirs. Il est alors bien tentant de brûler ce que l'on a adoré. Ainsi, le nucléaire est aujourd'hui vilipendé pour ses risques et ses déchets, le solaire ridiculisé comme une technologie gadget et coûteuse, l'éolien conspué pour sa marque dans les paysages, et les biocarburants sont déjà accusés de détruire les forêts tropicales et d'affamer le tiers-monde. Demain, les algues seront peut-être présentées comme le nouvel eldorado, jusqu'à ce que leurs inconvénients apparaissent.

Et s'il était temps de changer d'attitude ? Par exemple, en considérant que chaque technologie a ses avantages et ses limites, et qu'il convient de l'utiliser de manière adéquate, dans le cadre d'un « mix » énergétique diversifié. Telle est l'approche de l'économie positive : ne pas croire qu'une technologie soit bonne ou mauvaise en soi, et ne pas attendre de solution miracle unique – mais toujours, croire en la diversité.

Ainsi, le nucléaire semble bien maîtrisé dans un pays comme la France. Mais il demande un encadrement et des procédures de sûreté rigoureuses, qui ne peuvent pas être mis en place dans tous les pays. Il reste vulnérable, et il peut difficilement représenter une solution généralisée dans un monde instable, et surtout dans les pays en développement. Le problème des déchets et les risques de prolifération ou d'attaques terroristes en feraient une menace permanente pour la sécurité locale et globale. Le nucléaire ne sera donc pas la solution unique. Il serait pourtant absurde de s'en passer aujourd'hui, et de démanteler les centrales existantes, au risque de faire rebondir l'effet de serre.

Le charbon, le pétrole et le gaz auront sans doute une place dans le mix énergétique de demain, surtout s'ils sont mis en œuvre en association avec des technologies de captage des émissions de gaz carbonique, notamment à partir de micro-algues.

Les énergies renouvelables offriront des niveaux de solutions variés selon les conditions climatiques et géographiques de chaque territoire. Leur mise en œuvre supposera toutefois une réforme de l'architecture des réseaux de distribution électrique, pour prendre en compte l'arrivée de multiples petites unités, fonctionnant tantôt comme producteur net, tantôt comme consommateur net – et un investissement dans la recherche de nouvelles technologies de stockage.

La biomasse, en particulier le bois, représente un potentiel considérable dans le cadre d'une gestion durable des forêts. Elle présente l'avantage d'être stockable, et donc de pouvoir alimenter un réseau énergétique de manière régulière, et non pas seulement en fonction des disponibilités en soleil ou en vent. Les biocarburants, quant à eux, sont des formes d'énergie faciles à stocker et à transporter, donc des énergies nomades qui pourraient remplacer à terme la totalité du pétrole – à condition d'investir dans les nouvelles filières à base de plantes rustiques ou de micro-algues, qui ne rentrent pas en compétition avec l'alimentation humaine.

Vers l'autonomie des territoires

Alors, quel sera le mix énergétique de demain ? Quel pourcentage pour les énergies fossiles, le nucléaire, le solaire, l'éolien, l'hydraulique, l'énergie de la mer, la biomasse et les biocarburants ? Il est impossible de répondre à cette question, tant les incertitudes sur les coûts et les technologies restent grandes. Et surtout, la réponse dépendra de chaque territoire.

Les nouveaux mix énergétiques devront avant tout identifier les sources d'énergie non valorisées dans chaque région, chaque commune, voire sur chaque site industriel. Déjà, en premier lieu, ce sont toutes les surfaces qui reçoivent du soleil ou du vent et qui ne sont pas utilisées : les toits des immeubles et des hangars industriels, l'emprise des réseaux de transports... Ensuite, les surfaces marines proches du littoral, qui peuvent permettre de produire de l'énergie éolienne off-shore ou de l'énergie houlomotrice. Mais aussi, toutes les surfaces à potentiel agricole non utilisées : les friches qui jalonnent de plus en plus les paysages, les terres de jachères abandonnées, les terrains désertifiés. Et enfin, les millions de tonnes de déchets qui peuvent être transformés en bioéthanol, en biodiesel ou en biogaz.

Il ne faut pas oublier les sources de chaleur non valorisées : de nombreuses industries rejettent de la vapeur d'eau ou de l'eau chaude dans l'environnement, où elle perturbe la faune et la flore. Ces flux peuvent être valorisés par des turbines ou des pompes à chaleur, voire être injectés directement dans des réseaux de chauffage urbain ou dans des installations qui nécessitent de la chaleur, comme par exemple des serres. Sur ce principe, la cogénération, qui permet à une même centrale de produire de la chaleur et de l'électricité, se développe de plus en plus, pour mieux valoriser les carburants.

L'avantage bien sûr, c'est de permettre à chaque territoire de donner la priorité à des ressources disponibles localement : vent au Danemark, géothermie en Islande, bois en Allemagne, soleil en Californie et en Afrique. Les sources d'énergie doivent aussi être adaptées aux besoins : le nucléaire et la biomasse conviennent bien aux besoins de base d'un réseau, les biocarburants aux besoins des transports. Il est particulièrement efficace d'utiliser l'énergie solaire pour la climatisation, puisque ainsi les besoins coïncident avec la disponibilité en énergie (solution 9).

Un monde plus juste et plus sûr

Alors, chacun sera-t-il demain son propre producteur d'énergie ? Pas nécessairement, mais les énergies de demain, par leur diversité, offrent la possibilité de rapprocher les sources de production des bassins de consommation. L'avantage : réduire les pertes de transport, et sécuriser les approvisionnements de chaque région. Lorsque chaque région, chaque pays sera en mesure de produire différents types d'énergie, pour les utiliser directement ou pour les échanger avec ses voisins dans le cadre d'un marché diversifié et équilibré, nous serons dans un monde plus sûr que celui où 90 % des besoins énergétiques du transport dépendent d'une poignée de pays du Moyen-Orient. C'est l'avis du président brésilien, qui déclarait dans un colloque sur les biocarburants : « *Aujourd'hui, vingt pays produisent de l'énergie pour environ deux cents autres. Avec l'adoption des biocarburants, plus de cent pays produiront de l'énergie, ce qui rendra l'accès à l'énergie plus démocratique. Il est temps de donner une chance à ceux qui n'en ont pas eu au xxe siècle.* »

Ainsi, les nouvelles énergies détiennent la promesse d'un monde plus équitable. Elles représentent une voie de développement pour les pays du Sud, et en particulier ceux des zones arides, qui bénéficient du plus gros gisement d'énergie solaire. Développement de centrales solaires, méthanisation des déchets, plantation de cultures de biocarburants dans les zones désertifiées... Les opportunités d'investissement sont là pour tous ceux qui auront envie de s'intéresser aux besoins et aux potentialités du « bas de la pyramide ». Avec à la clé, le plus gros marché du secteur de l'énergie de demain.

Solution 9 : Du froid avec le soleil

Un des freins au déploiement de l'énergie solaire dans les pays tempérés est que le pic des besoins, l'hiver, correspond au creux de rayonnement. D'où l'intérêt d'une solution paradoxale : utiliser le soleil pour produire du froid. Les besoins de climatisation, en effet, sont la plupart du temps en phase avec la présence du soleil.

C'est la solution qui a été retenue par la cave coopérative de Banyuls pour réfrigérer son unité de vinification. Trois autres installations de climatisation solaire existent en France pour des locaux administratifs (dont une en Guadeloupe). Au total, soixante-sept installations fonctionnent en Europe, pour une capacité de production de froid de 6 000 kW alimentée par une surface de capteurs solaires de 16 000 m^2.

Ce marché est amené à se développer rapidement avec le réchauffement du climat : c'est un exemple d'adaptation au changement climatique qui n'entraîne pas une fuite en avant vers plus d'émissions de gaz à effet de serre. La société suédoise Climatewell, qui propose une technologie de climatisation solaire avec stockage du froid, a d'ailleurs reçu un prix au Forum économique mondial de Davos en 2007.

Aujourd'hui, l'humanité dispose des technologies nécessaires pour couvrir ses besoins énergétiques de manière renouvelable. Couverts de panneaux solaires, moins de 0,5 % de la surface des terres émergées suffiraient à produire assez d'électricité pour tous. Couverts de bioréacteurs à base d'algues, un million de km^2, soit moins de 0,7 % de la surface des terres émergées, suffiraient à produire assez de pétrole pour couvrir les besoins des transports mondiaux – c'est l'équivalent des surfaces qui sont transformées en désert à chaque décennie, au rythme actuel.

Pendant longtemps, dans un contexte de prix du pétrole artificiellement bas, qui ne prend pas en compte le coût du changement climatique et l'épuisement des réserves, les solutions renouvelables sont apparues comme trop chères. Les choses sont en train de changer, grâce à la hausse du prix du pétrole et à l'évolution des technologies. Il tient à chacun d'entre nous de devenir un accélérateur de ce changement, et de faire du XXIe siècle celui de l'énergie sans effet de serre, de l'énergie sur mesure, de l'énergie pour tous.

3.

Restaurer les ressources

> *« La différence entre un jardin et un désert, ce n'est pas l'eau, c'est l'Homme. »*
>
> Proverbe touareg.

Des ressources de plus en plus rares

La chasse au cuivre

Bourgogne, début 2006. Quand ce patron de PME arrive sur son lieu de travail ce lundi matin, il n'en croit pas ses yeux. La porte de son entrepôt a été défoncée, apparemment avec un gros véhicule, sans doute un 4 x 4 ou un camion. Le stock de cuivre de cette entreprise qui fabrique des robinets industriels a disparu. « *Le prix du cuivre a été multiplié par trois depuis 2003. C'est en train de devenir un bien rare, un métal précieux,* explique le patron. *Cet incident nous a pous-*

sés à accélérer nos recherches sur l'écoconception. L'objectif : réduire au minimum la quantité de cuivre dans nos produits, tout en conservant la même qualité. »

Cet incident n'est pas isolé. En France, les vols de métaux ont progressé de 45 % entre 2005 et 2006. Les cas se multiplient : 40 tonnes de cuivre dérobées par quinze hommes armés dans un centre de recyclage, montant 200 000 euros ; 100 tonnes de cuivre volées en Seine-Maritime par de faux policiers à la sortie d'une usine, 1 000 000 euros[1]. À Sochaux, ce sont des employés de PSA qui ont détourné 12 tonnes de cuivre. Pour les chasseurs de métaux, les gisements sont partout : fils électriques, câbles téléphoniques, rails ferroviaires, toitures en zinc, plaques d'égout, protections d'arbres en métal, etc. Des réseaux pillent les décharges ou attaquent transporteurs, stocks et chantiers pour revendre leurs butins à des ferrailleurs, pour 1 à 5 euros le kilo selon les métaux[2].

La demande de métaux, mais aussi de toutes les matières premières – bois, pâte à papier, ciment... – obéit à la même logique que celle du pétrole. Elle est tirée par la croissance de la Chine et des autres pays émergents. L'indice de référence HWWA, qui intègre la plupart des produits de base, a pratiquement triplé en quatre ans. Le prix du zinc, du cuivre, du plomb ou du nickel enregistre des hausses de 30 à 150 % par an sur les trois dernières années. Cette situation reflète l'état du marché. Pour de nombreuses matières premières, telles que l'argent, le fluor, l'étain, le zinc, le nickel ou le plomb, les réserves ne permettraient que de couvrir deux à trois décennies d'exploitation au rythme actuel. Les minerais sont exploités à des teneurs de plus en plus faibles, et donc à des coûts croissants.

1. « Pour les voleurs, tout ce qui brille vaut de l'or », *Le Figaro*, 26/04/2006.
2. Voir par exemple le site des « Chercheurs de métal en pays surconsommateur » : www.poubelles.be.

Les conséquences sur l'environnement

La raréfaction des métaux affecte l'environnement de multiples manières. Pour exploiter des gisements plus éloignés, avec des concentrations de métal plus faibles, il faut dépenser plus d'énergie, d'origine fossile, et émettre ainsi plus de gaz à effet de serre. L'ouverture de nouvelles mines cause aussi des ravages sur les écosystèmes locaux : érosion des sols, destruction des forêts, pollution des rivières par les déchets de l'exploitation minière. De nombreux pays ont interdit l'utilisation du mercure pour l'extraction de l'or, mais dans les pays en développement, ou en Guyane française, des milliers de petits orpailleurs continuent de remplir les cours d'eau de ce métal toxique.

Même des matières premières en principe renouvelables, comme le bois, le caoutchouc ou la pâte à papier, ont connu des hausses de prix. Là encore, la demande des pays émergents est en cause. Un colloque forestier organisé récemment dans le Morvan a reçu la visite de deux observateurs de l'ambassade de Chine, venus se renseigner sur le potentiel de production de bois français. En effet, après quelques coulées de boues mortelles dues à la destruction des forêts, le gouvernement chinois a interdit les coupes d'arbres sur le territoire national. La Chine est maintenant un des principaux acheteurs de bois sur le marché mondial.

Cette demande accélère ainsi la destruction de la forêt tropicale, une des pires catastrophes écologiques d'aujourd'hui. La déforestation est responsable de 15 % des émissions de gaz à effet de serre. Mais la forêt joue aussi un rôle essentiel dans la protection des sols et la régulation du cycle de l'eau : moins de forêt, c'est à la fois moins de pluies, plus d'inondations et plus de sécheresses. Et enfin, la forêt tropicale est un des derniers réservoirs de biodiversité de la planète (chapitre 5).

Changer de modèle

Remplacer des cercles vicieux par des cercles vertueux

La dégradation des ressources naturelles se traduit par une multitude de réactions en chaîne négatives : ce qui est vrai pour le climat, pour l'énergie et pour les matières premières l'est aussi pour l'eau et pour les sols, comme nous le verrons dans la suite de ce chapitre. Ainsi, certains auteurs[1] affirment que les problèmes d'accès à l'eau sont plus urgents que le changement climatique. Ce point de vue revient à penser qu'il est plus urgent de s'inquiéter de l'œuf plutôt que de la poule. Car le climat et l'eau sont intimement liés. Le climat est un des premiers déterminants de la disponibilité en eau. Et à son tour, le manque d'eau conduit l'humanité à des stratégies de fuite en avant, qui renforcent le changement climatique : destruction de la forêt pour remplacer des terrains agricoles asséchés, forages de plus en plus profonds et consommateurs d'énergie, etc.

L'économie humaine n'est en fait qu'une partie d'un vaste tissu d'interactions qui définissent le fonctionnement de la nature. Pour exprimer cette notion, les scientifiques ont inventé le terme « écosystème », qui désigne un ensemble d'êtres vivants qui interagissent entre eux et avec le milieu qui les abrite. La Terre est un vaste écosystème, constitué de multiples écosystèmes plus petits – une forêt, un lac, votre jardin – et reliés entre eux. Mais comme le rappelle Edgar Morin, « *cette réalité est souvent oubliée par notre mode de pensée qui sépare l'humain et le naturel et qui compartimente les disciplines scientifiques*[2] ».

1. Cf. B. Lomborg, *The skeptical ecologist.* Cambridge University Press, 2001 ; C. Allègre, *Ma vérité sur la planète,* Plon, 2007 ; ou encore F. Pearce, *When the rivers run dry : Water, the defining crisis of the 21st century,* Beacon Press, 2006.
2. E. Morin, *L'An I de l'ère écologique,* Tallandier, 2007.

Pourtant, à oublier le besoin d'une approche globale de son environnement, l'Homme prend le risque de détruire la base même de sa vie et de son économie. Au sein de l'écosystème, chaque dégradation d'une ressource va en affecter une autre par une série de réactions en chaîne. Inversement, puisque l'Homme fait partie de l'écosystème, il peut choisir d'avoir une influence positive sur son fonctionnement. Il peut remplacer des cercles vicieux de dégradation des ressources, par des cercles vertueux de restauration. Pour cela, il faut changer de modèle.

L'économie négative : extraire, transformer, jeter

Les pénuries actuelles sont le résultat du fonctionnement linéaire de l'économie négative actuelle : « extraire-transformer-jeter. » Ce modèle s'est développé dans un contexte d'illusion de l'abondance : un monde où 1,5 milliard de personnes, les habitants des pays industrialisés, se partageaient des ressources encore relativement abondantes. Aujourd'hui, les réserves ont baissé, et il faut les partager avec les 5 milliards d'habitants des pays en développement. Pas étonnant que les prix des ressources naturelles augmentent.

Pourtant, il ne devrait pas être nécessaire d'organiser un cambriolage pour trouver du cuivre, ou de détruire les forêts pour s'approvisionner en bois et fibre végétale. Pour permettre la poursuite d'une croissance partagée par tous, et qui restaure la disponibilité en ressources, il est temps de mettre en place une économie circulaire et positive. Cette économie fonctionne sur les mêmes principes que ceux évoqués aux chapitres 1 et 2 : réduire les besoins, remplacer des ressources finies par des sources renouvelables, et finalement, restaurer la capacité de l'écosystème mondial à répondre aux besoins de l'humanité.

L'économie circulaire : réduire, réutiliser, recycler

La première étape consiste à réduire l'utilisation de matières premières et d'énergie, pour le même service rendu – c'est la « dématérialisation » de l'économie. La deuxième étape consiste à utiliser les ressources de manière circulaire, en les réutilisant et en les recyclant de manière systématique.

Les marges de progrès sont considérables : il y a quinze ans, une étude américaine estimait qu'à peine 7 % de la matière utilisée par l'industrie se retrouvait dans les produits manufacturés. Selon la même étude, 80 % des produits ne donnent lieu qu'à un seul usage, et 99 % des matières contenues dans les biens vendus seraient devenues des déchets après six semaines[1]. Aujourd'hui, malgré la hausse des prix, à peine un tiers des métaux et 15 % des plastiques sont recyclés.

L'économie positive, au contraire, fonctionne en boucles : chaque ressource qui sort d'un cycle de production doit pouvoir y entrer à nouveau. Dès lors, la notion de déchet disparaît. Chaque déchet devient un co-produit, susceptible d'être utilisé dans un nouveau cycle de production. Cette démarche débouche sur l'éco-conception, qui prévoit la manière dont chaque produit, ou ses composantes, pourront être réutilisés ou recyclés. Elle a été popularisée par deux designers américains sous le nom d'approche « *cradle-to-cradle*[2] » : « du berceau au berceau », par opposition à l'approche linéaire « *cradle-to-grave* », « du berceau à la tombe ». Nous en verrons des exemples dans la deuxième partie de ce livre.

1. B.R. Allenby *et al., Greening the Industrial Ecosystem,* Washington, *D.C.,* National Academy of Engineering, 1994. Cité par D. Bourg et N. Buclet, *in* « L'économie de fonctionnalité, changer la consommation dans le sens du développement durable, *Futuribles* n° 313, novembre 2005, pp. 27-37.

2. W. McDonough et M. Braungart, *Cradle to Cradle, Remaking the way we make things,* North Point Press, 2003.

La révolution des biomatériaux : substituer, produire

Après l'économie circulaire, la substitution. Tout comme les biocarburants pourront permettre de remplacer les énergies fossiles, les biomatériaux se substituent petit à petit aux matières premières d'origine minière. Utopique ? Demandons à Mercedes. La liste des matériaux de ce symbole du luxe ressemble de plus en plus à l'inventaire d'une épicerie. La protection extérieure de la roue de secours est un matériau composite à base de fibre de bananier – plus exactement de la variété abaca, dont les fibres longues, légères et résistantes servent à faire des cordages depuis des siècles. On trouve des fibres de noix de coco dans le rembourrage des sièges et des appuie-tête, et de la fibre de maïs dans les bas de caisse.

Toyota, de son côté, investit dans des usines de bioplastiques, ou plus exactement des agroplastiques, fabriqués à partir de blé, de patate douce, de canne à sucre ou de pomme de terre. Le groupe recherche actuellement des terrains de culture dans le Nord de la France pour alimenter ses usines, et prévoit qu'en 2020, 20 % des plastiques seront d'origine végétale. Et l'industrie automobile, comme d'ailleurs la construction navale, remplace de plus en plus la fibre de verre par des fibres de chanvre et de lin – souvent dans des matériaux composites, en mélange avec du plastique. Au Portugal, des chercheurs prévoient d'incorporer du liège dans les structures tubulaires des véhicules, afin qu'ils encaissent mieux l'énergie des chocs, et protègent leurs occupants. L'avenir de l'automobile se jouerait-il dans les champs et les forêts ?

L'aviation revoit aussi ses méthodes de fabrication. Comme les vélos, les clubs de golf et les cannes à pêche, les avions de demain contiendront au moins 50 % de fibre de carbone, qui est 40 % plus légère et dix fois plus résistante que les alliages d'aluminium. Tiré par la demande de l'industrie aéronautique, le prix de la fibre de carbone a quadruplé en quatre ans. Pas de problème : une société écossaise, Cellucomp, fabrique des fibres encore plus résistantes à l'aide de matière première végétale, dont de la pulpe de carottes. Des cannes à pêche et des cadres de vélos intègrent déjà ce nouveau matériau. Demain, des avions ?

À terme, la chimie verte promet de remplacer par des matériaux d'origine vivante les dérivés de la pétrochimie, c'est-à-dire des dizaines de matériaux de la vie quotidienne : textiles synthétiques, plastiques, fibre de carbone... Car le pétrole, rappelons-le, c'est de la matière vivante fossilisée. « *La chimie verte permet de prendre des molécules issues de matériaux vivants, de les décomposer, et de les réassembler pour obtenir tout ce que permet de faire la chimie du pétrole* », explique Daniel Pioch, responsable d'un laboratoire de biotechnologies au Cirad[1].

« *On débouche ainsi sur le concept de bioraffinerie,* ajoute Capucine Laurent, spécialiste des bioressources à BeCitizen. *Une raffinerie pétrolière utilise du pétrole brut, d'origines variées, pour fabriquer du carburant, mais aussi de multiples produits dérivés. La bioraffinerie permettra de mieux valoriser les matières organiques, pour produire des biocarburants, mais aussi des actifs chimiques ou des matériaux à haute valeur ajoutée.* »

Demain, la plupart des matériaux pourront être produits de manière renouvelable, à partir de molécules naturelles plus ou moins transformées. C'est cela, la révolution des biomatériaux.

Des bactéries pour l'extraction des métaux

Le principe de substitution peut aussi s'appliquer à l'extraction et au recyclage des matières premières. Ces procédés sont souvent polluants, et gourmands en eau et énergie. Au

1. Centre de coopération internationale en recherche agronomique pour le développement.

Chili, la société BioSigma propose de passer à la bioextraction. De quoi s'agit-il ? D'utiliser des bactéries qui peuvent briser les liaisons entre minéraux. Il est ainsi possible de séparer le cuivre du fer et des sulfures contenus dans la chalcopyrite. Le recours aux bactéries permet de récupérer des métaux dans des minerais peu concentrés, en améliorant le taux de récupération, avec moins d'énergie. Ces technologies valorisent la capacité des micro-organismes à réaliser des réactions chimiques plus efficacement que les végétaux ou animaux « supérieurs » (solution 10).

Solution 10 : Les free-lances de la biosphère

Que fait une entreprise qui a besoin de réaliser une tâche rapidement et à coût maîtrisé ? Elle fait appel à un free-lance. Les micro-organismes sont un peu les free-lances de la biosphère. Qu'il s'agisse de végétaux, de champignons ou de bactéries, ces êtres invisibles à l'œil nu doivent leur efficacité à leur taille microscopique, et à leur caractère le plus souvent unicellulaire. Ils n'ont pas à alimenter un organisme complexe fait de structures spécialisées (cerveau, foie, squelette...), consommatrices d'énergie. Comme un free-lance, ils n'ont pas de « frais de structure ».

Les bactéries sont déjà utilisées par l'industrie agro-alimentaire et, de plus en plus, pour la réalisation de biocarburants et biomatériaux. Les lactobacilles servent à la production de l'alcool et donc du bioéthanol, des produits laitiers, à la préservation des viandes et à la production de bioplastiques à partir d'acide polylactique (PLA). Les champignons, quant à eux, ont mis en place de multiples mécanismes qui leur permettent de se nourrir de toutes sortes de déchets : ils sont notamment les seuls à digérer la lignine du bois. Ainsi, les biotechnologies mettent les micro-organismes au travail pour transformer la matière d'origine vivante, ou en extraient des principes actifs, notamment sous forme d'enzymes.

La petite taille et le caractère unicellulaire des bactéries limitent leur consommation d'énergie – tout comme les micro-algues sont plus efficaces que les plantes pour la fabrication de carburants (cf. chapitre 2). Mais surtout, les bactéries sont présentes sur Terre depuis près de 4 milliards d'années, et elles se multiplient toutes les vingt à soixante minutes. Elles ont donc eu le temps de s'adapter à toutes sortes de milieux et de conditions. Diverses et polyvalentes, elles peuvent ainsi réaliser, pour notre compte, de nombreux travaux chimiques. Certaines entreprises proposent même d'aider à sélectionner rapidement des bactéries adaptées à la réalisation de certaines tâches.

Des biomatériaux vraiment durables ?

Fibre de coco, abaca, liège... ces matériaux ont depuis toujours accompagné l'humanité. Pourquoi cet engouement soudain pour des matériaux souvent connus depuis longtemps ? La recherche de performance environnementale est une motivation. Les biomatériaux nécessitent souvent moins d'énergie que les matériaux classiques pour leur fabrication : ils contiennent moins d'« énergie grise » – ou « énergie incorporée » (*embodied energy*), pour traduire le terme anglais. Plus légers, ils permettent des économies d'énergie dans les transports. Ils réduisent aussi les rejets polluants et les émanations toxiques liés à la fabrication et l'utilisation de certains plastiques. La recherche de performances supérieures, ou de propriétés particulières – comme par exemple celles du liège qui absorbe l'énergie des chocs – est une autre motivation. Enfin, pour des consommateurs en recherche de sensations naturelles, les biomatériaux peuvent ajouter une touche d'esthétique ou de confort.

Les progrès de la technologie ont également permis de remettre au goût du jour des matériaux anciens. Le bois, par exemple, a longtemps été détrôné par des matériaux plus résistants, comme le PVC, l'acier ou l'aluminium, notamment pour toutes les utilisations d'extérieur. Aujourd'hui, de nouvelles techniques de traitement à haute température, ou d'imprégnation avec des huiles végétales, permettent d'augmenter la résistance du bois. Il est ainsi possible d'utiliser en extérieur des essences européennes, ce qui réduit la pression sur la forêt tropicale, et ce sans utiliser de produits chimiques toxiques (chapitre 7). De même, la fabrication des composites, qui marient matières synthétiques et matières végétales, permet de combiner le meilleur de ces deux types de matériaux (zoom 19). Ainsi, comme souvent, l'économie positive fait du neuf avec du vieux : elle revalorise, grâce aux progrès de la connaissance, des matériaux et des procédés anciens.

Il reste encore des conditions à remplir pour que les biomatériaux tiennent leurs promesses. Le premier obstacle à contourner est la constance des propriétés (zoom 19). Selon l'origine ou la saison, un lot d'amidon, de latex, de bois ou de lin peut changer de composition et de propriétés techniques. Ces variations posent des problèmes aux industriels. En effet, l'industrie s'est développée dans un contexte particulier, celui d'une main-d'œuvre de plus en plus chère par rapport à l'énergie, qui a favorisé l'automatisation. Or celle-ci réclame des lots de matières premières rigoureusement homogènes. Pour mettre en œuvre des biomatériaux, il faut donc réintroduire des contrôles humains, permettant d'ajuster les procédés aux propriétés des différents lots. C'est autant de créations d'emplois qualifiés. Mais une baisse des coûts de la main-d'œuvre par rapport à ceux de l'énergie sera nécessaire pour permettre cette mutation.

Zoom 19 : Du vert dans les pneus

Avec quoi fait-on les pneumatiques ? Avec du caoutchouc. Oui, mais lequel ? Avant la Seconde Guerre mondiale, tout le caoutchouc était naturel, issu de latex d'hévéa – un arbre originaire du Brésil et principalement cultivé en Asie du Sud-Est. La guerre a barré la route au latex venu d'Orient. Pas question, pour les Européens comme pour les Américains, de manquer de caoutchouc pour les pneus de leurs véhicules militaires. Les chercheurs mirent au point une version synthétique du caoutchouc, à partir du pétrole.

Produit avec du pétrole bon marché, le caoutchouc synthétique a remplacé son concurrent naturel après la guerre. Mais pas complètement : le latex d'hévéa conserve des propriétés uniques, que le synthétique n'a jamais pu reproduire. Il résiste mieux à l'échauffement interne dû aux frottements et aux pressions. C'est pourquoi on l'utilise dans des applications dynamiques, et en particulier pour les véhicules lourds, y compris les avions. Ainsi, chaque pneu est un mélange savant de caoutchouc naturel et synthétique, choisis pour leurs propriétés différentes. Ce mélange préfigure sans doute l'utilisation des biomatériaux de demain, souvent combinés avec des matériaux d'origine synthétique, de façon à valoriser au mieux les propriétés des uns et des autres.

Les matériaux d'origine vivante, toutefois, ont une caractéristique commune : ils sont moins homogènes que les matériaux issus de la pétrochimie. Ce qui pose problème pour leur utilisation dans une industrie habituée aux matières synthétiques. « *Lorsqu'un fabricant d'articles en caoutchouc passe au synthétique, il peut automatiser sa production, car chaque lot est semblable à l'autre. Cela permet de baisser les coûts de production. Il est alors très difficile de revenir au matériau naturel, car il faudrait ajouter des étapes de contrôle humain, chaque lot étant différent* », explique Serge Palu, spécialiste du caoutchouc au CIRAD. Utiliser plus de biomatériaux nécessite plus de main-d'œuvre et génère plus d'emplois. Ainsi, la transition vers les biomatériaux nécessitera de faire baisser le coût du travail par rapport à celui du pétrole.

Le prix reste encore souvent un obstacle à l'usage des biomatériaux – mais c'est de moins en moins le cas avec la hausse des cours des matières premières, y compris celle du pétrole. Et c'est de plus en plus pour des raisons économiques que les industriels font le choix des biomatériaux, quitte à anticiper sur l'avenir du marché.

Ainsi le groupe Sphère, leader européen des emballages ménagers, fabrique une partie de ses sacs et films étirables à partir d'amidon de pomme de terre, qui remplace le polyéthylène issu du pétrole. « *Cette matière première coûte encore deux fois et demie plus cher, mais nous investissons pour l'avenir* », explique le directeur général, John Persanda[1]. Un pari malin, car comme tout jeune produit, les biomatériaux souffrent d'un problème d'échelle : ils coûtent cher parce qu'on en produit peu, et on en produit peu parce qu'ils coûtent cher. Le progrès technique et les changements d'échelle devraient faire baisser les coûts.

Mais surtout, l'avenir des biomatériaux, comme celui des biocarburants, dépendra de la capacité de l'agriculture et de la forêt à fournir des matières premières de manière positive pour l'environnement, sans concurrencer la production alimentaire. Il serait nocif de remplacer les dérivés du pétrole par des bioplastiques si ces derniers sont issus d'une agriculture qui émet des gaz à effet de serre, appauvrit les sols et pollue les eaux. Il serait criminel de remplacer le béton par du bois si celui-ci provient de forêts naturelles coupées à blanc ou surexploitées.

La mise en place d'une agriculture et de forêts positives est donc un préalable au développement des biomatériaux. Il peut s'agir de forêts naturelles gérées de façon durable. Il peut aussi s'agir de fermes ou de plantations créées sur des sols reboisés – et non pas après avoir abattu des forêts ancien-

1. C.E. Haquet, B. Mathieu et D. Oliveau-Licata, « Cherté des ressources naturelles, ce qui va changer pour les entreprises », *L'Expansion*, 31/05/2006.

nes, riches en biodiversité. Ces fermes seront gérées selon les principes de l'agriculture positive, en réduisant les apports d'énergie et d'engrais chimiques, en enrichissant les sols en matière organique, et en valorisant la biodiversité (chapitre 8).

Le siècle de l'or bleu

L'eau : une ressource faussement abondante

Lorsque j'ai commencé à travailler à Sumatra[1], j'ai visité des villages isolés au milieu des marais. Une chose est sûre, ils ne manquaient pas d'eau ! Il pleut 2 mètres par an dans ces régions, et les autochtones ne se déplacent qu'en bateau. Pourtant, à la fin de chaque saison sèche, des centaines de personnes souffraient du choléra, par manque d'eau... potable. Car le problème de l'eau se définit en termes d'accès et de qualité (zoom 20).

L'eau est omniprésente sur terre : elle recouvre 72 % de la surface du globe. Mais plus de 97 % est salée, 2 % est gelée, et à peine 0,5 % constitue de l'eau douce accessible. Ainsi, il y a 1,1 milliard de personnes qui n'ont pas accès à une eau potable, et 800 millions de personnes qui manquent de nourriture, principalement à cause de la sécheresse. Même dans les pays les plus favorisés, le prix de l'eau augmente. Les pays arides, comme la Grèce, l'Espagne ou de nombreux pays en développement, doivent arbitrer entre les usages agricoles, domestiques et industriels de l'eau. C'est aussi ce qui se passe en France lorsque les municipalités demandent aux particuliers de cesser de laver leur voiture, ou aux agriculteurs de restreindre les arrosages.

1. C'est Anne qui raconte.

Zoom 20 : L'eau : un problème d'accès et de qualité

L'eau n'est une ressource que si elle est propre à des usages domestiques (8 % de la consommation mondiale), industriels (22 %) ou agricoles (70 %) – des pourcentages qui varient beaucoup selon les pays. L'eau « utile » doit remplir trois caractéristiques : il faut que ce soit de l'eau douce, qui ne représente que 0,5 % du total des réserves mondiales. Ensuite, elle doit être propre – avec des degrés de pureté différents selon qu'elle soit destinée à la consommation humaine, à l'agriculture ou à l'industrie. Enfin, elle doit se trouver sous une forme accessible : précipitations, eaux de surface (cours d'eau, lacs et bassins) ou eaux souterraines (nappes phréatiques, sources).

Ainsi, régler le problème de l'eau, c'est apporter des solutions qui permettent de restaurer sa qualité, en fonction de ses usages. Comme toujours en économie positive, l'approche consiste à faire d'abord moins mal : arrêter de dégrader les ressources en eau, avant d'envisager de les diversifier et de les restaurer. C'est aussi apporter des solutions en terme d'accès, à travers des solutions technologiques, mais aussi et surtout des politiques de gestion, de stockage et de distribution adaptées aux besoins de tous.

La consommation d'eau reste inégale. L'usage agricole est majoritaire, surtout dans les pays en développement. Il faut en effet 3 000 litres d'eau, soit quinze baignoires pleines, pour produire un kilo de riz, 1 000 litres pour produire 1 litre de lait, et 16 000 litres pour produire 1 kilo de viande. Ainsi, par le biais de sa nourriture, un Français consomme de manière indirecte environ 4 000 litres d'eau par jour, dont les 3/4 servent à nourrir des animaux.

Les usages domestiques varient d'environ 130 litres par personne et par jour en France, contre 300 aux États-Unis et environ 50 dans les pays en développement. Et enfin, il reste les usage industriels. Là aussi, il existe des contrastes saisissants entre les différentes parties du globe. Les pays industrialisés sont devenus des importateurs d'« eau virtuelle », comme le rappelle Fred Pearce : « *Sur Internet, il est possible d'acheter un T-shirt écolo avec l'inscription humoristique "Économisez de l'eau, prenez votre bain à deux". D'accord avec le message... Sauf qu'il a fallu le contenu de 25 baignoires pour produire le coton nécessaire à la fabrication de ce T-shirt.* » C'est ainsi qu'un habitant de l'OCDE consomme près de 2 millions de litres d'« eau virtuelle » par an, par le biais des produits agricoles et industriels qu'il achète.

Le problème, c'est que la consommation d'eau mondiale a été multipliée par six au siècle dernier – mais les ressources, elles, n'ont pas augmenté. Les besoins devraient doubler ou tripler d'ici à 2050. Les Nations unies se sont fixé pour objectif de diminuer de moitié, par rapport à 1990, le nombre de personnes n'ayant pas l'accès à l'eau potable d'ici à 2015. Pour remplir ces objectifs, il va falloir restaurer la capacité de l'environnement à fournir une eau propre et accessible à tous, en restaurant les cycles de l'eau et en diversifiant les sources.

En effet l'eau, comme toutes les autres ressources de l'écosystème, traverse différents cycles : l'eau de mer s'évapore, puis forme des nuages que le vent pousse vers la terre. Là, ils se vident sous forme de pluie, qui alimente les rivières, qui se jettent dans la mer – la boucle est bouclée. Au cours d'un tel cycle, l'eau passe par des phases où elle est directement utilisable (l'eau de la rivière, l'eau de pluie), et d'autres où elle est ne l'est pas (l'eau de mer, les nuages). L'objectif d'une bonne gestion est de faire en sorte qu'il y ait toujours assez d'eau dans des phases « utiles » pour remplir les différents besoins de l'humanité.

Restaurer les précipitations

La première source d'eau, bien sûr, ce sont les précipitations. Or depuis environ cinquante ans, elles tendent à baisser dans de nombreux pays. La destruction des forêts en est la première cause. Les forêts jouent un rôle capital dans la régulation locale des cycles de l'eau. Pendant les périodes de pluie, l'eau est absorbée par les sols forestiers, où elle s'accumule comme dans une éponge. Les racines des arbres vont ensuite chercher cette eau en profondeur. Elle va alors s'évaporer à travers les pores de leurs feuilles – eh oui, les plantes transpirent comme les êtres humains, c'est pourquoi il fait humide dans une serre. Cette évaporation consomme jusqu'à 50 % de l'énergie solaire reçue par une plante, et rafraîchit ainsi l'atmosphère. Elle se condense ensuite sous forme de nuages, qui forment des pluies locales. C'est ainsi que le climat est plus frais et humide à proximité des forêts.

Au contraire, en l'absence de forêts, l'air s'assèche et la température locale monte. C'est ainsi qu'un spécialiste de l'environnement de la Banque Mondiale, Derek Holmes, avait pu mettre en parallèle la destruction de la forêt et les sécheresses en Indonésie. Il avait observé qu'en trente ans, depuis le début des années 1970, le nombre de mois secs avait doublé dans les régions déboisées. L'agriculture est la première à souffrir d'une telle évolution : il faut irriguer les cultures pour compenser le climat plus sec et plus chaud – ce qui revient à une fuite en avant, en puisant encore plus dans des réserves d'eau amoindries. Ainsi, l'Espagne doit son climat aride et sa forte consommation d'eau d'irrigation à la destruction de ses forêts. Il se dit que du temps des Romains, un écureuil pouvait traverser l'Espagne du nord au sud sans toucher le sol, en sautant d'arbre en arbre. Aujourd'hui, il ne reste que des cailloux : les arbres ont été détruits pour faire place à l'élevage et fabriquer les navires de l'Invincible Armada.

Le changement climatique renforce aussi la crise de l'eau : pour des régions recevant moins de 500 millimètres d'eau par an, ce qui correspond à peu près à la pluviométrie de Marseille, une baisse de 10 % des précipitations pourrait provoquer une diminution de 50 % des eaux de surface[1]. Ainsi, sur l'ensemble de la planète, la déforestation et le changement climatique ont fait passer les zones sèches de 15 % à 30 % depuis les années 1970.

Une fois l'environnement dégradé, certaines cultures peuvent devenir impossibles, ou du moins ne plus être rentables. François Ruf, économiste au CIRAD, explique ainsi la crise économique de la Côte d'Ivoire dans les années 1980 : « *La Côte d'Ivoire a connu un boom économique grâce à la production de cacao. Les plantations ont été mises en place sur des forêts défrichées. Elles ont bénéficié d'une véritable rente de situation, grâce à la fertilité des sols forestiers, l'absence de parasites, mais aussi grâce au micro-climat des régions forestières. Une fois que la forêt a été entièrement détruite, l'environnement a changé : les planteurs ont subi une grave sécheresse, aggravée localement par la déforestation, conduisant à l'incendie de milliers d'hectares de plantations. Les planteurs ont découvert qu'il était beaucoup plus difficile de replanter les cacaoyers sur des sols défrichés, dans un environnement dégradé.* »

Une solution peut alors consister à créer un couvert végétal artificiel, par exemple sous forme de plantations mixtes, agroforestières, mélangeant cacaoyers, cocotiers et arbres fruitiers, qui fournissent ombrage, fraîcheur et humidité aux jeunes cacaoyers – tout en générant des revenus diversifiés. Ce modèle a été appliqué dans certaines plantations de Malaisie, et, plus récemment, d'Indonésie. Ainsi, comme le souligne le proverbe Touareg en début de ce chapitre, c'est donc bien l'action de l'homme, négative ou positive, qui fait la différence entre les jardins et les déserts.

---

1. M. De Wit et J. Stankiewicz, « Changes in Surface Water Supply Across Africa with Predicted Climate Change », *Science*, vol. 311, n° 5769, pp. 1917-21, 22/03/2006.

Lutter contre l'imperméabilisation des sols

Non contente de réguler le cycle de l'eau dans l'atmosphère, la végétation régule aussi sa circulation dans les sols, et participe à sa purification : autant de services fournis à l'économie par les écosystèmes.

Ainsi, l'imperméabilisation des sols est une cause d'inondations, mais aussi de pénuries d'eau. En effet, les nappes souterraines sont une source d'eau essentielle, d'autant plus que ces eaux de profondeur, filtrées par les roches et par la végétation, sont souvent de bonne qualité. Lorsqu'il pleut, un sol couvert de végétation absorbe l'eau, qui remplit les aquifères souterrains. Une surface de terre battue, durcie, ou pire encore une surface cimentée ou goudronnée, ne peut plus jouer ce rôle. L'eau va alors ruisseler jusqu'aux rivières, et arriver à la mer. Et voilà comment de l'eau douce, issue de la pluie, se transforme en eau salée, qui ne pourra être utilisée qu'au prix de fortes dépenses d'énergie. Et bien sûr, ce ruissellement sur des surfaces imperméabilisées est une cause majeure d'inondations. Ainsi, en l'absence de végétation, il y a soit trop d'eau, soit pas assez.

Au contraire, il est possible de restaurer la capacité des sols à absorber les eaux en remplaçant les surfaces imperméabilisées par des surfaces végétales. Chaque parking, chaque rue, chaque place et même chaque toit doit ainsi comprendre la plus grande surface possible d'espaces verts, non cimentés. Non seulement le cycle de l'eau y gagne, mais cette végétation rafraîchit et dépollue l'atmosphère (chapitre 4), et améliore le confort visuel et l'ambiance de ces lieux.

Halte au gaspillage

Pendant longtemps, l'eau a été considérée comme une ressource gratuite, infiniment abondante. Les techniques d'irrigation au goutte-à-goutte, qui permettent de garantir que chaque goutte d'eau aille à la plante, sont encore rares. Elles ne sont utilisées que dans des pays à la fois arides et disposant de capitaux élevés, car elles coûtent relativement cher à mettre en place. Ailleurs prédominent des techniques d'irrigation par immersion ou par arrosage, souvent dans les heures les plus chaudes de la journée, qui aboutissent à des pertes d'eau disponible, par évaporation et ruissellement. Et ce d'autant plus que les cultures sont souvent choisies sans tenir compte des disponibilités en eau : c'est ainsi que le Maroc exporte, sous forme de tomates, une eau virtuelle qui lui manque pourtant cruellement.

Lutter contre la toxicité

Et puis bien sûr, il y a le problème de la qualité de l'eau. Une grande partie des déchets des ménages ou de l'industrie, et des excédents d'engrais et produits chimiques agricoles finissent par polluer les nappes et les cours d'eau. Ainsi, en France, 50 à 75 % des eaux de surface sont contaminées par les nitrates et les pesticides. Au Vietnam, en Inde, au Pakistan, 75 % des eaux de surface sont impropres à la consommation. En Chine, 90 % des eaux souterraines en dessous des villes sont contaminées, et 700 millions de Chinois boivent une eau polluée[1].

Cette pollution provient du fonctionnement linéaire de l'économie : « extraire-transformer-jeter. » La norme reste encore d'utilise les cours d'eau comme un tout-à-l'égout. Ce fonctionnement était possible lorsque les densités de population étaient faibles et lorsque l'humanité produisait peu de déchets, pour la plupart biodégradables. Il n'est plus adapté à des densités de population croissantes, et à une industrie qui produit des déchets qui ne sont pas « biocompatibles »,

1. Maude Barlow, « L'eau : or bleu ou patrimoine commun ? » *L'Écologiste* n° 19, vol. 7 n° 2, juin-juillet-août 2006, pp. 22-23.

c'est-à-dire qui ne sont pas compatibles avec la vie – y compris des composés chimiques toxiques ou des métaux lourds, qui s'accumulent dans les rivières et les nappes (chapitre 4).

Freiner la consommation d'énergie

La conséquence de cet épuisement quantitatif et qualitatif des réserves : une véritable fuite en profondeur. Pour éviter les eaux de surface polluées, les collectivités, les entreprises et les particuliers pompent de plus en plus dans les eaux souterraines – souvent plus vite que leur taux de renouvellement. Dans des métropoles géantes comme celles de Jakarta (20 millions d'habitants) ou Mexico (35 millions), le taux de pompage dépasse la régénération des nappes et provoque un affaissement du sous-sol. Pas besoin d'aller aussi loin : lors d'un récent voyage à Venise, j'ai remarqué que les célèbres fontaines de la ville étaient à sec[1]. Car à force de puiser de l'eau, le sous-sol de la ville menace de s'effondrer. Il a donc fallu arrêter les fontaines pour préserver les nappes et empêcher Venise de sombrer.

Lorsque les nappes s'épuisent, la fuite en profondeur peut continuer jusqu'à la « solution finale » : exploiter des eaux fossiles, accumulées il y a des dizaines, voire des centaines de milliers d'années, et qui, tel un gisement de pétrole, ne se régénèrent pas. À Amman, en Jordanie, c'est à 1 200 mètres de profondeur qu'il faut pomper cette eau d'un autre âge, qui ne reviendra plus une fois puisée.

Bien entendu, plus il faut pomper profond, plus la facture d'énergie augmente. Ainsi, les Nations unies estiment que la consommation électrique du secteur de l'eau devrait augmenter de 33 % dans les vingt prochaines années. Et si le pompage ne suffit plus, c'est le dessalement de l'eau de mer qui est proposé : la capacité mondiale, estimée à 40 millions

1. Témoignage de Maximilien.

de m^3/jour – qui alimentent environ 100 millions de personnes – devrait plus que doubler d'ici à 2015. Or les techniques d'osmose inverse, les plus en vogue aujourd'hui (60 % du marché) consomment 4 à 5 kWh, soit 1,5 litre de pétrole pour 1 m^3 d'eau.

Avant d'aborder les solutions de restauration de ressources en eau de l'économie positive, rappelons que puisque le cycle de l'eau passe par les sols, la qualité et la quantité d'eau disponible dépendent de l'état des sols. Or, si la « crise de l'eau » fait souvent la une des médias, la dégradation mondiale des sols, elle, reste peu abordée.

La désertification silencieuse

Qu'est-ce qu'un sol fertile ?

« *Regardez un sol de forêt. Quand vous marchez dessus, c'est doux et moelleux, comme une éponge. Au contraire, les sols issus de l'agriculture intensive sont compactés, ils n'absorbent plus l'eau, qui ruisselle. Ces sols sont morts, ils ne contiennent plus d'organismes vivants. Or il ne peut y avoir d'agriculture durable sans sols vivants. Les plantes qui poussent sur ces sols morts sont en mauvaise santé. C'est pourquoi en Europe, on ne fait plus de la culture, on gère des pathologies végétales*[1]. » Qui porte ce regard critique sur nos sols ? Claude Bourguignon, ancien chercheur de l'INRA[2], une institution qu'il a préféré quitter, car ses avertissements n'y étaient pas appréciés. Il a alors créé le LAMS, Laboratoire d'Analyse Microbiologique du Sol, à partir duquel il dispense ses conseils à des clients aussi prestigieux que le domaine de la Romanée Conti en Bourgogne – et des centaines de vignerons, d'agriculteurs ou de gérants d'espaces verts dans le monde entier.

1. Extraits du film *Alerte à Babylone* de Jean Druon, éditions Voir et Agir.
2. Institut National de la Recherche Agronomique.

Tout comme le problème de l'eau, celui des sols se pose en terme de qualité. La surface des terres émergées n'a pas beaucoup changé au cours du XXe siècle – même si l'élévation du niveau de la mer commence à grignoter le littoral. Mais pour l'humanité, un sol se définit par ses aptitudes. Les sols aptes à l'occupation humaine doivent être exempts de pollution ou de nuisances. Les sols agricoles ou forestiers se définissent, eux, par leur fertilité. Cette notion complexe, qui suscite des débats sans fin chez les agronomes, est un indicateur de la production future d'un terrain, et du coût de sa culture.

Trois éléments fondamentaux déterminent l'aptitude des sols à nourrir les cultures : d'une part, ses caractéristiques physiques (profondeur, texture, structure...). Puis, ses caractéristiques chimiques : son acidité et sa teneur en éléments minéraux (azote, phosphore, potasse, micro-élements, etc.). Et enfin, sa teneur en matière organique, c'est-à-dire la présence d'organismes vivants (champignons, vers de terre, fourmis, micro-organismes) ou en voie de décomposition, par exemple les restes de végétaux.

L'humus, cette couche de feuilles et branches en décomposition, donne leur bonne odeur et leur fertilité aux sols des forêts. Mais un sol forestier, c'est avant tout de la vie : sur 1 km^2, on y trouvera plus de 2 tonnes de vers de terre, insectes, araignées et autres mille-pattes, 500 kg de mollusques, 200 kg de bactéries et... 45 tonnes de champignons, essentiellement sous la forme de filaments souterrains. Par comparaison, sur la même surface, le poids total des vertébrés – mulots, lapins, renards, chevreuils et oiseaux – n'est que de 200 kg, c'est-à-dire pas plus que les bactéries.

Quelle curiosité pousse-t-elle des agronomes comme Claude Bourguignon à s'intéresser à ce grouillement souterrain ? C'est parce qu'il est largement responsable de la fertilité des sols. Prenons une comparaison. Digérer des végétaux est une mission délicate pour notre organisme. Nous commençons par les mastiquer pour les découper en petits morceaux. Puis, notre bouche et notre estomac les arrosent d'enzymes pour les dégrader. La phase finale de la digestion a lieu dans l'intestin, où des millions de bactéries vont transformer riz et poireaux en éléments assimilables par l'organisme.

Les plantes n'ont ni dents, ni tube digestif. Et pourtant, elles se nourrissent des restes de végétaux entassés sur le sol forestier. Si elles peuvent le faire, c'est grâce aux insectes, aux vers et aux fourmis qui les découpent en morceaux : ces petits auxiliaires remplacent les dents qui leur manquent. Leurs racines sécrètent ensuite des enzymes, qui vont aider à dégrader la matière organique contenue dans le sol. Les bactéries et champignons du sol complètent le travail. Les plantes digèrent exactement comme nous, mais c'est le sol qui leur sert de tube digestif.

Poursuivons la comparaison. Toute personne qui a pris des antibiotiques a dû remarquer que sa digestion est alors perturbée, car les antibiotiques tuent les bactéries de notre intestin. De même, les plantes qui vivent dans un sol pauvre en matière organique et en micro-organismes ont plus de mal à s'alimenter. C'est pourquoi la vie présente dans le sol détermine sa fertilité. De plus, la matière organique du sol joue le rôle d'une éponge : elle absorbe l'eau et la conserve pour les plantes. Ainsi, un sol enrichi en matière organique nécessite moins d'arrosages.

De manière empirique, les agriculteurs avaient fait ce constat sur des générations. Ils savaient entretenir la vie du sol en amenant des engrais d'origine animale, comme le fumier. Ils savaient aussi planter des « légumineuses », c'est-à-dire des fèves, haricots, pois ou autre luzerne, qui ont le pouvoir de fixer l'azote de l'air, et qui peuvent ensuite être enfouies dans le sol pour l'enrichir en matière d'origine vivante : on les appelle des engrais verts.

De l'agriculture positive à l'agriculture minière

Ainsi, les agriculteurs, au cours des siècles, ont maintenu la fertilité des sols et l'ont même souvent enrichie. Au lendemain de la Seconde Guerre mondiale, l'agriculture moderne a décidé de s'affranchir de ce système aux résultats sûrs, mais lents. Il fallait augmenter rapidement la production agricole pour nourrir une Europe dévastée par la guerre. L'usage des tracteurs, des machines agricoles, des engrais chimiques et des pesticides a permis, dans un premier temps, d'y parvenir (chapitre 8).

Pour augmenter les rendements, les labours sont devenus plus profonds. Les cultures s'enracinent alors plus loin, mais la fertilité des sols a été diluée. Les plantes ont alors été nourries avec des engrais minéraux, puisés dans des mines, comme la potasse et les phosphates, ou fabriqués à partir de gaz naturel, comme l'urée. Dans un premier temps ces engrais chimiques, combinés aux pesticides, ont tenu leurs promesses. Puis, le manque d'apport en matière organique a appauvri les sols, et il a fallu apporter encore plus d'engrais, dans un véritable cercle vicieux. Et ces cultures moins bien nourries sont aussi plus sensibles aux maladies, et nécessitent toujours plus de pesticides.

Dans les hôpitaux, les personnes qui ne peuvent plus s'alimenter normalement, suite à une maladie ou un traumatisme, reçoivent sous perfusion la quantité exacte d'éléments nutritifs dont elles ont besoin. Pourtant, une personne alimentée de cette manière pendant trop longtemps voit sa santé décliner. De même, les plantes entièrement nourries d'engrais chimiques sont en moins bonne santé que celles qui poussent sur un sol vivant, et qui ont ainsi un « tube digestif » en bon état de marche.

Ainsi, la surexploitation des sols agricoles aboutit à un appauvrissement, une désertification silencieuse. Dans les grandes régions céréalières comme la Beauce, la profondeur des sols – c'est-à-dire, la profondeur de leur partie fertile – a été divisée par trois au cours des cinquante dernières années. Parallèlement, en France, la teneur en matière organique des sols est passée de 4 % à 1,4 % en cinquante ans[1]. Ces sols appauvris sont plus sensibles à l'érosion : la matière organique joue le rôle d'un ciment, qui retient les matières fines, minérales, du sol. Ainsi, plus de la moitié des sols de France sont touchés par l'érosion, et ils perdent en moyenne, chaque année, 40 tonnes de terre à l'hectare. Sans matière organique, donc sans « éponge à eau », l'eau de pluie va ruisseler sur les sols, entraînant les molécules toxiques vers les rivières. Et il faut augmenter la fréquence d'arrosage.

La matière organique est aussi le principal vecteur de stockage du carbone dans le sol. Les sols dont les micro-organismes meurent rejettent du gaz carbonique dans l'atmosphère, ce qui contribue au réchauffement climatique, qui va à son tour assécher les sols... Un bel exemple de cercle vicieux.

L'avancée des déserts

Si dans les pays industrialisés la fertilité des sols diminue, il est encore possible de compenser avec des apports d'engrais, de pesticides et d'irrigation croissants. Mais dans les pays en développement, les agriculteurs n'ont pas les moyens de compenser la surexploitation des sols due à l'augmentation de la population. Les apports d'engrais et l'irrigation ne suivent pas les besoins. Les arbres, qui permettent de remonter des éléments minéraux des profondeurs du sol, sont abattus pour faire place à plus de cultures, ou pour en exploiter le bois. Et c'est ainsi qu'au niveau mondial, près d'un tiers des terres cultivables ont disparu au cours des quarante dernières années. Chaque année, la planète perd entre 100 000 et 200 000 km^2 de terres cultivables – entre le quart et la moitié des surfaces cultivées françaises[2].

1. Claude Bourguignon, interview pour le mensuel *CQFD*, 15/02/2006.
2. Pimentel, D., 2006, « Soil Erosion : A Food and Environmental Threat », *Environment, Development and Sustainability*, Vol. 8, N° 1, Feb 2006, pp.

Les friches industrielles : une pollution héritée du passé

Au niveau industriel, ce sont les rejets de déchets toxiques qui produisent parfois des sols inutilisables. Les pollutions de sols peuvent provenir du stockage de produits dangereux, ou encore d'activités minières (charbon, fer, potasse...), chimiques ou pétrochimiques (exploitations pétrolières, raffineries, stations-service, etc.), mais aussi mécaniques avec le dégraissage et la peinture des pièces. Les principaux polluants constatés, seuls ou mélangés, sont les hydrocarbures, des métaux toxiques comme le plomb, le chrome, le cuivre ou l'arsenic, et des solvants halogénés nocifs pour l'homme et l'environnement. Une partie de ces produits sont persistants : ils ne sont pas naturellement dégradés, et peuvent finir par s'infiltrer jusqu'aux nappes phréatiques, ou se diffuser par évaporation dans l'air environnant.

Aujourd'hui, en Europe, la pollution des sols est en baisse grâce à la réglementation. La plupart des sites pollués sont donc anciens. Dans certaines régions au passé minier et industriel, comme le nord de la France, le Royaume-Uni ou la Belgique, sans même évoquer les pays d'Europe Centrale ou de l'Est, ces sols « bruns » « gris » ou « noirs », selon leur degré de pollution, peuvent couvrir jusqu'à 15 % des zones urbaines. Pour les entreprises et les territoires qui les détiennent, ils représentent un passif, un danger. Et ils sont inutilisables en l'état : personne ne va y construire des logements ou de nouveaux bâtiments industriels.

Peu connue du public, la dégradation des sols est une priorité au niveau européen, comme l'indique un rapport de la Communauté européenne, qui prépare une directive sur la préservation des sols[1] : « *La dégradation des sols est un grave problème en Europe. Elle est provoquée ou aggravée par cer-*

119-137 et Winfried Blum, secrétaire général de l'Union internationale des sciences du sol (UISS).

1. *Cf.* http ://ec.europa.eu/environment/soil/index.htm.

taines activités humaines : pratiques agricoles et sylvicoles inadéquates, activités industrielles, tourisme, expansion urbaine et industrielle et grands travaux. Ces activités sont dommageables, car elles empêchent les sols de jouer leur rôle varié aux services de l'homme et des écosystèmes. »

Heureusement, la baisse de la fertilité, la désertification et la pollution, œuvres de l'Homme, ne sont pas inéluctables : il est possible aujourd'hui de restaurer l'eau et les sols pour couvrir les besoins quantitatifs et qualitatifs de l'humanité.

Recréer des cycles vertueux

L'humanité traite l'environnement comme certains traitent leur corps : à la base, un régime inadapté qui crée des maladies, soignées avec des médicaments entraînant des effets secondaires, qu'il faudra compenser par d'autres traitements, etc. Ainsi, en consommant des carburants fossiles, l'économie négative réchauffe le climat, ce qui entraîne une baisse des pluies dans les régions sèches. Il faut alors dépenser plus de carburants fossiles, donc rejeter plus de gaz à effet de serre, pour trouver de l'eau. Un eau que les sols stockent de moins en moins parce qu'ils ont été vidés de leur substance vivante par les excès d'une agriculture négative, qui compte sur les engrais chimiques pour remplacer le fonctionnement naturel des sols. Et lorsque les sols se meurent, il faut apporter encore plus d'engrais, avec un coût énergétique et des émissions de gaz à effet de serre en hausse.

La spirale est sans fin. Pour en sortir, l'économie positive observe le fonctionnement naturel des écosystèmes, et relance des cycles positifs qui vont permettre de mettre plus de ressources à la disposition de l'humanité, de manière renouvelable. Explications.

D'abord, faire moins mal : réduire

Comme pour l'énergie et les matières premières, la première phase de la restauration du système eau-sol consiste à faire moins mal, en réduisant les besoins en eau et les pollutions. Au niveau domestique, il existe aujourd'hui une panoplie de mesures et d'équipements qui permettent de réduire la consommation d'eau : réduction de la fréquence des bains et de la longueur des douches, appareils électroménagers économes en eau, chasses d'eau à double commande, mitigeurs économes sur les robinets.

Les quantités d'eau utilisées par l'industrie sont également en baisse, notamment grâce à de nouvelles technologies de fabrication plus efficaces et au remplacement de métaux gourmands en eau pour leur fabrication, comme l'acier, par d'autres métaux comme l'aluminium. La consommation industrielle d'eau a ainsi baissé de 20 % aux États-Unis depuis 1980. Au Japon, entre 1965 et 1989, la productivité de l'eau industrielle a quadruplé.

Au niveau agricole, les méthodes de l'agriculture positive permettent de réduire les besoins d'arrosage en adaptant les cultures au climat local, en utilisant des méthodes d'arrosage économiques (arrosage de nuit, goutte-à-goutte) et en restaurant la teneur en matière organique des sols, donc leur capacité de rétention d'eau (chapitre 8). Réduire les dégâts, c'est aussi réduire l'utilisation des molécules qui polluent les eaux et les sols, et les remplacer par des solutions non toxiques (chapitre 4).

Recréer des cycles de l'eau : réutiliser et recycler

Les solutions à la crise de l'eau passent aussi par l'économie circulaire. Comme le rappelle le directeur général de Veolia eau, Antoine Frérot, « *l'avantage de la réutilisation de l'eau, c'est que la ressource augmente en même temps que la population, et donc en même temps que les besoins* ». Or aujourd'hui, sur les 369 milliards de m^3 d'eaux usées collectés dans le monde chaque année, seulement 2 % sont réutilisés. Les 98 % restant sont prélevés dans le milieu naturel, potabilisés, utilisés, puis traités à nouveau en station d'épuration afin de limiter la pollution, et libérés dans l'environnement – toujours selon le schéma « extraire-transformer-jeter ».

D'ici à 2015, le volume d'eau réutilisée devrait tripler – une croissance importante, mais pour un taux final de réutilisation de 6 %, qui reste marginal par rapport au potentiel. Il reste donc beaucoup à faire, et la réutilisation de l'eau est un des grands marchés du XXIe siècle, en particulier en Chine, dans les pays du Moyen Orient, en Afrique du Nord et en Asie du sud. Cette croissance va requérir des investissements de l'ordre de 28 milliards de dollars. Une opportunité qui n'a pas échappé à des groupes comme Veolia ou Suez, actifs dans le monde entier.

Selon les traitements nécessaires, le prix du mètre cube d'eau réutilisée peut aller de 0,10 à 0,15 euro. Ce système reste ainsi moins coûteux que le dessalement ou les forages de grande profondeur. Mais pour des raisons psychologiques, la réutilisation de l'eau reste encore difficile à appliquer à l'eau potable : personne n'a envie de boire de l'eau d'égout, même si des traitements l'ont rendue a priori similaire à de l'eau de source. Les choses pourraient changer : l'Australie, un des pays les plus touchés par la sécheresse liée au changement climatique, est en train de considérer la possibilité de passer à la réutilisation des eaux usées pour les usages domestiques, au moins sanitaires.

En attendant, les utilisations pour l'arrosage ou l'industrie sont nombreuses. Les hôtels utilisent de plus en plus les eaux usées, après filtration et décantation, pour l'arrosage de leurs espaces verts. Dans le même esprit, un nombre croissant d'industries fonctionne « en bouclant la boucle ».

Le site alsacien d'un papetier international, UPM, a ainsi divisé sa consommation d'eau par quatre en six ans. Pour éviter de puiser dans les nappes, UPM utilise de l'eau filtrée et recyclée. Avec 9 m^3 d'eau par tonne de papier, le site atteint des niveaux de consommation d'eau parmi les plus bas du monde. De même, depuis 1992, la consommation d'eau d'Air France Industries a diminué de l'ordre de 60 %, notamment à travers la réutilisation des eaux de rinçage.

Dans certains cas, il peut être difficile de réutiliser localement les eaux usées et traitées. Il faut alors être en mesure de faire coïncider, sur le plan géographique, les sources d'eaux usées et les besoins d'eau recyclée. À ce titre, les responsables de l'aménagement du territoire jouent un rôle important : ils peuvent faciliter l'implantation, au sein d'écoparcs, d'industries complémentaires – l'une utilisant les eaux usées et retraitées de l'autre, par exemple.

Économiser de l'eau, c'est économiser de l'énergie

Il est ainsi possible de passer d'un cercle vicieux à un cercle vertueux : une bonne gestion de l'eau, c'est autant d'économies d'énergie. La commission de l'énergie de Californie a réalisé une enquête qui indique que 20 % de l'électricité et 30 % de la consommation de gaz de l'État sont utilisées pour le stockage, l'acheminement et l'utilisation de l'eau. Ils ont aussi calculé qu'ils pouvaient économiser 2,5 milliards m^3 d'eau, et atteindre ainsi 95 % des objectifs d'économies d'énergie des infrastructures de l'État, pour un coût très inférieur à celui des mesures d'économies d'énergies prévues initialement.

Substituer : la pluie et la mer, nouveaux gisements d'eau

Le captage des eaux de pluie est également une solution qui se développe de plus en plus : elle est déjà pratiquée pour l'agriculture dans les régions arides, mais il existe maintenant des solutions pour les usages domestiques, collectifs ou industriels. Ainsi en France, un contrat de partenariat vient d'être signé entre la société Suez et l'aéroport de Toulouse pour la récupération de quelque 700 000 m^3 d'eaux de pluie, dont près de 10 % seront réutilisés au sein de l'aéroport pour nettoyer les voies et arroser les espaces verts.

La récupération des eaux de pluie est particulièrement pertinente pour les climats à précipitations intenses et de courte durée : c'est le cas dans les régions méditerranéennes et les pays de mousson. Ainsi en Inde, la récupération des eaux de pluie est pratiquée de manière courante dans certaines villes, et plusieurs États ont rendu obligatoire la récupération des eaux de pluie pour les nouvelles constructions. À Delhi et dans d'autres villes indiennes, les systèmes de récupération d'eau de pluie servent pour les usages non domestiques, et le surplus est redirigé vers des puits qui alimentent la nappe phréatique.

Après la pluie, la mer. Il existe treize mille unités de dessalement dans le monde et les capacités devraient plus que doubler d'ici à 2015. Cette solution est souvent critiquée lorsqu'elle permet d'éviter une utilisation rationnelle de l'eau. Ainsi, plutôt que de commencer par utiliser efficacement l'eau et la réutiliser, il peut être tentant de la gaspiller d'un côté, pour recourir au dessalement ensuite, avec des coûts énergétique croissants. Le dessalement ne doit donc être mis en place qu'après une politique de réduction des besoins et de recyclage, et en privilégiant les énergies renouvelables (solution 11).

En combinant efficacité, circularité et utilisation de nouvelles sources d'eau, il est possible de créer de nouveaux cycles. Ainsi, les aquifères souterrains, utilisés uniquement pour l'extraction de l'eau, peuvent être gérés de manière positive. Déjà, en Californie et en France, des eaux usées recyclées sont réinjectées dans les nappes. Il est également possible de capter les eaux de pluies et de ruissellement pour remplir les nappes. L'eau de pluie et l'eau de mer dessalées peuvent être utilisées pour la consommation domestique ou l'industrie, puis recyclées pour d'autres usages.

Solution 11 : Dessaler grâce au soleil

Souvent présenté comme une solution miracle aux pénuries d'eau, le dessalement de l'eau de mer peut devenir un cauchemar écologique. Contournant les réflexions sur l'aménagement durable des territoires, il peut permettre d'urbaniser des zones désertiques, quitte à entraîner des dépenses énergétiques considérables – c'est le cas sur la côte sud espagnole. Rejeté en mer, le sel vient perturber l'écologie du littoral. Et lorsque le dessalement repose sur des énergies fossiles, il vient contribuer un peu plus au réchauffement de la planète, qui entraînera plus de pénuries d'eau : c'est la fuite en avant.

Pourtant, des alternatives existent. Elles consistent d'abord à optimiser l'utilisation de l'eau, en évitant les gaspillages et en développant la réutilisation. Une fois les besoins réduits, il est alors possible de faire appel au soleil pour fournir de l'eau. C'est ainsi qu'AcquaSol, une entreprise australienne, construit la plus importante usine de dessalement solaire dans le sud de l'Australie, pour fournir de l'eau potable à plus de quinze mille habitants. Au lieu d'être rejeté en mer, le sel est récupéré, permettant de transformer ce déchet nocif en produit de valeur. L'entreprise néerlandaise ZonneWater va encore plus loin : elle utilise le soleil pour distiller l'eau de mer, et a mis au point un système de récupération de la chaleur dégagée par le procédé.

Restaurer les sols

Pour restaurer le cycle de l'eau, il faut aussi restaurer les sols : c'est la mission de l'agriculture positive, qui régénère la fertilité des sols et leur capacité de stockage de l'eau et du carbone (chapitre 8).

Du côté des sols industriels, la dépollution des friches est en plein essor. En Europe, il y a environ 200 km^2 de friches industrielles et terrains pollués. Ces terrains sont souvent bien situés, à proximité des villes. Une fois nettoyés, ils valent ainsi de l'or – surtout dans un contexte de compétition croissante pour le foncier tiré par l'essor des biocarburants et des biomatériaux. En France, le potentiel du marché de la dépollution est considérable : il y aurait entre 200 000 et 400 000 friches industrielles hier utilisées par l'automobile, l'imprimerie, les raffineries, les verreries ou encore le nettoyages à sec. Les régions Rhône-Alpes, Nord-Pas-de-Calais, Ile-de-France, Lorraine et Alsace représentent à elles seules plus de la moitié des sites pollués en France[1].

Jusqu'ici, les propriétaires de sites pollués restaient peu incités à dépolluer et les coûts étaient souvent trop élevés par rapport à la valeur des terrains. Les promoteurs ont donc longtemps préféré la fuite en avant : convertir en site industriel des terrains « verts », exempt de toxicité, plutôt que de « recycler » d'anciens terrains pollués. Les choses devraient changer : la commission européenne développe une directive « sols » attendue pour 2008, dont l'objectif est de contraindre les États à préserver la qualité des sols.

Ainsi, pouvoirs publics, promoteurs, propriétaires et financiers commencent à s'intéresser au devenir de ces terrains. Un certain nombre de fonds de capital investissement y voient une opportunité : ainsi le fonds Cherokee, né en 1991 aux États-Unis, a investi plus d'1,5 milliard de dollars dans la dépollution de sols, principalement aux USA mais aussi sur le site symbolique de Bhopal[2]. Des acteurs

1. M. Rouer et F. Bernard, « Riches friches industrielles », *La Tribune*, 11/06/2007.

2. En 1984, l'explosion d'une usine de pesticides appartenant à Union Carbide fait entre 300 000 et 500 000 victimes, dont plus de 20 000 morts et 200 000 handicapés graves, dans la ville indienne de Bhopal.

plus récents tels qu'Igloo au Royaume-Uni, ou des entreprises comme TerraVerde Capital ou Valgo en France, se développent sur le même modèle. Cette dépollution permet d'éviter l'urbanisation de nouveaux terrains, et de mieux valoriser les infrastructures existantes. En effet, aux États-Unis, construire sur 1 hectare de nouveau terrain nécessite d'aménager 4,5 hectares pour la mise en place des réseaux (routes, eau, électricité, téléphone, gaz...). Ainsi, dépolluer 1 hectare de sol permet d'économiser 4,5 hectares de terrains « verts ».

Pourtant, les techniques de dépollution dominantes n'apportent pas de solution réelle au problème puisque la tendance reste le *dig and dump* (creuser et jeter) – qui revient à déplacer la dépollution dans une décharge. Les autres techniques, notamment les traitements thermiques ou physico-chimiques, sont consommateurs d'énergie et utilisent souvent des produits toxiques. L'économie positive, au contraire, propose d'utiliser des méthodes alternatives, qui imitent les cycles naturels de dépollution des eaux et des sols. Ces méthodes utilisent les propriétés de plantes et de bactéries qui sont capables de digérer, fixer et séparer les polluants, et ce sans consommer d'énergie (solution 12). Les solutions de traitement des eaux et de restauration des sols de demain seront résolument vertes.

Solution 12 **: Des stations d'épuration paysagères**

« Comment peut-on boire l'eau d'une rivière, comme l'ont fait des générations, alors que cette eau provient de forêts et de montagnes dans lesquelles des animaux vivent, c'est-à-dire urinent, défèquent et se décomposent ? »

C'est à partir de cette question que Thierry Jacquet, énergique et passionné fondateur de Phytorestore, a créé une méthode de dépollution inspirée de la nature. Il a remarqué que les plantes ont « externalisé » leur tube digestif dans le sol : leurs racines sécrètent des enzymes, qui accélèrent la dégradation de la matière organique du sol opérée par les bactéries et les champignons. L'idée de génie : mettre ce système à notre service pour nettoyer les eaux et les sols.

Pendant plus de quinze ans, Thierry Jacquet a testé des milliers de plantes et de bactéries associées pour traiter les eaux usées de ses clients, sans les nuisances et les coûts des stations industrielles. Par des procédés naturels, les jardins filtrants® de Phytorestore permettent de traiter la plupart des déchets organiques et des hydrocarbures, qui sont autant de nourriture pour les racines, les bactéries du sol et les champignons. Phytorestore peut même traiter des déchets difficiles, comme ceux de la sidérurgie : les jardins filtrants® se nourrissent des graisses, et libèrent les métaux, qui peuvent ensuite être récupérés et recyclés.

Ainsi, à la place d'une station d'épuration coûteuse, inesthétique et malodorante, les municipalités bénéficient de jardins filtrants élégants, 30 à 40 % moins chers, et qui sont autant de mini réserves naturelles : « *Je choisis les plantes de façon à attirer le plus possible d'espèces d'insectes, de poissons et d'oiseaux* », explique Thierry Jacquet avec fierté. Et le gain est double : les plantes produisent de la biomasse qui peut être valorisée. Aujourd'hui, après avoir commercialisé son système auprès de nombreuses collectivités territoriales et groupes industriels, Phytorestore se développe en Asie, en Afrique et en Amérique latine.

4.

Renouer avec la santé

> « Anticiper la disparition des composés toxiques et proposer des alternatives va constituer très vite un avantage concurrentiel. »
>
> JEAN-PAUL MOULIN, Plastic Omnium[1].

La fin de l'allongement de la vie ?

L'allongement de la durée de vie, et surtout de la vie en bonne santé est une des réussites les plus spectaculaires de notre civilisation. Dans les pays industrialisés, la longévité a doublé en cent cinquante ans, et continue d'augmenter de deux à trois mois chaque année. Partout dans le monde, la longévité est corrélée au PIB (Produit intérieur brut), le principal indicateur d'activité économique d'un pays. Jusqu'à une date récente, les spécialistes prédisaient que cette tendance allait se poursuivre au moins jusqu'en 2050. Parmi les fac-

1. Directeur de la Recherche et Développement chez Plastic Omnium Auto Extérieur. Interview pour *L'Usine nouvelle*, n° 3051, 12-18 avril 2007.

teurs favorables : les progrès de la médecine, et aussi l'amélioration de l'hygiène, du confort et des conditions de travail, liée notamment à la hausse des emplois de service par rapport aux emplois industriels exposés[1].

Aujourd'hui pourtant, médecins et chercheurs tirent la sonnette d'alarme : la longévité pourrait stagner, voire baisser. « *La progression de l'espérance de vie est une réalité pour les seniors d'aujourd'hui. Mais les générations suivantes ont été exposées à un environnement très différent avec l'alimentation industrielle et la pollution chimique généralisée, qui va des pesticides aux additifs dans les cosmétiques* », explique André Cicollela, chercheur en santé environnementale[2]. Changements alimentaires, nouvelles toxicités : deux nouveaux défis en matière de santé publique.

L'alimentation : quand trop c'est trop

Demain tous gros ?

Le plus jeune enfant de mon ami Hakim, un entrepreneur Malaisien, est la triste victime d'une épidémie mondiale[3]. Né à la campagne, dans une maison sur pilotis à l'ombre des palmiers, Hakim a gravi l'échelle sociale grâce à l'appui de sa famille, qui lui a permis de faire des études. À l'âge de cinquante ans, il représente plusieurs sociétés étrangères du secteur automobile et vit dans la banlieue huppée de Kuala Lumpur. Hakim a trois enfants. Les deux aînées, presque adultes, sont minces et élégantes. Elles ont grandi à une période où les chips, le coca-cola et les hamburgers étaient inconnus en Malaisie : l'alimentation était à base de riz, de soja, de légumes et de fruits ; la viande

1. C. Aubert, *Espérance de vie, la fin des illusions*. Terre Vivante, 2006.
2. *Métro*, 18 juin 2007. Voir également *Le Défi des épidémies modernes : Comment sauver la Sécu en changeant le système de santé*, La Découverte, 2007.
3. C'est Anne qui raconte. Les noms ont été changés.

était rare. Le petit dernier, âgé de cinq ans, présente tous les symptômes de l'obésité. Il est vrai qu'il se nourrit du matin au soir de sucreries. Hakim et sa femme sont fiers de pouvoir gâter leur enfant, grâce à une opulence et une modernité conquises de haute lutte. Leur générosité est un cadeau empoisonné.

Les déséquilibres alimentaires sont le premier facteur qui menace la longévité. Le symptôme le plus visible en est l'obésité, principale cause des maladies cardio-vasculaires, qui fait perdre entre cinq et quinze ans d'espérance de vie aux personnes qui en sont atteintes. Or, si plus de 800 millions de personnes sont sous-alimentées dans le monde, il y a aussi 300 millions d'obèses et plus d'1 milliard en surpoids[1].

Partie des États-Unis, l'épidémie d'obésité a gagné les pays anglo-saxons, puis le reste du monde. Les États-Unis comptent plus de 66 % de personnes en surpoids, parmi lesquelles 30 % d'obèses, contre 40 % et 10 % en France. Mais la France, hélas, rattrape son retard : chaque année, elle compte près de 200 000 nouveaux obèses. Parmi eux, de plus en plus d'enfants : 15 % des petits Français de cinq-douze ans sont obèses, avec un pic de 20 % chez les enfants de huit ans – un sur cinq[2]. Une fois adultes, il leur sera très difficile d'atteindre un poids normal.

Comme l'illustre l'histoire de la famille Hakim, l'obésité progresse aussi dans les pays émergents. C'est en particulier le cas chez les jeunes Chinois, qui sont presque tous enfants uniques et d'autant plus choyés à coup de barres chocolatées et de cheeseburger-frites – en Asie, une sortie au McDonalds est considérée comme un luxe, un signe d'ascension sociale. Une évolution d'autant plus paradoxale que les médecines orientales placent l'équilibre alimentaire à la base de la santé, comme le rappelle ce proverbe indien : « *Quand le régime est bon, les médicaments sont inutiles, quand le régime est mauvais, les médicaments sont sans effet.* »

1. G. Le Bihan *et al.*, « Les malnutritions : un enjeu mondial ». *Futuribles* n° 313, pp. 73-85, nov. 2005.
2. P. Weill, *Tous gros demain* ? Plon, 2007.

La maladie de l'abondance

Appliqué à l'obésité, le terme épidémie peut surprendre. Il évoque les maladies infectieuses qui ont jalonné l'Histoire. Pendant des millénaires, les germes ont été le principal souci de l'Homme : ceux de la peste, de la tuberculose, de la variole ou de la grippe. Pourtant, même Pasteur, qui avait découvert les agents microbiens de l'infection, reconnaissait que « *le microbe n'est rien, le terrain est tout* ». Mais à l'époque de Pasteur, c'étaient surtout les famines et les disettes qui affaiblissaient la population et la rendaient vulnérable aux maladies. Nul n'imaginait que l'humanité puisse un jour dépérir d'excès alimentaires.

« *Nous avons toujours été des primates omnivores, attirés par les graisses et les sucres,* explique Patrick Pasquet, anthropologue et directeur de recherches au CNRS. *Notre système gustatif et notre équipement digestif sont pratiquement restés inchangés depuis les débuts de l'humanité. La biologie n'évolue pas aussi vite que la culture*[1]. » Le fonctionnement de notre corps a été sélectionné pendant les quelque trois cent mille ans où l'Homo Sapiens était un chasseur-cueilleur, nourri de maigres céréales, fruits et racines sauvages. Le poisson, le gibier étaient difficiles à se procurer. Le sucre, les matières grasses étaient rares. Dès que nos ancêtres en trouvaient, ils en consommaient autant qu'ils pouvaient, et leurs corps stockaient le maximum de calories dans leurs tissus adipeux. Signe de prospérité, les rondeurs féminines ont longtemps représenté le canon de la beauté, comme en témoignent les toiles de Rubens (XVIIe siècle) ou de Renoir (début du XXe).

Autant dire que l'humanité a été conditionnée pour aimer le sucre, le gras et la viande, et stocker de la graisse – un comportement dangereux maintenant que ces mets sont surabondants.

---

1. F. Impériali, « Obésité : l'épidémie en marche ». *Journal du CNRS*, n° 177, octobre 2004.

Des aliments de plus en plus vides

Après la Seconde Guerre mondiale, l'agriculture des pays européens s'est vu confier deux missions : éradiquer les pénuries, tout en libérant des bras pour l'industrie. L'accent a été mis sur la productivité, avec des résultats impressionnants : un Français d'aujourd'hui doit travailler une heure pour se payer un poulet, contre une journée en 1950, et... une semaine en 1900 ! Souvenons-nous du rêve d'Henri IV : que tous les Français puissent manger de la poule au pot le dimanche. Aujourd'hui, pour certains citoyens de la République, c'est Chicken Burger tous les jours. Les solutions d'hier deviennent les problèmes d'aujourd'hui. Cette course à la productivité a misé sur la quantité et la baisse des coûts. La qualité nutritionnelle des aliments a été oubliée, et elle a souvent baissé, pour trois raisons.

La première, c'est le choix d'aliments de plus en plus raffinés et transformés. Ainsi, par rapport à 1960, les Français mangent autant de poisson frais par habitant, mais cinq fois plus de plats préparés à base de poisson, autant de viande fraîche, mais trois fois et demie plus de plats préparés à base de viande. La consommation de conserves, plats préparés, confiseries, pâtisseries et boissons sucrées a été multipliée par cinq[1]. Par rapport aux aliments de base dont ils sont issus, ces mets élaborés contiennent plus de graisses et sucres raffinés et plus de sel, destiné à accroître leur teneur en eau. Il est vrai que les corps gras, le sucre, le sel et l'eau sont bon marché – et ils flattent le goût des acheteurs, encourageant la consommation. Mais ces aliments contiennent d'autant moins de fibres, vitamines, minéraux et oligo-éléments, indispensables au maintien de la santé. Digérés plus vite, le sucre et le gras qu'ils contiennent passent plus rapidement dans le sang, pour être stockés sous forme de graisse. Une heure après, la faim revient, ce qui pousse au grignotage.

Cette tendance à consommer des aliments raffinés est encore plus prononcée aux États-Unis, le pays champion de

1. Statistiques de l'INSEE citées par Pierre Weil, *op. cit.*, p. 85.

l'obésité. Je me souviens d'un visiteur américain, issu d'une famille aisée du Mississipi[1], stupéfait en me voyant cuisiner une truite à la poêle : « *Tu vas la cuire comme ça ? Entière, avec la tête ? C'est étrange... elle a l'air tellement... vivante.* » Ce garçon de vingt-cinq ans n'avait jamais vu du poisson autrement que prédécoupé en carrés. C'est de plus en plus le cas des petits Français.

La deuxième raison de l'appauvrissement de l'alimentation, ce sont les choix de sélection variétale. Lorsqu'un chercheur produit une nouvelle variété de pommes, il cherche à augmenter la quantité produite par l'arbre, puis à baisser les coûts de production en rendant les pommiers plus résistants aux maladies ou à la sécheresse. Il se préoccupe ensuite de facteurs qualitatifs définis par l'industrie agro-alimentaire et la grande distribution. Pour ces entreprises, la qualité, c'est avant tout l'aspect des aliments et leur capacité de conservation.

Ainsi, lorsque j'étais étudiant à l'Agro, il y a une dizaine d'années, un chercheur de l'INRA et venu nous exposer son programme d'« amélioration » des variétés de fruits[2]. Son objectif : produire des pêches dont l'extérieur soit rouge avant qu'elles ne soient mûres. En effet, les pêches mûres subissent des pertes au stockage et au transport, qui sont autant de coûts. Pour proposer des fruits à bas prix, il faut qu'ils soient verts. Mais dans ce cas, les consommateurs n'en voudront pas. L'idéal commercial, c'est donc un fruit vert à l'intérieur, et rouge à l'extérieur. Un défi génétique, mais aussi une aberration nutritionnelle, puisque c'est dans les derniers jours de maturation des fruits que se développent la plupart des vitamines.

En matière d'alimentation, la recherche des prix les plus bas est souvent ennemie de la santé. Le sel ajouté dans les plats préparés pour augmenter leur teneur en eau et leur conservation en est un exemple – il permet de payer moins cher la quiche lorraine, mais il favorise l'hypertension. L'utilisation d'huiles végétales saturées en est un autre. Les graisses

1. C'est Anne qui raconte.
2. Témoignage de Maximilien.

animales étant accusées de favoriser le cholestérol, l'industrie alimentaire les remplace par des graisses végétales. Mais les huiles végétales non saturées, celles qui sont bonnes pour la santé, sont liquides à température ambiante. L'industrie préfère des graisses solides, plus faciles à stocker, à transporter et à utiliser. Elle choisit donc des graisses végétales saturées comme l'huile de palme, très bon marché, ou des graisses hydrogénées, c'est-à-dire sursaturées par l'ajout d'hydrogène – et qui finissent par être plus nocives que les graisses animales qu'elles remplacent[1].

La baisse de la teneur en vitamines, minéraux et oligo-éléments des aliments résulte aussi de l'appauvrissement des sols. Les cultures sont nourries avec des engrais de synthèse qui apportent surtout des éléments de base comme l'azote, le phosphore et la potasse, mais pas d'oligo-éléments, ces sels minéraux présents en très petite quantité mais indispensables à la vie. À terme, la teneur de ces derniers diminue dans les sols. Ayant une croissance rapide, les plantes tendent aussi à stocker plus d'eau. Ainsi les plantes cultivées de manière intensive contiennent moins de vitamines et minéraux que celles récoltées il y a 50 ans (Idée reçue 8).

Ces tendances n'indiquent pas nécessairement que nous soyons plus carencés en vitamines que nos ancêtres. En revanche, depuis cinquante ans, il faut manger de plus en plus pour obtenir les mêmes quantités de minéraux et vitamines. Pas étonnant que l'obésité progresse. Et dans un remarquable exemple de fuite en avant, se développe une industrie de compléments alimentaires et même d'alicaments, ces aliments enrichis à coup de vitamines apportées de l'extérieur. Appauvrir puis enrichir... il doit être possible de créer de la valeur dans la chaîne agro-alimentaire de manière plus efficace, en changeant de finalité et en replaçant la qualité et la santé avant la recherche de la quantité et des prix les plus bas.

1. Selon des études récentes, l'obésité serait également due à un excès d'acides gras oméga 6 par rapport aux oméga 3, lui-même en partie lié à un déséquilibre dans l'alimentation des animaux. *Cf.* Pierre Weil, *op. cit.*

Idée reçue 8 : Les fruits bios sont-ils vraiment plus chers ?

Un tour dans les rayons d'un magasin bio peut conduire à penser que les fruits et légumes issus de l'agriculture biologique seraient plus chers que les autres, en tout cas sur la base du prix par kilo. Plusieurs raisons expliquent cette différence. L'agriculture biologique demande plus de main-d'œuvre, et les circuits de distribution sont moins développés, ce qui se traduit par des coûts supérieurs entre le champ et l'assiette – surtout si les produits sont vendus dans un petit magasin.

Mais en réalité, les fruits et légumes bios sont-ils vraiment plus chers ? Tout dépend de l'objectif. Les fruits et légumes sont consommés pour leur saveur et pour leur teneur en fibres, en minéraux et en vitamines. Plutôt que le prix au kilo de fruits, c'est donc le goût et le prix au gramme de vitamines et de fibres qu'il faudrait prendre en compte. Et dans ce cas, il n'est pas sûr que les fruits bios soient perdants.

David Thomas, un spécialiste de la santé anglais, a fait une comparaison des tables de recommandation nutritionnelle américaines entre 1940 et 1991. Le constat est inquiétant : il faut aujourd'hui quatre fois plus de carottes pour obtenir la même quantité de magnésium qu'il y a cinquante ans, deux fois plus de viande pour la même quantité de fer, et trois fois plus de parmesan pour la même quantité de calcium. Des études similaires ont été conduites au Canada avec les mêmes résultats.

Ainsi, souvent, les fruits et légumes issus de l'agriculture intensive contiennent surtout... de l'eau. Cela ne veut pas dire que tous les produits bios soient plus riches que les autres sur le plan nutritionnel : les variations restent importantes selon le type de produit et leur provenance, ce qui rend difficiles les conclusions générales. Par contre, il vaut parfois mieux acheter un fruit plus dense, mûri lentement et cueilli récemment, au goût prononcé, qu'une tomate ou un melon énormes car gorgés d'eau. Car si le second est moins cher au kilo, il faudra en manger plus pour obtenir la même quantité de nutriments.

La viande, c'est bon ?

Montpellier, avril 1987. Je viens de décrocher une mission au Cirad, le plus grand organisme français de recherche agronomique pour les pays en développement[1]. J'ai la fierté de travailler sous la direction de René Tourte, un des pères fondateurs de la recherche agricole en Afrique. C'est un homme chaleureux, qui aime la bonne chère. Il m'expose sa conviction : après avoir travaillé sur les céréales, la recherche doit s'orienter vers l'élevage. « *Avec la hausse du niveau de vie, les Africains vont vouloir manger plus de produits animaux. Parce que la viande, c'est bon* », m'explique-t-il, les yeux brillants.

René Tourte avait raison et tort à la fois. Aucun aliment n'est bon ou mauvais dans l'absolu. Au-delà des questions de goût, ce qui fait la valeur d'un aliment, c'est sa place dans un équilibre. Pour les habitants des régions pauvres d'Afrique, sous-alimentés en protéines, la viande, c'est bon. Mais chez nous ? La plupart des Français mangent des produits animaux – laitages, viande, poissons et œufs – deux ou trois fois par jour. La consommation de viande de bœuf a doublé sur les quarante dernières années. Les Français consomment plus de 100 g de protéines par jour, alors qu'un gramme par kilo de poids corporel suffit.

Les protéines excédentaires sont transformées en sucres, puis en gras. Au passage, elles libèrent des composés azotés qui doivent être éliminés par les reins. Parmi ces composés, l'acide urique, qui attaque les articulations, entraînant arthrose et crises de « goutte ». Pour neutraliser ces composés acides, le corps a besoin de calcium : l'excès de protéines animales entraînerait un risque d'ostéoporose. Ce qui expliquerait pourquoi les femmes asiatiques, nourries au soja, souffrent moins de cette maladie que les femmes occidentales. L'excès de consommation de viandes est également soup-

1. Témoignage de Anne.

çonné de favoriser le cancer du côlon. Et les graisses animales, saturées, bouchent les artères et provoquent des maladies cardio-vasculaires.

Ces déséquilibres se ressentent aussi au niveau de l'environnement. Les fermes d'autrefois, en France, reposaient sur un équilibre strict entre cultures et élevage : il y avait juste assez d'animaux pour apporter une fertilisation naturelle aux champs, et pour compléter l'alimentation humaine. Après la guerre, la part de l'élevage a augmenté. Or les productions animales consomment plus de surfaces agricoles, plus d'énergie et entraînent plus d'émissions de gaz à effet de serre et plus de pollutions des eaux que les productions végétales (chapitre 8).

Retour à l'équilibre

Réduire les excès alimentaires

Le corps humain n'aime ni les excès ni les déséquilibres. Excès de sucres raffinés, excès de graisses, et excès de produits animaux se combinent pour attaquer notre santé. Une réduction s'impose, mais surtout un rééquilibrage.

Lorsqu'il était accusé de changer d'avis, le grand économiste John Maynard Keynes aimait à répondre : « *Lorsque je dispose de nouvelles informations, je modifie mon opinion. Et vous, vous faites quoi ?* » L'agriculture et l'alimentation des années 1950 se sont constituées en réponse à la crainte d'une pénurie. Aujourd'hui, c'est l'excès qui menace. La recherche de la quantité et des bas prix n'est plus de mise : la part de l'alimentation dans le budget des ménages des pays industrialisés est passée de 50 % dans les années 1950 à 15 % aujourd'hui. Les fruits et légumes, par exemple, représentent 2 % du budget total d'un ménage français. Est-il pertinent de continuer la priorité à la baisse des prix dans la recherche, l'industrie et les campagnes marketing ? Après tout, l'épidémie d'obésité frappe plus durement les classes populaires, qui finissent par payer cher leurs aliments à bon marché, en terme de qualité de vie et de longévité réduites.

Réconcilier l'alimentation et la santé, c'est donc développer une agriculture soucieuse de son impact sur l'environnement et sur la nutrition, en produisant moins et mieux. Son cahier des charges ? D'abord, produire moins de viande. Ensuite, fournir des produits végétaux de meilleure qualité, avec des variétés moins productives, mais plus riches en éléments nutritifs et plus goûteuses – ce qui donnera d'autant plus envie de les consommer. Puis, limiter le recours aux produits toxiques qui se retrouvent ensuite dans les sols et les aliments. Et enfin, privilégier des circuits de commercialisation courts, fondés sur la proximité, qui permettent de maîtriser l'origine des produits.

Le rapport à l'alimentation est complexe, il est fait de perceptions conditionnées par la culture. Les agriculteurs, les industriels de l'agro-alimentaire répondent à une demande – qu'ils contribuent à orienter par leurs campagnes publicitaires. Une meilleure information du public, des professionnels de la santé et de la chaîne agro-alimentaire sur les enjeux de la nutrition et de la toxicité est une première étape vers une réforme du système. Car dans ce domaine comme pour d'autres enjeux environnementaux, il faut apprendre à anticiper les crises.

La santé avant les soins

« *En France, on confond souvent soins et santé* », rappelle André Cicolella. Un constat qui s'applique aussi à l'étranger, même si de nouvelles politiques de prévention se mettent en place dans certains pays. Si l'on interroge les acteurs du système – médecins, laboratoires pharmaceutiques, mutuelles – sur leur finalité, ils invoqueront la santé.

Mais en pratique, ils fournissent des soins : consultations, interventions chirurgicales et médicaments, qui sont autant de biens et services payants. Les acteurs du système finissent par s'identifier à ces produits, qui deviennent leur raison d'être économique et sociale. Dès lors, l'objectif n'est pas de maintenir la population en bonne santé, mais de soigner, donc de vendre des consultations et des médicaments – ce qui suppose qu'il y ait des malades. L'échec régulier des efforts de prévention est ainsi plus facile à comprendre.

Le système a fonctionné sur ce mode jusqu'à ce que le vieillissement de la population provoque une inflation de la demande de soins, qui débouche sur la faillite des caisses d'assurance-maladie. Une seule solution : revenir à la finalité du système, la santé, et mettre l'action sur la prévention, à l'image de la Caisse Primaire d'Assurance-Maladie (CPAM) de la Sarthe (solution 13).

Nouvelles toxicités

Contaminés dès la naissance ?

Strasbourg, janvier 2004. Ce député européen, qui participe à la campagne de tests Detox du WWF, n'en croit pas ses yeux. Il fait partie des quarante-sept volontaires, en majorité des parlementaires originaires de dix-sept pays européens, qui ont accepté que leur sang soit testé pour y déceler la présence de produits chimiques toxiques. Les résultants sont troublants. Au total, soixante-seize produits chimiques différents ont été retrouvés chez les volontaires, avec une moyenne de quarante et un par personne. Parmi les plus fréquents : le DEHP, un phtalate connu pour perturber le système hormonal, ou encore le Deca-BDE, un retardateur de flamme soupçonné d'être toxique pour le système nerveux (zoom 21).

Solution 13 : La santé avant les soins

« *15 % de la santé dépend des soins, et 85 % de la prévention, c'est-à-dire des comportements individuels, de la diététique et de l'environnement* », estime Patrick Négaret, directeur de la CPAM de la Sarthe. « *Pourtant, les médecins sont rémunérés à l'acte, donc sur la base des soins prodigués. Cela ne les incite pas à faire de la prévention. Résultat, tout le monde tire à guichet ouvert sur le remboursement des soins, et le système va à la faillite.* » D'autres pays ont pourtant lancé d'autres systèmes : les médecins britanniques disposent d'un bonus sur la base de la mise en œuvre de bonnes pratiques médicales, ce qui revient à remplacer la quantité de soins par la qualité. En Allemagne, en Espagne, les médecins du public sont rémunérés de manière forfaitaire en fonction du nombre de patients qu'ils traitent. Ils n'ont donc pas intérêt à multiplier les actes.

Patrick Négaret n'est pas du genre à attendre les bras croisés une réforme de l'assurance-maladie. Dès à présent, il a réussi à prouver que la prévention, c'est possible. Après tout, les caisses d'assurance-maladie et les mutuelles ont intérêt à ce que leurs clients restent en bonne santé. Elles ne vendent pas des soins : elles perçoivent des cotisations, et en échange fournissent l'accès au soin, qui pour elles est un coût.

Pour réduire ces coûts, Patrick Négaret a lancé en 2001 le concept « Santé active », un ensemble de services visant à rendre les usagers acteurs de leur propre santé. L'accent est mis sur la prévention avec un magazine trimestriel et des conseils gratuits de praticiens, dispensés sur une *hot line* et dans un espace dédié en centre-ville, qui reçoit quinze mille visiteurs par an. Un colloque a permis de discuter des liens entre santé et environnement, en mettant l'accent sur les solutions pour ne pas tomber malade. Les résultats parlent d'eux-mêmes : la CPAM de la Sarthe est ainsi reconnue comme une des mieux gérées de France, ce qui lui permet de financer le système Santé Active. Pourtant, comme le rappelle Patrick Négaret, « *Nul n'est prophète en son pays. Les autorités françaises ne croient pas en Santé Active au niveau national. En revanche, nous démarrons un partenariat avec la vile de Montréal, qui est intéressée.* »

Zoom 21 : Ces faux amis qui nous entourent

La liste des molécules toxiques présentes dans les produits de la vie quotidienne donne le tournis. Exemples de faux amis.

Polluants	**Effets possibles à long terme**	**Sources**
Pesticides	Perturbateurs endocriniens (P.E.), reprotoxiques, cancérigènes	Agriculture (via l'alimentation), jardinage, bombes insecticides
Phtalates	P.E., reprotoxiques	Plastiques (surtout le PVC), cosmétiques
Retardateurs de flamme	P.E.	Tapis, moquettes, vêtements, ordinateurs, téléviseurs...
Parabens	Allergisants, cancérigène	Cosmétiques
Composés organiques volatiles	Cancérigène, reprotoxique, allergisant	Panneaux de particules, mousses isolantes, peintures, moquettes, vernis, colles, solvants, produits de nettoyage
Alkylphénols, bisphénol A, nonylphénol	P.E.	Détergents, plastifiants, boîtes de conserve, certains plastiques
Particules fines	Cancérigènes, troubles respiratoires	Véhicules diesel, industrie

Un perturbateur endocrinien est une substance chimique qui dérègle l'équilibre hormonal. Une molécule reprotoxique perturbe la reproduction : baisses de fertilité, risques pour l'enfant.

Sources : Claude Aubert, *op. cit.* ; Pat Thomas, *Living Dangerously*, Newleaf, 2003 ; WWF

Depuis 2004, le WWF a poursuivi sa campagne de tests sur près de quatre cents volontaires, avec des résultats similaires. Le sang des volontaires contient des produits interdits parfois depuis plus de trente ans, comme le DDT. Même les nouveau-nés sont contaminés, car de nombreuses molécules chimiques sont transmises de la mère à l'enfant par le sang ombilical et le lait maternel.

Comment en est-on arrivé là ? L'industrie chimique a fortement progressé au cours du XXe siècle, permettant de rendre des services innombrables. Plus de 100 000 substances chimiques sont fabriquées par l'industrie pour être utilisées dans notre vie quotidienne. La production mondiale de substances chimiques est ainsi passée de 1 million de tonnes en 1930 à plus de 400 millions de tonnes aujourd'hui. Ils sont partout : insecticides, détergents, plastiques, cosmétiques, emballages, vernis, colles, produits anti-taches, retardateurs de flammes qui imprègnent tapis et matelas en mousse... Or, une grande partie de ces molécules sont toxiques pour la faune et la flore sauvage, mais aussi pour l'Homme.

Des effets inquiétants

Les effets les plus redoutés du public sont ceux sur les cancers, dont l'incidence est en hausse. La mortalité par cancer est passée de 11 % en 1946 à plus de 25 % aujourd'hui[1]. Aujourd'hui, un homme sur deux et une femme sur trois seront atteints de cette maladie au cours de leur vie. Cette progression s'explique bien sûr en partie par le vieillissement de la population et le fait que plus de cancers sont détectés qu'auparavant, surtout chez les personnes âgées. Mais comment expliquer qu'entre 1980 et 1990, le taux de cancer ait grimpé de 1,3 % par an chez les enfants, et de 1,8 % par

1. Grâce aux progrès du dépistage et des traitements, la mortalité cesse d'augmenter aujourd'hui, elle est même plutôt en baisse depuis 1990. Par contre, le nombre de cancers, lui, continue d'augmenter.

an chez les adolescents [1] ? La part imputable au vieillissement n'expliquerait que 45 % des cas supplémentaires [2].

De nombreux produits chimiques perturbent la reproduction des animaux sauvages et de l'Homme. Les composés mutagènes sont soupçonnés d'entraîner des malformations des nouveau-nés. Moins connus sont les effets des perturbateurs endocriniens, ou xéno-œstrogènes. Il s'agit de substances dont l'effet ressemble à celui d'hormones produites par les glandes endocrines du corps humain, en particulier les œstrogènes, une des principales hormones dont dépend la reproduction. Ils sont présents dans certains plastifiants, dans de nombreux pesticides utilisés en agriculture et qui se retrouvent dans l'alimentation, et même dans le revêtement intérieur des boîtes de conserve. Certains métaux dits « lourds » sont aussi en cause.

La présence de ces molécules dans le corps vient perturber le délicat équilibre du système hormonal, même à très faibles doses. Dans l'organisme, les hormones font effet à des concentrations inférieures à une molécule pour 1 milliard. Le système hormonal fonctionne comme un orchestre parfaitement réglé qui jouerait une symphonie. Dans ce concert, les perturbateurs endocriniens lancent des fausses notes : ils imitent l'effet des hormones naturelles, ou au contraire bloquent l'activité de certaines substances. Les conséquences potentielles varient : altérations des fonctions de reproduction, chute du nombre de spermatozoïdes chez l'homme et de la fertilité chez la femme, endométriose, perturbation du système immunitaire et de la thyroïde, augmentation de certaines tumeurs (sein, testicules...) [3]. Rejetés dans la nature, les per-

1. Claude Aubert, *op. cit.*
2. G. Salem *et al.*, *Atlas de la Santé en France*, Éditions John Libbey, 2000.
3. Y. Levi, « Les micropolluants à effets modulateurs endocriniens », *Spectra Analyses* (1999), 208, 5/6, 19-22. *Cf.* aussi P.M. Martin, Y. Berthois et A. Sasco, « Xénœstrogènes, estrogènes environnementaux, perturbateurs endocriniens », 26es journées de la SFSPM, Nancy, novembre 2004. Cf. aussi les publications et colloques de l'ARTAC : Association pour la recherche thérapeutique anticancéreuse.

turbateurs endocriniens entraînent des effets étranges chez les animaux : dérèglement de la reproduction, baisse de la fertilité, changement de sexe de certains animaux au cours de leur vie embryonnaire...

D'autres molécules sont neurotoxiques, c'est-à-dire toxiques pour le système nerveux. Elles pourraient contribuer à toute sorte de troubles nerveux et psychiatriques, y compris la maladie d'Alzheimer ou de Parkinson. Enfin, il faut y ajouter les effets sur le système respiratoire et les effets allergisants, qui expliquent sans doute en partie pourquoi le nombre de cas d'asthmes et d'allergies a doublé sur les vingt dernières années.

L'absence de certitudes

Face à une telle liste d'effets nocifs, la question qui vient immédiatement à l'esprit est : mais pourquoi ces substances sont-elles encore autorisées et fabriquées ?

Lorsqu'elles sont apparues, en particulier après la Seconde Guerre mondiale, ces nouvelles molécules ont paru miraculeuses. Elles ont facilité la vie quotidienne de millions de personnes. Tout le monde était ravi d'avoir des bombes aérosols qui éradiquent les insectes, des détergents qui lavent mieux le linge, des produits cosmétiques qui se conservent plus longtemps, des vernis plus résistants, et des tapis qui ne prennent pas feu. Difficile d'imaginer notre vie quotidienne sans le plastique, cette matière légère, résistante, polyvalente et bon marché. Toute une industrie s'est développée autour de ces produits, à une époque où leurs effets nocifs n'étaient pas envisagés. Aujourd'hui, cette industrie se bat pour survivre, et pour éviter des évolutions coûteuses.

Or il est difficile d'évaluer certains effets toxiques comme les effets allergisants ou CMR (cancérigène, mutagène, reprotoxiques). Les études de toxicité réalisées par les industriels mesurent des effets à court terme, en général sur l'animal. Or la plupart des effets dangereux n'interviennent que sur le long terme, notamment en raison des phénomènes d'accumulation dans l'organisme (zoom 22). Il faudrait pouvoir suivre des cohortes d'individus sur plusieurs dizaines d'années pour évaluer l'incidence de milliers de molécules sur l'apparition de cancers, par exemple. Ces études sont rarissimes.

Pour couronner le tout, certaines molécules agissent à des doses très faibles. C'est en particulier le cas des cancérigènes, mais aussi des perturbateurs du système hormonal. Enfin, des molécules non toxiques isolément peuvent le devenir assemblées : c'est l'effet cocktail. Il reste donc difficile d'établir avec certitude la nocivité réelle de tel ou tel produit.

Anticiper les risques : réduire, substituer

Succès commerciaux d'hier, invendables de demain

Si les produits toxiques sont dangereux pour le consommateur et pour l'environnement, ils représentent autant de risques économiques pour les entreprises. Les industries qui les utilisent doivent remettre en cause leurs procédés au fur et à mesure que l'information sur la toxicité progresse, que l'acceptation du risque sanitaire par les consommateurs diminue, et que la législation se durcit.

Chaque jour, des produits basculent ainsi dans la catégorie des « invendables ». L'amiante, qui fut un fleuron de l'industrie française, en est un des exemples les plus connus. En 2004, après plusieurs accidents cardiaques, Merck a dû retirer du marché le Vioxx, un de ces produits vedettes ou « blockbusters » qui génèrent l'essentiel des bénéfices des industries pharmaceutiques. Merck a surtout payé son goût du secret, puisqu'il semble que les effets secondaires nocifs du produit avaient été dissimulés dans les résultats de tests.

Zoom 22 : Des produits toxiques qui durent, qui durent...

Pourquoi retrouve-t-on dans le sang de nouveau-nés des produits toxiques comme le DDT, interdit depuis les années 1970 ? Pourquoi y a-t-il des retardateurs de flamme bromés dans le sang d'ours polaires ? Y aurait-il des moquettes et des matelas en mousse sur la banquise ? À l'évidence, non. Ces observations, dues au WWF, rappellent que de nombreux produits toxiques sont persistants et bio-accumulables, c'est-à-dire susceptibles de s'accumuler dans les organismes vivants. C'est ainsi qu'ils voyagent dans le temps et l'espace.

La vie s'est adaptée à toutes les molécules qui existent dans la nature, dans des concentrations déterminées. Pour chacune de ces molécules, un organisme vivant s'est développé pour pouvoir l'utiliser, donc la dégrader. C'est pourquoi la pollution par les « marées noires » finit par disparaître : des bactéries sont capables de les dégrader, car le pétrole existe depuis des millions d'années. Mais la chimie produit de nouvelles molécules, auxquelles les organismes vivants, dont l'Homme, n'ont pas eu le temps de s'adapter. Personne ne sait les dégrader, et elles persistent des dizaines d'années dans l'environnement.

En persistant, elles s'accumulent. Les organismes vivants ne savent pas éliminer ces substances, qui se retrouvent stockées dans les tissus, en particulier les graisses. Leur concentration augmente ainsi au cours de la vie d'un individu, et avec elle la probabilité d'apparition d'un cancer, par exemple.

Les produits toxiques s'accumulent aussi dans la chaîne alimentaire. Déversés dans les rivières, ils se retrouvent dans le plancton marin, à des concentrations très faibles. Ils passent alors dans le corps de poissons qui vont ingérer des kilos de plancton au long de leur vie, et accumuler les molécules toxiques dans leurs graisses. D'autres poissons vont manger les précédents : l'accumulation continue. Et ce, jusqu'au sommet de la chaîne alimentaire, chez des carnivores comme le saumon ou l'ours blanc. Ainsi, la concentration de molécules toxiques est 200 fois plus forte chez une truite que dans le plancton. Et lorsque nous mangeons la truite, l'accumulation continue dans notre corps.

Le prix : l'arrêt de la commercialisation d'un produit qui générait un chiffre d'affaires de 2,55 milliards de dollars. Et en outre, une chute de 26 % du cours de son action, soit une fonte de 20 milliards d'euros de capitalisation.

Plus récemment, ce sont les lessives à base de phosphates qui ont été interdites. Demain, ce sera peut-être le parabens, ce conservateur utilisé en cosmétique et soupçonné de provoquer des cancers, ou le triclosan, un antibactérien à large spectre utilisé dans les dentifrices, et soupçonné de favoriser l'apparition de bactéries résistantes, voire de cancers. L'entreprise qui continue, sciemment ou non, à dépendre de molécules toxiques, se met ainsi à la merci de crises sanitaires, qui peuvent se traduire en pénalités (amendes, dommages et intérêts), en dégradation d'image, en pertes de ventes et en baisse de valeur financière. Or, de nombreuses entreprises ne savent même pas les risques qu'elles font prendre à leurs clients, et à leur chiffre d'affaire futur. C'est le cas de toutes celles qui achètent des ingrédients ou des biens manufacturés sans en connaître la composition exacte.

Ainsi en 2006, Pepsi-Cola a dû retirer de ses circuits de fabrication des bouteilles de soda importées du Mexique, dont les étiquettes contenaient du plomb, qui peut être ingéré par le consommateur s'il porte la main à la bouche après avoir touché la bouteille. Pepsi a dû payer une amende de 1 million de dollars à l'État de Californie. La même année, Reebok a dû retirer de la circulation 300 000 bracelets cadeaux fabriqués en Chine, qui contenaient plus de 90 % de plomb (la limite réglementaire étant de 0,06 %), après que l'un d'eux eut été soupçonné d'avoir causé la mort d'un enfant de quatre ans. Dans ces deux cas, les sociétés ont mis en péril la valeur de leur principal actif – leur marque, leur réputation – par manque d'anticipation des risques liés à la toxicité de leurs produits.

Écouter les avertissements

Au contraire, les entreprises de l'économie positive prennent de l'avance sur l'évolution des marchés et des réglementations, et créent de la valeur en substituant des matériaux toxiques par des matériaux sains. Pour cela, elles doivent se mettre à l'écoute de « signaux faibles » : ceux émis par les associations de consommateurs et les groupements écologistes. Pour la plupart des entreprises, les mises en garde de ces « parties prenantes[1] » sont surtout considérées comme une nuisance, à ignorer ou à combattre. Une stratégie dangereuse.

Au contraire, les entreprises qui souhaitent éviter les crises enclenchent un cercle vertueux où les relations avec les pouvoirs publics et le monde associatif deviennent positives. Ainsi, une entreprise qui a investi dans la mise au point de produits sains a intérêt à soutenir la mise en place de réglementations anti-toxicité, qui vont lui donner un avantage sur ses concurrents. C'est le cas par exemple de Marks & Spencer, qui a décidé de supprimer cinquante-six substances chimiques potentiellement dangereuses dans la production de ses vêtements, comme par exemple les phtalates, et ce en allant au-delà des législations actuelles.

Pour maintenir la confiance des consommateurs dans les substances chimiques, Marks & Spencer a d'ailleurs milité en faveur de Reach, la nouvelle directive européenne sur la réglementation des substances chimiques. De fait si Reach a pu passer malgré l'opposition de nombreux industriels, c'est grâce à la pression d'entreprises exposées à des risques d'images, comme par exemple celles du secteur des cosmétiques. Elles avaient en effet besoin d'une réglementation forte

---

1. Le terme « partie prenante » est une traduction du mot anglais *stakeholder* qui désigne tous les membres de la société civile pour qui l'activité d'une entreprise représente des enjeux économiques ou sociaux. On pourrait donc le traduire littéralement par « détenteur d'enjeux ». Il s'oppose au mot *shareholder* ou *stockholder*, qui désigne les détenteurs de parts du capital de l'entreprise, qui sont intéressés à sa réussite financière.

pour pouvoir faire pression sur leurs fournisseurs et les amener à remplacer les molécules toxiques par des composants moins dangereux.

De même aux États-Unis, où la réglementation sur les produits toxiques est plus laxiste qu'en Europe, SC Johnson a noué un partenariat volontaire avec l'Agence de protection de l'environnement, au sein du programme « *Design for the Environment* » depuis 2005. L'objectif est de remplacer progressivement des matériaux dangereux par des matériaux « *eco-friendly* ». Dans cette démarche, l'Agence de protection de l'environnement devient un partenaire, et non plus un ennemi.

Réduire : le juste nécessaire

Dès lors, l'entreprise, mais aussi les consommateurs, peuvent s'inscrire dans une démarche de réduction de l'utilisation des produits dangereux, notamment en appliquant la politique du « juste nécessaire ». Prenons l'exemple du jardinage amateur, une des principales causes de pollution – et occasionnellement d'accidents ou de problèmes de santé – par les pesticides. Si les agriculteurs commencent à être bien informés des dangers de ces molécules, les cultivateurs du dimanche le sont moins. Comme ils sont dans une logique de loisir et non dans une logique économique, ils ne cherchent pas non plus nécessairement à réduire les doses de produits utilisés. Le résultat : un gaspillage qui va terminer dans les rivières, et dans le sang des malheureux jardiniers qui inhalent ces produits et consomment le fruit de leur potager empoisonné. La sagesse : se demander, avant chaque application, si elle est nécessaire et à quelle dose.

Dans l'agriculture professionnelle et dans l'industrie, le principe du juste nécessaire permet d'optimiser les doses de produits chimiques (vernis, détergents, colles, pesticides...) pour réduire la toxicité – et au passage, l'entreprise réduit ses coûts. Il peut aussi permettre d'aider à remplacer un produit toxique par un produit permettant de limiter les risques, en recherchant des performances optimales.

Ces approches de réduction permettent de limiter les rejets de produits toxiques, et de réduire l'exposition de certaines populations particulièrement fragiles, comme les enfants ou les femmes enceintes. Mais elle n'empêche pas les molécules dangereuses de continuer à s'accumuler dans les eaux, les sols, les produits agricoles, et donc finalement dans l'organisme humain. Elle ne met pas non plus l'entreprise à l'abri des risques : celle-ci conserve ces molécules toxiques dans ses formulations, où ils représentent autant de bombes à retardement.

Substituer : une démarche d'anticipation

La seule approche qui permette à l'entreprise d'écarter définitivement le facteur de risque sanitaire est l'approche de substitution systématique : identifier les molécules toxiques, et les remplacer par des solutions moins dangereuses. Au lieu de chercher à contrôler l'impact des produits toxiques, ce qui est toujours illusoire sur le long terme, il s'agit d'interdire tout produit dangereux pour lequel il existe une alternative moins dangereuse. Une politique déjà mise en place par des pays comme la Suède, et qui a l'avantage de favoriser la recherche-développement dans l'industrie.

Pendant longtemps, cette démarche a été freinée par le coût de l'évaluation des risques, qui reposait sur les pouvoirs publics et les associations de consommateurs ou d'écologistes. Ainsi, sur les 100 000 molécules utilisées par l'industrie, à peine 5 % ont fait l'objet d'études épidémiologiques. La nouvelle directive européenne Reach, entrée en vigueur le 1er juin 2007, inverse la donne. La grande innovation de ce texte, c'est d'inverser la charge de la preuve. Ce sont désormais les industriels qui devront montrer que leurs substances sont inoffensives. Pour la première phase, ils ont douze ans pour déclarer et tester les 30 000 molécules qui sont fabriquées au-delà d'une tonne par an – en démarrant par les 320 composés soupçonnés d'être cancérigènes, mutagènes ou reprotoxiques[1] (CMR).

Les associations écologistes regrettent que le principe de substitution systématique des produits toxiques par des produits moins dangereux ait été retiré de Reach. Les industriels ont pourtant intérêt à y recourir afin d'anticiper des risques de crises. Une stratégie intégrée par Rhodia, un des leaders mondiaux de la chimie : dès 2003, la direction a adopté une politique de substitution systématique pour ses produits potentiellement dangereux, et ce, en l'absence de toute obligation réglementaire. Ce choix a d'ailleurs conduit l'entreprise à soutenir le projet Reach, amenant son Directeur Général, Jean-Pierre Clamadieu, à rappeler que « *les réalités de nos métiers appellent une réglementation à leur mesure*[2] ». Qui a dit que les entreprises devaient être l'ennemi de la réglementation ?

Dans le cadre de l'économie positive, plusieurs approches de substitution peuvent être envisagées. Imaginons un industriel qui souhaite éliminer l'utilisation des phtalates comme plastifiants dans les moquettes[3]. La première solution, la plus évidente, est la substitution chimique : remplacer un type de molécule par une autre, par exemple, les phtalates par des plastifiants alternatifs. Ce type de choix représente souvent l'option la plus économique à court terme.

Mais d'autres options sont possibles, par exemple la substitution matérielle : il s'agit de remplacer un matériau par un autre, par exemple, remplacer un polymère de moquette par un plastique différent qui ne nécessite pas de plastifiants. Enfin, une réflexion sur la finalité du produit peut amener une substitution fonctionnelle : la fonction de la moquette est

1. Toxiques pour la reproduction.
2. États Généraux de la Chimie, La Villette, 2005.
3. Clean Production Action, *Des substances chimiques plus sûres avec Reach*. Rapport préparé pour Greenpeace Environmental Trust, février 2005.

d'apporter une isolation thermique et phonique. D'autres types de revêtements peuvent remplir cette fonction, comme par exemple des revêtements en sisal ou en joncs de mer.

Comme souvent avec l'économie positive, les produits de substitution peuvent être d'anciennes technologies, perfectionnées grâce à l'innovation. C'est le cas des pressings à l'eau, qui utilisent de nouveaux procédés pour remettre au goût du jour le nettoyage à l'eau en remplacement du nettoyage à sec, toxique pour l'environnement, pour le personnel des laveries, et potentiellement pour les utilisateurs du linge (solution 14).

Les produits de substitution sont aussi souvent des produits d'origine végétale, ou parfois animale. Non pas que tous les produits végétaux soient sans danger ! Mais dans l'ensemble, l'environnement et l'organisme humain ont eu le temps de s'y adapter, et ils sont ainsi plus facilement dégradés et éliminés : ils sont « bio-compatibles », c'est-à-dire compatibles avec la vie. Ils sont souvent moins puissants que leurs équivalents de synthèse : d'où l'importance des stratégies de recherche de la performance « juste nécessaire ».

Longtemps confinés à une niche écologiste, ces substituts « naturels » font leur entrée dans l'industrie et la consommation de masse. C'est ainsi que L'Oréal, un des leaders mondiaux du marché des cosmétiques, vient de racheter Sanoflore, pionnier français dans la fabrication de cosmétiques naturels, issus de l'agriculture biologique.

Les démarches de substitution font ainsi entrer l'entreprise dans une stratégie gagnante : elle prend de l'avance sur la réglementation et sur ses concurrents, elle améliore son image auprès des consommateurs, elle entre dans une démarche d'innovation, de progrès et de différenciation. En somme, une démarche triplement positive, où l'intérêt économique rejoint celui de l'environnement, et permet de renouer avec la santé.

Solution 14 : Des pressings qui sentent bon

En Europe, 90 % des pressings utilisent le nettoyage à sec au PERC (perchloréthylène). Ce solvant toxique pour le foie et le système nerveux, cancérigène, persiste dans les nappes phréatiques et s'accumule dans l'organisme. Pourtant, il existe aujourd'hui des alternatives, qui consistent à revenir au bon vieux nettoyage à l'eau, amélioré grâce à un meilleur contrôle des processus de lavage, et des détergents plus performants et moins agressifs. Ainsi, au début des années 90, Electrolux a développé les procédés Aquaclean® et Lagoon®, qui fonctionnent à base d'eau et de détergents biodégradables. Le coût d'investissement est inférieur à celui des pressings à sec, la qualité de lavage est meilleure, et le linge a une meilleure odeur.

Alors, quels sont les freins à la pénétration de ces pressings écologiques ? Passer du nettoyage à sec au nettoyage à l'eau suppose de nouvelles compétences. Il y a aussi un risque vis-à-vis de la clientèle, qui ne connaît pas ce procédé. Mais surtout, la gestion du lavage à l'eau demande plus d'intervention humaine, ce qui est bénéfique pour l'emploi – mais pénalisant pour l'entreprise, dans une économie où le travail est plus lourdement taxé que la consommation d'énergie ou le rejet de polluants.

Par ailleurs, la réglementation s'est longtemps concentrée sur l'idée de « faire moins mal », en imposant des limites aux rejets de PERC dans l'environnement. Les gérants de pressing ont investi dans des machines réduisant de 50 %, voire parfois de 90 % les rejets. Des efforts qui auraient été mieux investis dans le remplacement du nettoyage à sec par des solutions non toxiques, comme le nettoyage à l'eau ou le nettoyage au CO_2, une technologie plus récente.

Ainsi, en mettant l'accent sur la réduction des émissions toxiques, la réglementation a indirectement ralenti le passage à des solutions alternatives. Un constat qui met en évidence l'importance des démarches de substitution par rapport aux démarches de réduction de la pollution.

5.

Recréer de la diversité

« Il n'existe rien de constant, si ce n'est le changement. »

BOUDDHA

Les nouvelles pestes

Janvier 2007. Un des premiers groupes coopératifs agricoles français, InVivo, est réuni pour son assemblée générale annuelle. Parmi les activités du groupe : sélectionner pour ses adhérents les meilleurs pesticides, ces produits chimiques destinés à protéger les plantes contre les insectes et les maladies. Cette année, l'heure est grave. « *Depuis une dizaine d'années, avec le réchauffement climatique, nous voyons sans cesse arriver de nouveaux ravageurs des cultures, que nous ne connaissons pas,* explique Jean-Pierre Tillon, le directeur scientifique. *Les pesticides dont nous disposons sont sans effet sur ces nouvelles "pestes". Or, nous ne pouvons pas choisir à l'avance des produits pour lutter contre des ennemis encore inconnus.* » En somme, ces agriculteurs se retrouvent dans la situation d'un médecin qui devrait sélectionner un antibiotique contre une maladie qui n'est pas encore apparue.

Face à ce contexte changeant, plein d'inconnus, Jean-Pierre Tillon a une solution : « *Développer la biodiversité dans les zones cultivées.* » De quoi s'agit-il ? Faire en sorte que les champs abritent une grande variété de plantes et d'arbres, en diversifiant les cultures, ou en conservant des haies et taillis en lisière de champ. Ces plantes variées abriteront à leur tour une multitude d'insectes et d'oiseaux. Ainsi, il se trouvera toujours un insecte, un oiseau ou une chauve-souris pour attaquer les nouveaux insectes nuisibles. La diversité reste encore le meilleur moyen de se préparer à l'inconnu. Et c'est ainsi un facteur essentiel de résistance des systèmes vivants.

Pourtant, la biodiversité reste la plus mystérieuse des ressources naturelles. Tout comme l'air, elle nous entoure, et nul ne pourrait la définir, et encore moins lui donner un prix. Personne n'y prête attention, jusqu'au jour où elle vient à manquer.

Où se cache la diversité ?

Le tigre et l'orchidée

« *La biodiversité reste encore mal comprise,* explique cette responsable d'une grande ONG française. *Si nous lançons une campagne de collecte de fonds pour sauver le tigre de Sibérie, nous serons submergés par les dons. Si la même campagne est destinée à sauver une espèce d'orchidée rare, les réponses ne payent même pas l'envoi des lettres. Pourtant, l'orchidée et la forêt qui l'abrite sont tout aussi importantes pour l'écologie mondiale.* »

Dans l'esprit du public, la biodiversité reste surtout associée à ce que les responsables d'associations appellent la « grande faune charismatique » : les pandas, loups, tigres et autres éléphants qui peuplent notre imaginaire. Pourtant, ils ne sont que la partie visible d'un ensemble bien plus vaste. La biodiversité se cache partout : dans les forêts des tropiques et des Pyrénées, mais aussi dans les champs, les prairies et les villes, sous nos pieds et même dans notre intestin. Car elle représente, au sens le plus large, la diversité de toutes les formes du vivant, y compris celles de l'humanité, qui n'est elle-même qu'une forme de la vie.

La première forme de diversité, la plus connue, c'est celle qui différencie les espèces vivantes, de l'éléphant aux orchidées sauvages en passant par les araignées. Et les plus nombreuses, justement, ne sont pas les plus charismatiques. À ce jour, les biologistes estiment que la terre renferme environ 8 millions d'espèces d'insectes, 1,5 million d'espèces de champignons, 300 000 espèces de plantes et à peine quelques milliers d'espèces de mammifères. En Île-de-France, le conseil régional a identifié 60 espèces de mammifères et 228 espèces d'oiseaux, mais 18 000 espèces d'insectes. Au total, la planète abriterait environ 15 millions d'espèces. Il ne s'agit toutefois que d'un ordre de grandeur, puisqu'à peine 10 à 15 % ont été identifiées et décrites sur le plan scientifique.

Le bonsaï et la forêt

Qu'est-ce qu'un bonsaï ? Pour la plupart d'entre nous, c'est un arbre miniature, qui pousse dans des bacs à fleurs, et que le jardinier torture patiemment pour l'empêcher de se développer. Mais avant qu'ils ne soient cultivés, la tradition voulait que les bonsaïs soient recueillis à l'état sauvage, au sommet de hautes falaises balayées par le vent. Les arbres qui poussent dans ces conditions très rudes, où la période de végétation est courte, sont toujours plus petits que la moyenne, même s'ils sont très anciens. Les Chinois, puis les Japonais les vénéraient pour leur longévité et leur endurance. C'est ainsi qu'ils prirent l'habitude de ramener ces bonsaïs chez eux, en espérant pouvoir bénéficier de leur influence bénéfique.

Ainsi, le même cerisier peut mesurer 50 centimètres ou plusieurs mètres de haut, selon les conditions dans lesquelles il grandit. La biodiversité, ce sont aussi les formes diverses que peuvent prendre les espèces selon leur milieu[1] : la même espèce de pin ne se développera pas de la même façon sur une zone plane, abritée, au sol riche, ou accrochée à un piton rocheux balayé par les vents. Les conditions de développement d'un arbre, d'un animal ou d'un homme génèrent autant de diversité que leurs gènes. C'est pourquoi il ne suffit pas de conserver les espèces dans des zoos, des jardins botaniques ou des « banques de gènes », ces chambres froides où sont stockés semences et pollens. Il est indispensable de conserver les espèces dans une grande diversité de milieux ambiants.

En effet, à l'échelle des paysages, la biodiversité inclut aussi les « écosystèmes » : des agencements d'espèces vivantes qui se partagent un même environnement, et qui nouent des relations de compétition et de complémentarité. Un étang, une forêt, une prairie, sont autant de systèmes complexes dont l'intérêt écologique dépasse celui des espèces qu'il contient, car il forme une combinaison unique. Ainsi, le tout représente plus que la somme des parties : deux bosquets qui contiennent les mêmes espèces peuvent se révéler différents, tout comme chaque morceau de musique est unique, même s'il contient les mêmes notes que des milliers d'autres.

1. Ou phénotypes en langage scientifique. Ces variations sont particulièrement importantes chez les végétaux.

Le chihuahua et l'occitan

En intervenant au sein des écosystèmes, l'Homme agit sur la biodiversité. Une intervention qui peut être positive : l'agriculture a longtemps enrichi, localement, la diversité des écosystèmes. Prenez une commune de 15 km², ce qui est à peu près la moyenne française. Imaginez-la au début du Moyen Age, couverte de forêt naturelle. Petit à petit, des générations de cultivateurs l'ont remplacée en partie par des champs, des vergers, des vignes, des jardins, des prés, des haies, des fossés, et peut-être un étang artificiel – tout en conservant des bois çà et là. Cette nouvelle mosaïque de paysages accueille une biodiversité accrue, puisque des espèces différentes vont pouvoir s'installer dans chacun de ces milieux.

En créant des paysages artificialisés mais diversifiés, l'Homme a pu contribuer au développement de la biodiversité. Il a aussi créé de nouvelles variétés domestiques. Ainsi le cheval arabe, le chihuahua et le chat persan n'existeraient pas sans l'intervention de l'Homme, pas plus que la Marie Doudou, la Belle Fleur, le Vol au Vent, la Calville, la Fuji, l'humble Reinette et les deux mille autres variétés de pommes collectionnées par l'INRA.

Et puisque l'Homme fait partie du tissu de la vie, la diversité des créations humaines – techniques, cultures, styles architecturaux, paysages, gastronomie, langages, etc. – contribue à celle du monde. Préserver l'occitan, le breton ou le basque, qui témoignent d'autant de façons différentes de voir le monde et donc d'y réagir, c'est aussi préserver une forme de biodiversité.

De nombreuses raisons éthiques et esthétiques peuvent être invoquées pour conserver la diversité du vivant, qui fait partie de notre héritage. Mais la biodiversité rend aussi d'innombrables services à l'économie.

À quoi sert la biodiversité ?

L'intelligence du vivant

Vinod Sharma est docteur. Né à Mumbai (ex-Bombay) en Inde, il exerce une des plus anciennes médecines du monde, l'Ayurveda. Ses patients viennent du monde entier pour bénéficier de ses traitements à base de massages, d'huiles essentielles, de plantes, d'alimentation équilibrée et de yoga. Son visage irradie le calme de ceux qui pratiquent la méditation. Mais quand il entend le mot biodiversité, il ne peut masquer sa frustration. « *Le gouvernement indien ne reconnaît pas assez l'importance des savoirs traditionnels du pays. Mais le monde occidental commence à apprécier la valeur de ces connaissances. Deux chercheurs de l'Université du Mississipi ont déposé un brevet pour l'utilisation du curcuma*[1] *dans la guérison des blessures. Le texte du brevet mentionne que le curcuma est utilisé depuis longtemps en Inde contre diverses affections inflammatoires. Vont-ils payer des royalties à tous les médecins de campagne indiens ?* » Le gouvernement indien a finalement protesté, et obtenu l'annulation du brevet sur le curcuma. De la même manière, l'Office européen des brevets a dû annuler le brevet qu'il avait hâtivement accordé pour l'utilisation du neem, une plante connue depuis des millénaires en Asie pour ses propriétés fongicides et insecticides.

Les plantes utilisent pour communiquer entre elles, pour réguler leur croissance, pour attirer les insectes pollinisateurs, ou pour se protéger contre leurs ennemis, de multiples substances qui agissent aussi chez l'être humain. C'est ainsi que le soja contient des phyto-hormones – des hormones végétales – qui ressemblent étrangement aux œstrogènes humains,

1. Le curcuma est connu sous la forme d'une épice qui parfume les curries indiens. Il a des propriétés antiseptiques, tonifiantes, antioxydantes et cicatrisantes et anti-inflammatoires.

et sont utilisées avec succès pour atténuer les manifestations désagréables de la ménopause. De nombreuses plantes aromatiques utilisent, pour se défendre contre les maladies, des substances antiseptiques qui sont aussi efficaces chez l'Homme.

Pendant des millénaires, la pharmacie a entièrement dépendu de la Nature. Encore aujourd'hui, les laboratoires de ce secteur envoient des équipes prospecter dans les forêts à la recherche de nouvelles molécules, peut-être pour soigner un cancer. Lors de ces recherches, elles font appel à la connaissance des plantes médicinales détenues par les populations qui vivent au contact de la forêt. De même, les variétés agricoles traditionnelles fournissent un réservoir d'« information génétique » qui peut être utilisé, notamment par des croisements, pour améliorer des variétés cultivées modernes. Ainsi, lorsque je travaillais aux Philippines[1], une de mes collègues parcourait la campagne de Mindanao, une grande île encore assez sauvage, à la recherche de variétés locales de riz porteuses de gènes de résistance à la sécheresse, ou à certaines maladies.

Ces molécules, ces gènes, une fois transformés en brevet, valent de l'or – ce qui déclenche des conflits lorsque ces brevets débouchent sur la fabrication de médicaments ou de nouvelles variétés cultivées, hors de la portée financière des habitants des pays d'origine. Des controverses d'autant plus violentes que les enjeux se chiffrent en millions de dollars, mais aussi en terme de santé et de sécurité alimentaire. L'Inde n'apprécie pas forcément que ses paysans doivent payer au prix fort des variétés de riz « améliorées », obtenues grâce à des variétés recueillies localement.

Car contrairement au pétrole ou à l'eau, la biodiversité n'est pas une ressource matérielle finie : elle relève de l'immatériel, du domaine de l'information, tout comme la pro-

1. C'est Anne qui parle.

priété intellectuelle. Un gène peut être assimilable à un code informatique. C'est pourquoi les entreprises qui ont investi dans l'identification, l'exploitation et la modification de molécules naturelles, de variétés ou de gènes, souhaitent breveter leurs découvertes.

En valorisant ainsi de l'information issue de la nature et des cultures traditionnelles, elles peuvent contribuer à les préserver, par exemple en finançant des zones protégées ou des programmes de recherche, inventaire et conservation. Encore faut-il que chacun y trouve son compte, en particulier dans les pays qui sont à la source de cette information. Ainsi, seule une coopération internationale, reposant sur des instances de régulation, peut permettre d'assurer que tous – populations locales, entreprises pharmaceutiques et semencières, laboratoires publics – aient intérêt à continuer de préserver et d'utiliser les trésors de la biodiversité mondiale.

La beauté des paysages

Un autre exemple de biodiversité directement exploitable sur le plan économique est celle des paysages, naturels ou humains, qui tient un rôle essentiel dans le tourisme. Ainsi, lorsque la Thaïlande laisse remplacer ses paysages naturels ou traditionnels par des Pizza Hut, elle est en train de dilapider un précieux capital.

Diversifier pour résister

Mais surtout, la diversité fournit aux systèmes une capacité de résistance et de résilience en cas de crise. C'est vrai dans la nature : une forêt diversifiée résiste mieux à une sécheresse, à une maladie ou à une tempête. Une partie des espèces qu'elle contient y sera sensible, l'autre y résistera. La forêt ne disparaîtra pas : si le changement n'est pas trop brutal, la composition de ses espèces évoluera progressivement pour s'adapter aux nouvelles conditions. Par contre, une forêt composée d'une seule espèce meurt si les conditions ne lui sont plus propices.

La biodiversité des sols et des systèmes cultivés leur confère une grande résistance, et permet de réduire le recours aux produits chimiques. Un champ qui abrite une grande variété d'insectes est moins sensible à l'attaque d'un ennemi des cultures, comme le puceron : il se trouvera toujours dans l'environnement un autre insecte, comme la coccinelle, qui s'attaquera à l'indésirable. En l'absence de biodiversité, pas de coccinelles, ce qui signifie qu'il faudra plus d'insecticides toxiques pour attaquer les pucerons. De même, les élevages modernes, dans lesquels les animaux sont confinés, avec un seul type d'animal sur un petit espace, sont très sensibles aux maladies.

Même notre corps résiste moins bien quand sa biodiversité est menacée. L'utilisation systématique d'antibiotiques, dans les années 1970 à 1990, a affaibli ceux qui en consommaient. Les antibiotiques détruisent la flore intestinale et empêchent la digestion. Ils favorisent l'implantation de parasites peut-être plus dangereux que ceux qu'ils ont éliminés. Ainsi, les bains de bouche répétés, en éliminant la diversité des bactéries qui vivent derrière nos sourires, peuvent favoriser l'implantation de champignons, causes de mycose. Et lorsque les bactéries deviennent finalement résistantes aux antibiotiques, nos corps sans défense sont ravagés. C'est pourquoi les médecins ont pour consigne de ne plus distribuer systématiquement d'antibiotiques, et de laisser le corps inventer ses propres défenses – en laissant proliférer des bactéries inoffensives, qui nous préservent des germes dangereux.

Préparer l'imprévisible

Imaginez que vous deviez survivre pendant cinq ans sur une île déserte, dans des conditions totalement inconnues. Qui allez-vous prendre avec vous ? Dix ingénieurs, dix maçons, dix paysans, dix médecins ? Ou plutôt, un ingénieur, un maçon, un paysan, un médecin, etc. ? La seule solution pour se préparer à l'inconnu, c'est la diversité. Et c'est bien pourquoi elle est essentielle pour préparer notre monde à résister aux conséquences encore inattendues du changement climatique, et les entreprises à un contexte économique radicalement différent, et imprévisible. Un écosystème, une économie, une entreprise qui dépendent d'une seule source d'énergie, d'une seule technologie ou d'un seul marché peuvent être ponctuellement plus performants, mais au prix d'une vulnérabilité au changement.

Les crises liées au changement climatique et à la dégradation des ressources naturelles ne peuvent donc être traversées avec succès qu'en restaurant et en exploitant la diversité des formes du vivant et de l'activité humaine.

L'économie positive, dépendante de ressources issues du milieu naturel et reposant sur l'exploitation du vivant, est nécessairement diverse dans ses formes. Elle valorise la biodiversité en l'enrichissant par la connaissance analytique et systémique issue de la recherche scientifique. Ainsi, l'économie positive se donne pour objectif de restaurer, exploiter et enrichir la diversité des formes du vivant, y compris celles de la culture et de la technologie.

Mais avant de parvenir à restaurer, il faut commencer à faire moins mal : protéger la diversité.

Protéger, puis restaurer

La grande érosion

La Révolution industrielle a entraîné une occupation progressive de la Terre par des activités humaines de plus en plus standardisées, ce qui a abouti à une érosion sans précédent de la biodiversité (zoom 23).

Zoom 23 **: L'érosion de la biodiversité**

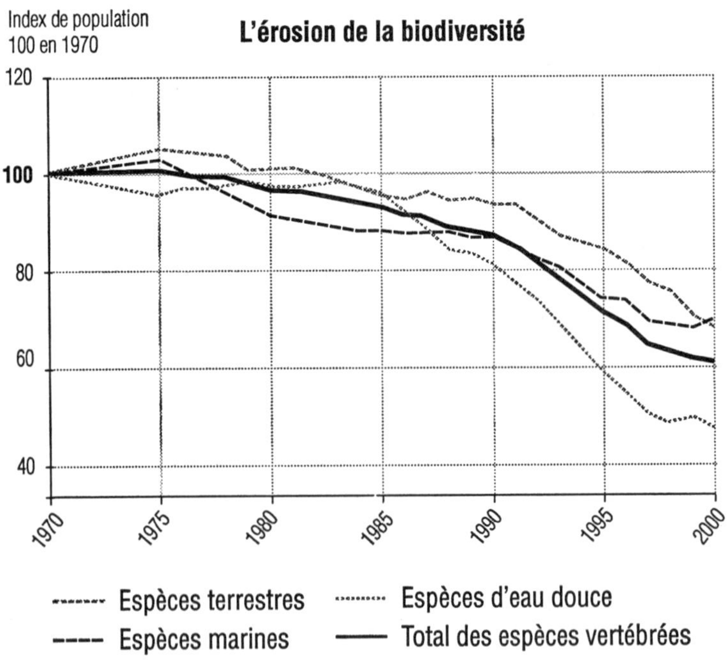

Sources : WWF, UNEP.

L'UICN[1] et le WWF envisagent ainsi, d'ici à 2050, la disparition de 25 % des végétaux supérieurs et l'extinction de 600 000 à 1 000 000 d'espèces par rupture des chaînes alimentaires et disparition des habitats (25 % des mammifères et des amphibiens, 20 % des reptiles, 11 % des oiseaux). Au sein des paysages, des habitats diversifiés disparaissent : 80 % des haies et 50 % des prairies qui restaient en France en 1970 ont été convertis en monoculture ou en zones construites.

Au cours du XXe siècle, la plupart des secteurs économiques ont mis en place des solutions standardisées, permettant de générer des économies d'échelle et de créer un marché planétaire pour leurs produits. Ce mouvement a d'abord touché le monde industriel. Il a été facilité par l'utilisation du pétrole : dépendant d'une source d'énergie fossile, indépendante du vivant, l'économie industrielle a pu se permettre d'ignorer la diversité des ressources locales.

Les choses se sont aggravées lorsque la standardisation s'est attaquée à l'agriculture : ainsi, la seconde révolution agricole propose les mêmes tracteurs, les mêmes engrais, les mêmes pesticides dans le monde entier. Les régions ont mis en place des spécialisations régionales marquées : maïs dans le Sud-Ouest, élevage laitier en Normandie, horticulture dans le Midi... Localement, elles donnent lieu à une chute de la diversité des paysages, de la flore et de la faune. Les chasseurs-cueilleurs connaissent en général près d'un millier de plantes utiles[2]. Dans le sud de la France, cent cinquante variétés de plantes étaient cultivées et consommées il y a un siècle, contre moins de soixante aujourd'hui, et à peine trente de manière courante[3].

Pourtant, l'agriculture est par définition une activité ancrée dans son terroir, qui ne peut fonctionner qu'en entre-

1. Union Internationale de Conservation de la Nature.
2. X. Le Pichon, *Aux racines de l'Homme*, Petite Renaissance, 2007.
3. F. Couplan, *Légumes, fruits et condiments oubliés*, Édisud, 2007.

tenant des relations positives avec son milieu. Ainsi, cette perte de biodiversité fragilise les milieux cultivés, en les rendant plus fragiles face aux ravageurs. Au contraire, l'agriculture positive valorise la biodiversité et l'utilise à travers des méthodes de protection intégrée des cultures, qui valorisent les insectes et plantes utiles – comme la coccinelle qui éradique les pucerons, ou les capucines qui font fuir la mouche blanche des vergers (chapitre 8).

La standardisation a aussi été à l'œuvre dans le bâtiment. Elle produit des constructions vides de sens car uniformisées, sans place pour l'identité personnelle et la culture locale, et sans lien avec leur environnement. Ces bâtiments sont de grands consommateurs d'énergie, car ils ne valorisent pas les flux de lumière et de températures propres à chaque lieu. Ils s'adaptent bien à une construction de masse, préfabriquée par l'industrie, qui nécessite peu de main-d'œuvre qualifiée. Au contraire, le bâtiment positif cherche à intégrer la construction à son environnement en valorisant les flux de lumière et d'énergie naturels (chauffage et climatisation passifs). Pour cela, il s'inspire des techniques locales de construction, adaptées à leur environnement, et les remet au goût du jour par une meilleure connaissance technique. Il met en œuvre des techniques et des conceptions différentes pour chaque site : c'est ainsi un moyen de créer des emplois qualifiés, ancrés dans leur territoire et donc non délocalisables (chapitre 7).

Enfin, la standardisation se retrouve aussi dans les domaines culturels : tourisme de masse qui envahit les paysages de constructions semblables sur toute la planète, développement des *fast-foods* qui proposent le même hamburger dans tous les pays, production de *blockbusters* mondiaux par l'industrie cinématographique.

Valoriser pour protéger

La première étape de la restauration de la biodiversité est l'arrêt de son érosion. Cela signifie freiner la destruction des habitats des espèces vivantes, et notamment la forêt.

L'économie du XXIe siècle va avoir besoin de biocarburants et biomatériaux. Il ne sera donc pas possible de protéger intégralement l'ensemble des espaces naturels. Cette approche de la conservation des espèces, qui exclut toute activité humaine, a vécu. Elle s'est révélée peu efficace dans les pays en développement, où la forêt est une ressource économique précieuse. Aujourd'hui, les organismes de protection de la nature développent des programmes de conservation compatibles avec une activité humaine contrôlée, qui permet d'apporter des bénéfices tangibles aux populations locales.

L'UICN estime à environ 12 % – chiffre variable selon les écosystèmes – le pourcentage de terres qui devraient être affectées à la constitution de réserves naturelles protégées de toute intervention humaine. Sur les 88 % restant, il est possible de mettre en place des modes d'exploitation agricoles et forestiers positifs, respectueux des ressources naturelles et de la biodiversité. Ainsi une gestion des forêts comme celle définie par la norme du FSC (Forest Stewardship Council) permet de combiner exploitation économique et préservation des fonctions écologiques de la forêt. Pour préserver la biodiversité en régions tropicales, il vaut sans doute mieux acheter des produits en bois ou du papier labellisé par le FSC, que chercher à mettre des barbelés autour de forêts nécessaires à l'économie de pays pauvres. Dans le même esprit, l'écotourisme, et toutes les formes de tourisme reposant sur l'appréciation et le respect de la nature et de la culture, est un des moyens de donner de la valeur à la biodiversité, y compris celle des traditions (solution 15).

Solution 15 : Le tourisme au secours de la biodiversité

« *Il y a dix ans, je passais mes journées la tronçonneuse à la main, comme tous les hommes du village,* explique Supri, quarante-cinq ans. *J'ai même été en prison pour avoir abattu illégalement des arbres dans le Parc national de Gunung Leuser. Aujourd'hui, mes fils et moi, nous sommes les gardiens de la forêt.* » Cet habitant de Tangkahan, un petit village au nord de Sumatra, a bénéficié d'un programme de formation à l'écotourisme. Depuis, au lieu de gagner sa vie en coupant du bois, il guide des touristes dans la forêt, et leur fait découvrir les sources d'eau chaude, les ficus géants et les macaques insolents. Un métier moins dangereux, plus agréable et plus durable.

« *Si l'on continue à couper les arbres, que restera-t-il à nos enfants ?* demande Ary Suhandi, directeur de l'Indonesian Ecotourism Network. *Pour un écotouriste, un arbre vivant a plus de valeur qu'un arbre abattu, un orang-outan en liberté a plus de valeur qu'un orang-outan en cage. Ainsi, nous pouvons apporter des revenus aux communautés locales en les incitant à conserver les ressources naturelles. Et les jeunes n'ont plus envie de quitter leurs villages : pour un garçon de vingt ans, c'est plutôt agréable d'accueillir des visiteurs (et des visiteuses) du monde entier...* »

De la même manière, en Argentine et dans le delta du Saint-Laurent au Canada, les admirateurs de baleine génèrent des revenus sans risque pour les anciens pêcheurs, qui ont troqué le harpon contre la longue-vue.

Même l'Espagne, qui a longtemps vécu d'un tourisme de masse à bon marché, fondé sur les 3 *S* (*sun, sea and sand* : soleil, mer et sable) est en train de découvrir les vertus d'un tourisme qui repose sur la nature, la culture locale et les paysages. Lors d'un récent colloque de la Costa Blanca, cette bande de côte grignotée par les constructions, la mairesse de la ville de Denia expliquait sans hésitations : « *Le temps du tourisme de masse est passé. Il faut inventer un modèle durable et développer une offre culturelle.* » L'ère du tourisme positif est née. Il valorisera les ressources naturelles en les protégeant, et en dynamisant les économies locales.

Revitaliser les territoires

Le commerce international s'est développé sur la base des avantages comparatifs : chaque territoire se spécialise dans la production pour laquelle il a la productivité la plus forte (ou la moins faible) par rapport à ses concurrents. Nous lui devons les bonds de l'économie depuis le début de la Révolution industrielle, et notre confort matériel. Mais les excès de la spécialisation conduisent localement à une perte de diversité, qui fragilise les territoires. C'est vrai dans le domaine de l'agriculture, mais aussi dans le domaine économique : un essai de spécialisation, dans un contexte de mutations rapides, peut se révéler dangereux lorsque la niche rentable d'hier disparaît, ou qu'apparaît un concurrent moins cher à l'autre bout du monde.

La spécialisation affaiblit aussi les territoires sur le plan social. Lorsque Ford a créé ses premières voitures, il les vendait aux habitants de la région, et donc aussi à ses propres salariés et à leurs familles. Il avait donc intérêt à augmenter les salaires de ses ouvriers, qui étaient ses clients. Sur ce modèle se crée une spirale vertueuse de développement régional. La globalisation des marchés a fait éclater ce modèle. Les mêmes produits sont fabriqués et consommés en chaque point du globe. Dès lors, il est possible de concevoir des voitures au Japon, de les fabriquer en Chine et de les vendre en Allemagne. L'intérêt du producteur est alors de maintenir au plus bas les salaires des Chinois, à qui il ne vend rien.

L'économie et l'ensemble de l'activité humaine dépendent ainsi de relations avec des fournisseurs de matière et d'information dispersés sur toute la planète. En revanche, les relations économiques s'affaiblissent au sein des territoires : entre les hommes, entre les entreprises, entre les hommes et leur environnement. Il en résulte une crise du lien social – mais aussi une crise de la solidarité, et, de manière très concrète, une pression à la baisse sur les salaires, liée à la concurrence avec les pays à main-d'œuvre bon marché[1].

Le niveau de spécialisation, de standardisation et de mondialisation des échanges atteint aujourd'hui n'est pas compatible avec la nécessité de restaurer le climat et la sécurité énergétique. L'uniformisation des procédés de production, leur déconnexion des territoires, le coût artificiellement faible des transports aboutissent à un gaspillage énergétique. Les lieux de production et de consommation, de travail et de résidence sont de plus en plus éloignés. Ce phénomène se retrouve dans les pays émergents : ainsi en Chine, les villes satellites de Shanghaï se sont spécialisées chacune dans un type d'industrie, entraînant des besoins en transport d'une zone à l'autre qui deviennent ingérables.

Dans le domaine du transport de marchandises, des flux commerciaux se développent pour profiter de différentiels de prix très faibles, et fluctuants : la même région pourra importer des milliers de tonnes de poulet vers un pays, et en exporter autant dans la même année. Ces flux perdent de leur rationalité si le coût réel du transport, y compris celui de l'énergie à son coût de renouvellement, et les coûts de compensation des émissions de gaz à effet de serre, sont pris en compte.

La mise en place de l'économie positive s'accompagne donc d'un rééquilibrage entre les échanges internationaux et les échanges locaux, qui vont connaître un nouveau développement. L'économie positive a besoin de valoriser au mieux les ressources propres à chaque territoire, et recrée de la diversité dans les économies locales.

1. P. Artus et M.P. Virard, *Le capitalisme est-il en train de s'auto-détruire ?*, La Découverte, 2005.

Intégrer 6,5 milliards de personnes

Cette revitalisation des territoires ne doit pas s'entendre comme un repli sur soi, un retour en arrière vers une autonomie locale qui n'a d'ailleurs jamais existé. Car le progrès de l'humanité, et de l'économie, s'est toujours fait sur la base d'échanges.

La diversité des solutions suppose ainsi d'élargir la sphère de l'économie positive. L'économie industrielle a encore un faible taux de pénétration : les cinq milliards d'habitants des pays en développement y participent peu. Ainsi, les ressources physiques et immatérielles, notamment humaines, des pays pauvres sont encore sous-valorisées, dans le cadre d'économies linéaires et minières, inefficaces, et à faible valeur ajoutée. Il en résulte un gaspillage de ressources. Pour couper un arbre, les forestiers peuvent détruire un hectare de forêt. L'Amazonie est déboisée pour laisser la place à des élevages extensifs très peu productifs.

Pourtant, les ressources des pays émergents, bien valorisées, sont indispensables à la mise en œuvre d'une économie positive globale. Les pays pauvres, non contraints par la présence d'infrastructures « négatives », et bénéficiant souvent d'un fort ensoleillement et de main-d'œuvre bon marché, ont une carte à jouer dans l'économie positive. Ils sont bien positionnés pour produire de l'énergie renouvelable ou des biomatériaux, et stocker du carbone par le biais du reboisement. À condition de négocier un partage équitable des bénéfices, ils peuvent y gagner des emplois et des revenus. En créant des emplois à plus forte valeur ajoutée dans ces pays, l'économie positive crée ainsi autant de nouveaux consommateurs, qu'elle intègre dans un cercle de croissance vertueux.

Au-delà des ressources matérielles, l'économie positive va devoir valoriser la diversité des connaissances humaines. L'humanité dispose aujourd'hui, pour la première fois, de plus de trois millions de chercheurs et de millions d'entrepreneurs, reliés entre eux par Internet. Aujourd'hui, la Terre est plate[1] : l'information circule très vite et des alliances hier impossibles se développent.

Ce réseau d'échanges est la clé de l'innovation positive. Il permet de mobiliser une grande diversité de connaissances, d'approches et de technologies pour répondre à des défis émergents, et préparer un monde inconnu. En raison du coût croissant de l'énergie, les échanges internationaux de matières à faible valeur pondérale sont amenés à diminuer. Mais les échanges d'information, eux, sont amenés à croître de manière exponentielle. Après la vague des délocalisations, la voiture de demain sera peut-être de nouveau fabriquée en France pour des consommateurs français. Mais elle intégrera des panneaux solaires conçus en Afrique du Sud, des biocarburants produits à partir d'une plante d'Amérique Latine, cultivée en Provence sans pesticides, grâce à une plante insectifuge originaire d'Inde.

La solution unique a vécu. Au contraire, l'avenir appartiendra à ceux qui sauront choisir, dans un panel de solutions, celles qui permettent de mieux valoriser les conditions locales. Une façon de remettre au goût du jour la devise « Penser globalement, agir localement[2] ». Bienvenue dans le siècle des échanges et de la diversité.

1. T. Friedman, *La terre est plate, op. cit.*
2. Attribuée à diverses sources et probablement inventée par le philosophe français Jacques Ellul.

II

UN MONDE POSITIF

6. L'industrie nouvelle ou l'usine positive

7. Bâtiments positifs : qu'est-ce qu'on attend ?

8. Agriculture et forêts : retour au positif

9. Transports : des réseaux positifs

6.

L'industrie nouvelle ou l'usine positive

« Observons un cerisier... Il produit une abondance de fleurs et de fruits sans appauvrir son environnement. Sa fécondité nourrit tout ce qui est autour de lui. À quoi ressemblerait le monde des Hommes s'il avait été conçu par un cerisier ? »

William McDONOUGH
et Michael BRAUNGART

Redresser le bilan

De mauvais gestionnaires

Chaque année, entre janvier et avril, les chefs d'entreprise font les comptes de l'année écoulée. Le compte de résultat mesure les bénéfices, il indique si les ventes ont dépassé les dépenses. Il reflète les investissements qui ont été faits dans le passé : les équipements, la recherche-développement, le recrutement et la formation des employés. Mais il ne suffit pas à prédire la capacité future de l'entreprise à générer des bénéfices, et donc sa valeur réelle. Un compte de résultat brillant peut en effet cacher une diminution du capital productif de l'entreprise. C'est le cas d'une usine qui continue à produire avec des machines vieillissantes : la faiblesse des dépenses d'entretien permet de dégager des bénéfices – jusqu'au jour où toutes les machines sont en panne.

C'est ainsi que pour évaluer la valeur réelle d'une entreprise, il faut examiner son bilan, qui indique l'état de son capital productif : bâtiments, véhicules, machines, stocks, marques et brevets... Que penser d'un directeur général qui dégagerait des bénéfices en laissant le bilan de l'entreprise se dégrader ? Il serait accusé de vision à court terme, de mauvaise gestion.

Aujourd'hui, la plupart des entreprises, mais aussi des collectivités régionales ou des nations, se comportent en mauvais gestionnaires de leur capital écologique. Elles dégagent des bénéfices et enregistrent de la croissance sur la base de bilans négatifs en matière de climat, d'énergie, de ressources, de santé et de biodiversité. Chaque année, elles épuisent et dégradent les ressources naturelles dont elles dépendent.

Ce faisant, elles hypothèquent l'avenir de l'humanité, mais aussi le leur. Leurs charges vont en effet s'élever au fur et à mesure que le prix de l'énergie, des matières premières et de l'eau va augmenter. Elles devront subir des coûts supplémentaires, imposés par la collectivité : chaque année, il devient plus cher de rejeter des produits polluants dans les rivières, de se débarrasser de déchets dangereux, ou d'émettre du gaz carbonique (solution 16). Et enfin, avec la prise de conscience croissante des enjeux de l'environnement, les entreprises au bilan négatif voient un de leurs principaux actifs, leur image, se dégrader.

Solution 16 : Quand le pollueur paye le dépollueur

Les pays industrialisés signataires du Protocole de Kyoto ont reçu un objectif de réduction de leurs émissions de gaz à effet de serre à l'horizon 2012. En Europe, pour impliquer les entreprises, un marché d'échanges de quota a été mis en place. Chaque année, les gouvernements identifient en priorité les entreprises responsables d'émissions en grande quantité, et leur allouent des quotas annuels d'émissions. Elles peuvent alors décider de réduire leurs émissions – par exemple, en remplaçant une chaudière au fioul par une chaudière au biogaz ou au bois.

Les entreprises pour qui ces mesures seraient trop coûteuses peuvent compenser leurs émissions en achetant des « permis d'émissions ». Ces permis s'échangent sur un marché, le *European Union Emissions Trading Scheme* (EU ETS) – des systèmes analogues sont mis en place aux États-Unis ou en Australie. Les permis sont fournis par des entreprises qui ont réduit leurs émissions en dessous de leur quota, à moindre coût. Ce marché permet ainsi au pollueur de financer le dépollueur, et permet de financer en priorité les mesures de réduction les moins coûteuses. Il crée de la valeur pour les entreprises qui réduisent leurs émissions. Les pays en développement peuvent aussi générer des « crédits d'émissions » et les vendre aux pays développés par le biais du Mécanisme de Développement Propre (MDP).

Le marché des permis d'émission dépend toutefois des quotas alloués par les gouvernements : plus les quotas sont réduits, plus les entreprises ont besoin d'acheter des permis, et plus leur valeur monte. Ainsi, le marché anticipe un prix d'environ 30 euros la tonne de CO_2 pour fin 2008.

Il existe enfin un marché volontaire des permis d'émissions, créé par des entreprises ou des particuliers qui souhaitent compenser leurs émissions, soit pour préparer le jour où ils y seront obligés (c'est le cas par exemple du transport aérien), soit par éthique personnelle ou par souci d'image. Ce marché est estimé à environ 100 millions d'euros, contre 21 milliards pour le marché réglementé. De nouveaux acteurs apparaissent pour répondre à cette demande, comme par exemple Action Carbone, créé par Yann Arthus-Bertrand en partenariat avec l'ADEME.

Au contraire, l'entreprise positive redresse son bilan environnemental, en deux étapes. Elle commence par « faire moins mal » en réduisant ses émissions de gaz à effet de serre, ses dépenses énergétiques, ses besoins en ressources et ses impacts sur la santé et la biodiversité. Elle peut ainsi espérer passer d'un bilan négatif à un bilan neutre. Ensuite, elle peut aller plus loin en ayant un bilan positif : en stockant du carbone, en produisant de l'énergie de manière renouvelable, en dépolluant l'air, les sols et les eaux et en favorisant la biodiversité.

Un outil : les cinq bilans de l'économie positive

Pour redresser le bilan, il faut commencer par faire les comptes. Aujourd'hui, à côté de leur bilan comptable, les entreprises françaises doivent rendre compte de leurs impacts environnementaux et sociaux. Des obligations similaires existent dans d'autres pays d'Europe, et la plupart des grands groupes internationaux publient des rapports de développement durable à titre volontaire. Mais ces rapports restent relatifs à la situation de départ de l'entreprise. Nous proposons d'aller plus loin, en créant un outil qui permette de quantifier l'impact de chaque entreprise, positif, neutre ou négatif, sur le capital écologique. Cet outil, ce sont les cinq bilans de l'économie positive (zoom 24).

L'Ademe, en coopération avec Jean-Marc Jancovici, a déjà créé un premier outil, le bilan carbone®, qui permet de calculer les émissions nettes de gaz à effet de serre d'une activité. Cette démarche est indispensable dans les secteurs soumis à des quotas d'émissions dans le cadre du Protocole de Kyoto (solution 16). Elle est aussi appliquée à titre volontaire par des entreprises qui souhaitent mettre en avant leur contribution à la lutte contre le changement climatique, ou anticiper la réglementation future. Ainsi, une entreprise qui a calculé son bilan carbone peut quantifier ses besoins de réduction ou de compensation d'émissions.

Sur le même principe, le bilan énergie mesure la différence entre la quantité d'énergie consommée et produite. Attention toutefois : brûler des carburants fossiles, ce n'est pas produire de l'énergie – seule l'énergie produite de manière renouvelable entre en ligne de compte. Ainsi, une usine qui a réduit ses besoins énergétiques et qui est capable de les couvrir de manière renouvelable, par exemple avec des éoliennes ou des panneaux solaires, est neutre en énergie. Si elle dégage un excédent qu'elle peut revendre, son bilan énergie est positif.

Il est également possible de définir un bilan ressources, incluant la production de matières premières renouvelables, mais aussi l'eau et les sols. Ainsi, une usine de production de biomatériaux peut avoir un bilan matières positif. Une usine qui capte des eaux de pluie, qui les utilise pour ses besoins et qui rejette l'excédent, après l'avoir dépollué, dans les nappes phréatiques, a un bilan positif en eau. Une entreprise de dépollution de friches industrielles, comme celles évoquées au chapitre 3, a un impact positif sur les sols.

Vient ensuite le bilan santé. Pour la plupart des entreprises, il se limite au bilan toxicité, en particulier la toxicité chimique. Pour les entreprises du secteur agro-alimentaire, ce bilan doit inclure l'impact nutritionnel des produits vendus.

Enfin, le bilan biodiversité prend en compte l'impact de l'activité de l'entreprise sur la diversité naturelle tant au niveau de son site, qu'indirectement par le biais de ses fournisseurs et des déchets engendrés par ses produits en fin de vie. Il doit aussi prendre en compte la contribution de l'entreprise à la conservation et à l'enrichissement de la diversité des techniques, des pratiques, des styles, des paysages, c'est-à-dire tout ce qui relève de la diversité des formes humaines.

***Zoom 24* : Les cinq bilans de l'économie positive**

Bilan	**Négatif**	**Neutre**	**Positif**
Carbone ou climat	Activité qui rejette des gaz à effet de serre	Pas d'émission, ou rejets compensés par des réductions d'émissions	Activité qui stocke du carbone
Énergie	Consommation d'énergie	Pas de consommation d'énergie ou auto-suffisance en énergie	Production nette d'énergie (renouvelable)
Ressources (matières premières, eau, sol)	Consommation nette de ressources	Pas de consommation de ressources ou auto-suffisance en ressources	Production nette de ressources renouvelables
Toxicité	Production de composés toxiques	Matériaux avec composants non toxiques	Dépollution, phyto-restauration
Diversité	Destruction de biodiversité	Conservation de biodiversité	Augmentation de la biodiversité

Ces outils se rapprochent des analyses en cycle de vie déjà pratiquées par certaines entreprises. Comme elles, ils supposent de définir avec soin le périmètre de l'analyse, de façon à inclure les impacts de la chaîne d'approvisionnement, et de la fin de vie du produit – qui, en économie positive, doit correspondre au démarrage d'un nouveau cycle de production, puisque chaque déchet doit être recyclable ou réutilisable. Ainsi, selon le périmètre du bilan, certaines activités seront négatives, neutres ou positives (zoom 24).

Le défi du XXIe siècle est de créer un monde positif sur les cinq bilans essentiels du capital écologique. Cette économie positive dispose d'une réserve de croissance pour les générations futures, puisqu'elle est capable de produire plus de ressources que ses besoins actuels.

Toutes les entreprises, toutes les activités n'ont pas vocation à devenir positives. Dans un premier temps, l'objectif est que chacune d'entre elles devienne le moins négative possible. Celles qui ne peuvent pas devenir neutres ou positives peuvent alors compenser leur impact négatif en payant des droits, utilisés pour financer d'autres activités positives, qui viennent compenser les premières. C'est exactement le principe du mécanisme du marché des permis d'émissions de carbone (solution 16).

Ainsi, l'économie positive est constituée d'une combinaison d'activités neutres, d'activités négatives, et d'activités positives qui compensent les précédentes. Son bilan final devient positif en s'inspirant du fonctionnement de la plus ancienne des économies positives, celle de la nature (zoom 25).

Zoom 25 : À l'image de l'arbre

L'économie positive s'inspire du modèle de l'arbre. La croissance d'un arbre est continue de sa naissance à sa mort. Loin d'affaiblir son environnement, l'arbre le nourrit. Il utilise l'énergie du soleil, toujours renouvelée, et puise dans la terre les minéraux et l'eau dont il a besoin. L'eau qu'il ramène des profondeurs s'évapore ensuite et retombe sous forme de pluie, qui va servir à d'autres plantes. Les minéraux qu'il tire du sol y reviennent lorsque l'arbre perd ses feuilles. Ainsi, en se développant, l'arbre fournit à des milliers d'autres êtres vivants un substrat de croissance, un abri, des aliments, un microclimat favorable.

Qui irait demander à l'arbre de se mettre en décroissance ? Au contraire, chacun souhaite qu'il continue à se développer, car sa contribution au monde est positive.

Sur ce modèle, il est possible de dessiner un monde positif, où la restauration du capital écologique alimente la croissance économique. Un monde où chaque usine, chaque bâtiment, chaque champ, chaque route apportent une contribution positive à l'économie et à l'environnement, et où il est possible d'en construire suffisamment pour répondre aux besoins de l'humanité, sans regret pour l'avenir.

Plus avec moins : réduire les impacts

Ainsi, l'économie positive s'inspire du fonctionnement des écosystèmes naturels, selon le mode du biomimétisme[1]. Tout d'abord, il s'agit d'être efficace. Les organismes vivants ont mis en place des mécanismes destinés à assurer leur survie dans un contexte de ressources limitées : ils ont appris à faire plus avec moins. De la même manière, les entreprises de l'économie positive maximisent la productivité des ressources qu'elles emploient à travers trois principes d'action : finalité, circularité, complémentarité.

Finalité : rechercher le chemin le plus efficace

Il y a quelques années, j'ai fait une conférence devant un groupement d'entreprises spécialisées dans l'installation de chaudières au fioul[2]. J'ai présenté les nouveaux enjeux de l'économie, en particulier le climat et la hausse du prix du pétrole. Ma présentation a vite suscité des réactions hostiles. Après tout, j'étais en train d'expliquer à mes auditeurs que leur métier de fournisseurs de chaudières était condamné... Je leur ai alors proposé de redéfinir la finalité de leur métier, par exemple en se considérant comme des fournisseurs de chauffage.

Ils ont pu alors réfléchir à une diversification de leur offre, combinant différentes solutions : chaudières au bois, pompes à chaleur, chauffage solaire, etc. Puis, nous sommes allés plus loin. Car le chauffage n'est pas une finalité en soi. Pour le client, ce qui compte, c'est la température de son logement, pas la puissance de sa chaudière. Nous avons alors redéfini ces entreprises comme des fournisseurs de confort thermique. Dès lors, les dirigeants ont pu imaginer une offre

1. J.M. Benyus, *Biomimicry, Innovation Inspired by Nature*, William Morrow, 1997.
2. Témoignage de Maximilien.

encore plus diversifiée, intégrant des solutions d'isolation. Ils ont pu de nouveau regarder l'avenir avec confiance.

Cet exemple illustre le principe de finalité, qui donne la priorité au service sur le produit. Elle permet d'élargir le champ des possibles, et d'identifier de nouvelles manières de remplir chaque besoin avec moins d'énergie et de matière – tel un alpiniste qui, au lieu de s'épuiser à gravir une montagne par la face nord, ouvre une voie par la face sud.

Le principe de finalité permet d'inventer de nouveaux modèles économiques. Si vous avez besoin d'un photocopieur, vous pouvez l'acheter, ce qui représente une immobilisation de capital. Il faudra ensuite dépenser de l'argent pour l'entretenir, sans être sûr de toujours trouver les pièces détachées. La solution positive ? Remplacer la propriété par l'usage, et l'achat d'un produit par l'achat d'un service [1]. Ainsi, au lieu de vendre des photocopieurs, les fabricants les mettent à disposition de leurs clients, qu'ils facturent en fonction du nombre de copies. Ils ont alors intérêt à garantir une continuité de service, et réparer la machine dès qu'elle tombe en panne.

Le client y gagne, et l'environnement aussi. Si l'entreprise qui fournit le photocopieur en reste propriétaire, elle a intérêt à ce qu'il dure plus longtemps, et elle le conçoit de manière à pouvoir en recycler les pièces détachées. Chaque fois qu'une entreprise fournit un service plutôt qu'un produit, elle a intérêt à le faire de la manière la plus efficace possible, en réduisant l'utilisation de matière et d'énergie. Une économie fondée sur la fourniture de services favorise ainsi une convergence entre l'intérêt à court terme de l'entreprise – satisfaire les besoins de ses clients à moindre coût – et l'intérêt général – améliorer l'impact environnemental (solution 17).

---

1. Cette stratégie a été définie par Walter Stahel et Orio Giarini sous le terme d'économie de services ou de fonctionnalité. Cf. Dominique Bourg et Nicolas Buclet, « L'économie de fonctionnalité. Changer la consommation dans le sens du développement durable. » *Futuribles*, n° 313, pp. 27-37, 2005.

Dans certains domaines, comme l'automobile, remplacer le produit par un service peut se heurter à des obstacles psychologiques – surtout lorsque la propriété signifie prestige et sécurité. Ces valeurs sont cependant en train de changer, notamment chez les cadres et chefs d'entreprise, habitués à remplacer la propriété par l'usage dans leur vie professionnelle. Ainsi aux États-Unis, 33 % des véhicules en circulation sont loués, et ce pourcentage passe à 60 % dans les banlieues aisées [1].

Solution 17 : Vendre des kilomètres à la place des pneumatiques

Comment augmenter son chiffre d'affaires sans vendre plus de pneus, quand on s'appelle Michelin ? En remplaçant la vente de pneus par un service de gestion des pneumatiques des entreprises, facturé sur la base du nombre de kilomètres parcourus. Michelin a été le premier en 2001 à créer ce type de services, sous le nom de Fleet Solutions. Il en est aujourd'hui le leader mondial. Plus de la moitié des grandes flottes européennes de poids lourds ont souscrit à cette offre, qui commence à pénétrer le marché américain.

Pour le client, ce service permet de maîtriser le prix de revient au kilomètre. Il permet de garantir que les pneumatiques dureront plus longtemps et seront changés plus vite, et de réduire le temps d'immobilisation des camions. Mais la gestion des pneumatiques par Michelin permet aussi d'améliorer la maintenance et le gonflage des pneus, ce qui augmente leur longévité et réduit les consommations de carburant. Elle permet le retrait des pneus au moment optimal pour les opérations de recreusage et de rechapage, qui multiplient par 2,5 la durée de vie des pneus. Et pour aller plus loin dans la baisse du coût de revient des kilomètres, Michelin développe des pneumatiques permettant de réduire la consommation de carburant, et propose des cours de conduite économe pour les chauffeurs de poids lourds.

1. Jeremy Rifkin, *L'Âge de l'accès*. La Découverte, 2000.

Le manque de flexibilité a longtemps été un obstacle au développement des solutions locatives. Pour renoncer à posséder sa voiture, il faut être sûr de disposer d'un véhicule à tout moment. Les nouvelles technologies de l'information jouent alors un rôle essentiel, en permettant de gérer des parcs de véhicules au plus près des besoins. Les systèmes de location de véhicules de courte durée, comme Flexcar ou Okigo, fonctionnent grâce à Internet, aux cartes électroniques et aux GPS (solution 18), qui facilitent les réservations et le suivi des véhicules. C'est le cas aussi du système de location Vélib avec paiement par carte électronique mis en place par JC Decaux à Paris.

Le principe de finalité permet aussi de se limiter au « juste nécessaire » lors de la conception d'un produit. Quelle est la température optimale de l'eau pour faire du café ? Ce n'est pas 100 °C, celle de l'eau bouillante, mais 70 °C. Sur ce principe, le co-fondateur de la société de design Faltazi a créé une bouilloire électrique réglable, qui permet de chauffer l'eau à 70 °C – une économie d'énergie de 30 % par rapport à la bouilloire classique à ébullition. Habituée à fonctionner avec des matières premières et des sources d'énergie peu coûteuses, l'économie négative considère l'excès de performance comme la norme. La recherche du juste nécessaire, au contraire, permet d'optimiser le rapport entre le coût et la fonction d'un produit. C'est le principe appliqué par le fabricant de lessive Ecover pour réduire l'impact environnemental de ses détergents (solution 19).

Circularité : réduire, réutiliser, recycler

Plus encore que d'autres pays, le Japon est confronté à l'épuisement de son environnement. Cet archipel abrite près de 330 habitants au km^2, soit trois fois plus que la France. Tout y est fait pour optimiser l'espace. Les Japonais dorment

Solution 18 : Une auto quand je veux, où je veux

Est-il rentable de posséder sa voiture ? Pas pour les habitants des grands centres urbains, qui n'utilisent pas leur véhicule tous les jours. Une petite voiture coûte environ 400 euros par mois en ville, parking compris. Le même véhicule se loue à partir de 25 euros/jour. En dessous de 150 jours d'utilisation du véhicule dans l'année, il est donc plus économique de le louer. À condition d'être sûr de disposer d'un véhicule à tout moment, et à un coût prévisible.

Un problème résolu par Flexcar, une start-up créée en 2000 à Seattle. Les abonnés de Flexcar (20 euros/an) peuvent réserver par Internet un véhicule immédiatement disponible, sur des espaces de parking réservés à cet usage et proches de chez eux. Le service reste cher : 5 à 7 euros/heure, mais économique pour des usages ponctuels, qui correspondent aux besoins des urbains. Flexcar compte ainsi 20 000 abonnés dans douze villes sur la côte Ouest des USA. Le bilan est positif pour l'environnement : 60 % des utilisateurs de Flexcar déclarent avoir vendu leur véhicule ou renoncé à en acheter un, ce qui fait 12 000 tonnes d'acier en moins sur les routes.

Cette innovation est inspirée de systèmes similaires existant en Europe, comme Mobility (Suisse) ou CityCarClub (Angleterre). En France, la société Caisse Commune propose cinquante véhicules répartis sur huit parkings dans Paris, que se partagent 1 500 abonnés. Mais son développement se heurte à un problème institutionnel : la difficulté de disposer de places de parking sur la voie publique.

C'est ainsi que le loueur d'automobiles Avis s'est associé à Vinci pour bénéficier des parkings de ce dernier. Ensemble, ils ont créé Okigo, un service de location de véhicule de courte durée, à la demande. Comme Flexcar, ce système bénéficie de la flexibilité offerte par les nouvelles technologies de l'information et de la communication. La réservation peut se faire instantanément par téléphone ou Internet. Un pass électronique permet d'ouvrir les portes du véhicule réservé, et le GPS facilite le suivi du parc de véhicules.

sur des futons, conçus pour être roulés au matin et rangés dans un placard. À Fukuyama, les vaches sont élevées dans des immeubles les unes au-dessus des autres, pour gagner de la place.[1] Dans les années 1950, le Japon a connu un des premiers désastres écologiques de l'histoire : les habitants de la baie de Minamata ont été empoisonnés par les rejets de mercure d'une usine pétrochimique. Dès lors, pas étonnant que ce soit au Japon qu'ait été formulé le principe des 3 *R*, « Réduire, Réutiliser, Recycler », qui est à la base de la gestion durable des ressources.

Prenons l'exemple du papier : il est possible d'en utiliser moins, en réduisant les marges d'impression. Le papier peut aussi être réutilisé, en utilisant le verso d'une feuille imprimée comme papier brouillon. Enfin, il peut être recyclé par une entreprise, qui à travers un processus de transformation, en refera du papier. Dans cet esprit, des économistes chinois et japonais ont repris les principes de l'écologie industrielle, qu'ils ont rebaptisée « économie circulaire » : chaque déchet devient une ressource pour un nouveau cycle de production. Une usine circulaire peut ainsi fonctionner en cycle fermé, en réutilisant et en recyclant les matières et l'eau de manière systématique. La notion de fin de vie des produits disparaît : chaque fin de vie devient le début du nouveau cycle. Les cycles de vie, autrefois définis « du berceau à la tombe », passent « du berceau au berceau[2] ».

La première étape est la réduction des flux entrants, nécessaire pour réduire les coûts de recyclage ultérieurs. Il s'agit d'identifier les flux de matière, d'eau et d'énergie

---

1. Yann Arthus Bertrand, *La Terre vue du ciel,* La Martinière.
2. B.R. Allenby *et al.*, *Greening the Industrial Ecosystem*, Washington, D.C., National Academy of Engineering, 1994. Cité par D. Bourg et N. Buclet, « L'économie de fonctionnalité, changer la consommation dans le sens du développement durable », *Futuribles* n° 313, nov. 2005, pp. 27-37.

Solution 19 : La lessive en juste nécessaire

« Il faut abandonner cette idée de performance à tout prix, revenir au bon sens et dire : je cherche un produit vaisselle, je n'ai pas besoin d'un mètre de mousse. » C'est ainsi que Peter Malaise, directeur conceptuel d'Ecover, résume la politique de cette société leader des lessives et détergents verts. Il s'agit de concevoir des produits dont les performances se limitent au nécessaire, et non au possible. Une philosophie aux applications très concrètes.

Sur ce principe, Ecover propose des lessives douces et efficaces, dont les performances d'enlèvement des taches sont similaires à celles d'une lessive classique : la différence serait de 2 à 5 %, ce qui n'est pas visible à l'œil nu par le consommateur. Elle a aussi éliminé les phosphates de ses produits bien avant que la législation ne les interdise, se donnant ainsi une longueur d'avance sur ses concurrents.

Grâce à cette stratégie, Ecover ne cesse de progresser sur un marché de plus en plus conscient des risques environnementaux et sanitaires, et de plus en plus contraint par la réglementation. Société internationale fondée en Belgique en 1980, Ecover possède maintenant des filiales aux États-Unis, au Royaume-Uni et en Suisse, et vend ses produits dans plus de cinquante pays. Les Japonais, de plus en plus soucieux de l'environnement, sont séduits : Ecover compte Mitsubishi dans ses clients.

Les efforts de réduction des impacts sont systématiques : l'usine Ecover est gérée de manière éco-efficiente de A jusqu'à Z, avec des mesures de réductions des consommations d'eau et d'énergie. Elle compte même une toiture engazonnée de 6 000 m^2, qui climatise le bâtiment et réduit ainsi le besoin de chauffage et d'air conditionné.

entrant dans le cycle de vie, et de chercher à les réduire en rendant le même service. Un gain d'efficacité et de productivité qui réduit les coûts de l'entreprise.

La deuxième étape, la réutilisation, consiste à récupérer un produit en fin de vie, et l'utiliser pour le même usage ou un usage différent. C'est le cas des bouteilles consignées, des pneumatiques rechapés ou des cartouches d'imprimantes remplies pour un nouvel usage. Le produit n'est pas transformé, mais seulement reconditionné.

La troisième étape, celle du recyclage, consiste à récupérer les matériaux d'un produit en fin de vie, pour s'en servir comme matières premières pour fabriquer le même produit, ou un produit différent. Ainsi, le plastique des bouteilles d'eau minérale peut être broyé et extrudé pour faire de nouvelles bouteilles, ou être transformé en laine polaire pour fabriquer des vêtements. De même, les canettes de boisson en aluminium peuvent devenir de nouvelles canettes, ou des pièces de vélo. Le recyclage est moins efficace que la réutilisation. Il nécessite plus d'énergie, et il dégrade les propriétés des composants : une bouteille réutilisée conserve sa forme et sa couleur, ce qui n'est pas le cas du verre recyclé.

Pour éviter ces pertes, l'économie circulaire cherche à conserver au maximum les propriétés de chaque pièce et de chaque matériau lors du cycle de vie des produits. Pour y parvenir, la logique de circularité doit intervenir dès la conception des produits : elle s'inscrit dans une démarche d'éco-conception. Elle suppose un effort de simplification : il est plus facile de réutiliser et recycler un nombre limité de composants (solution 20). À l'inverse, la diversification des modèles de bouteilles en verre, dans une logique de marketing, a tué la consigne dans de nombreux pays : impossible de gérer la récupération de dizaines de bouteilles de formats différents[1].

---

1. Cet exemple rappelle que dans une perspective écologique, la diversité n'a de sens que dans une logique adaptative. Il peut être utile pour une entreprise de fabriquer plusieurs types de bière avec des grains d'origines variées, pour réduire les risques d'approvisionnements. En revanche, mettre la même bière dans des bouteilles de forme différente a peu d'intérêt, si ce n'est de pur marketing. Et cette stratégie complique la gestion circulaire des bouteilles.

Faciliter la circularité, c'est aussi éviter de mélanger des composants incompatibles entre eux. Ainsi, pour inscrire le nom d'une marque sur un objet en métal, mieux vaut le graver qu'utiliser une peinture qui se mélangera au métal lors de son recyclage. Sur le même principe, il est important de ne pas mélanger des produits toxiques avec des matières organiques. Ces dernières peuvent être réutilisées comme engrais après compostage, à condition de ne pas contenir de produits dangereux. Ainsi, les magazines en couleur ne peuvent pas être compostés : leurs encres contiennent des métaux toxiques, qui passeraient ensuite dans les cultures nourries avec ce compost.

L'économie circulaire obéit à une logique de gains de productivité pour l'entreprise. Elle permet une baisse des coûts de matière première, particulièrement utile dans le nouveau contexte de hausse des cours. « *En modifiant certains procédés de production, nous avons économisé de l'ordre de 50 millions d'euros en un an sur nos achats de matière première* », explique Paul-Joël Derian, directeur de la recherche-développement de Rhodia [1].

La réglementation est le second moteur de la circularité, soit de manière directe, en imposant des objectifs de recyclage (solution 21) ou de manière indirecte, en faisant passer le coût des déchets de la collectivité à l'entreprise. Ainsi pendant longtemps, la mise en décharge a représenté pour les entreprises une façon commode de gérer – ou plutôt, de ne pas gérer – la fin de vie de leurs produits. Mais au fur et à mesure que la société civile refuse les pollutions liées aux décharges, l'État et les collectivités imposent des limites de plus en plus strictes et des coûts croissants de mise en décharge, jusqu'à 200 euros/tonne.

Certaines entreprises se lancent alors dans la fuite en avant en exportant leurs déchets dans les pays en développe-

1. C.E. Haquet *et al.*, « Cherté des ressources naturelles, ce qui va changer pour les entreprises », *L'Expansion*, 31/05/2006.

Solution 20 : Conserver la valeur des pièces réutilisées

La directive sur les véhicules hors d'usage (VHU) impose aux constructeurs automobiles de reprendre leurs véhicules en fin de vie, ou de compenser le coût de leur broyage. Les véhicules doivent être construits de façon à faciliter leur démontage ainsi que le réemploi ou la valorisation, en particulier par le recyclage, de leurs composants et matériaux. Depuis 2006, les véhicules en fin de vie doivent être valorisés à 85 % – un taux qui passera à 95 % en 2015.

La méthode standard de recyclage consiste à démonter le véhicule et recycler les matières. L'enjeu est alors de pouvoir recycler les matériaux séparément, pour éviter de dégrader leurs propriétés en les mélangeant. Cela suppose un nombre réduit de matériaux, qui puissent être facilement séparés.

Il paraît toutefois dommage de détruire des pièces détachées qui sont encore en bon état pour en récupérer la matière et fabriquer des pièces similaires. C'est pourquoi les constructeurs automobiles mettent maintenant l'accent sur la réutilisation des pièces détachées. Toutes les pièces qui ne sont pas des pièces d'usure – par exemple les commandes de clignotants, les poignées intérieures ou les poignées de frein à main – doivent pouvoir être démontées et réutilisées sur de nouveaux véhicules. La valeur ajoutée de chaque pièce est ainsi conservée au cours de chaque cycle : l'entreprise y gagne sur le plan économique.

ment. La ville de Guiyu, en Chine, traite ainsi chaque année plus de 1,5 million de tonnes de déchets électroniques en provenance de l'étranger, avec des méthodes très polluantes : incinération, broyage, extraction des métaux à l'acide sulfurique. Cette stratégie va coûter de plus en plus cher avec la hausse du coût de l'énergie et des transports. Elle est risquée : les associations écologiques surveillent ce type de pratique, et sont promptes à en dénoncer les effets les plus choquants pour l'opinion publique. À terme, cette stratégie est amenée à disparaître avec la prise de conscience, lente mais réelle, des dangers environnementaux dans les pays émergents.

D'autres acteurs, au contraire, voient dans les nouvelles réglementations des opportunités de création de valeur au niveau local. C'est ainsi que Ramery, une PME du bâtiment, a profité d'une nouvelle circulaire sur la gestion des débris de chantier, qui vise à limiter leur mise en décharge, pour créer une nouvelle activité : le recyclage des résidus de déconstruction (solution 21).

Solution 21 : Recycler les décombres des chantiers

Créée il y a environ quarante ans par son président actuel, Ramery est une des plus grandes PME indépendantes du bâtiment en France – et un acteur modeste face à des concurrents comme Bouygues ou Eiffage. Pour survivre face à ces géants, elle doit se réinventer de manière permanente, en transformant chaque contrainte en opportunité. C'est ainsi que Ramery, entreprise du BTP, est devenue un acteur de l'environnement.

Qui dit déchets pense aux ordures ménagères, dont le volume, en France, est pourtant douze fois inférieur aux 300 millions de tonnes de déchets du bâtiment et des travaux publics. La destruction d'un immeuble entraîne une noria de camions sur les routes, vers un centre d'enfouissement technique, autrement dit une décharge. Une solution d'autant plus absurde qu'en France, le secteur de la construction consomme 400 millions de tonnes de granulats, produits dans des carrières en voie d'épuisement.

La solution ? Transformer les déchets de chantier en matériau de construction. C'est ainsi que Ramery a créé une nouvelle activité, le recyclage des déchets de chantier, qui vient alimenter en matériaux ses métiers historiques, le bâtiment et les travaux publics. Comme la demande de matériaux recyclés ne cesse d'augmenter, cette activité est une source de revenus en pleine croissance pour l'entreprise. Et la France peut ainsi réduire la surface consacrée aux décharges d'un côté, et aux carrières de l'autre.

Complémentarité : déchets de l'un, ressources de l'autre

Il n'est pas toujours possible pour une entreprise de valoriser ses propres déchets. C'est ainsi qu'après la finalité et la circularité, l'économie positive repose sur un troisième principe, la complémentarité : les déchets de l'un deviennent les ressources de l'autre. Cette démarche s'inspire de la nature. Aucun animal ne se nourrit de ses propres déjections, ce sont d'autres créatures, par exemple les bactéries et les fourmis, qui en font usage. Elles les décomposent en éléments minéraux qui sont ensuite absorbés par les plantes qui nourrissent les animaux – et le cycle recommence.

Ainsi, selon le principe de complémentarité, un horticulteur pourra utiliser l'eau chaude issue du refroidissement d'une centrale pour chauffer ses serres. C'est mieux que de jeter la même eau chaude dans la rivière, où elle va perturber les poissons. Cette solution est triplement positive : elle augmente la productivité de l'eau, mais aussi de l'énergie qui a permis de la chauffer, et elle évite la création d'un déchet polluant.

L'application de ce principe permet d'envisager des groupes industriels qui fonctionnent comme un écosystème – d'où le terme d'écologie industrielle associé à cette démarche. La notion même de déchets disparaît : chaque déchet devient un co-produit, valorisé par une activité complémentaire. C'est ainsi que le groupe Guitang a diversifié ses activités pour valoriser en interne la totalité de ses productions (solution 22).

Créer de nouvelles activités en interne n'est pas toujours possible. L'entreprise doit alors se chercher des partenaires en aval pour valoriser ses déchets, ou au contraire en amont, pour utiliser ceux d'une autre entreprise. Cette démarche suppose une logique de coopération, en rupture avec les logiques de compétition, de secret et d'isolement courantes en entreprise. Ainsi, le succès de Kalundborg (solution 23) repose beaucoup sur le fait qu'il s'agit d'une petite ville du nord de l'Europe, riche en traditions communautaires et en échanges informels.

Solution 22 : Diversifier ses activités pour valoriser des co-produits

Au départ, la raffinerie de sucres de Guitang, la plus grosse de Chine (1 milliard de dollars de chiffres d'affaires en 2004) ne produisait que du sucre à partir de canne. Pour devenir plus compétitif, le groupe a adopté un principe novateur : bâtir un ensemble d'industries complémentaires, où les flux entrants et sortants de chaque unité puissent être utilisés par une autre.

Initialement, la raffinerie de sucres produisait des déchets : eau chaude chargée de résidus de distillerie, molasses (sucres de faible qualité) et bagasses (fibres). La première idée fut de valoriser les molasses pour alimenter une distillerie qui fabrique de l'alcool, et dont les résidus vont alimenter une usine d'engrais. La circularité est atteinte lorsque les engrais retournent à la plantation de canne à sucre. La bagasse, quant à elle, est valorisée dans une usine de pâte à papier, dont les eaux usées sont récupérées pour irriguer la plantation de canne. L'ammoniaque issu de la fabrication de pâte à papier est à son tour valorisé dans une usine de ciment.

Le groupe Guitang a ainsi développé un réseau d'activités qui fonctionnent pratiquement en circuit fermé, consommant très peu de matières et émettant très peu de déchets. Et ce faisant, il a obtenu 35 % de bénéfices supplémentaires par la valorisation de ses déchets, traités comme des co-produits.

Par ailleurs, la complémentarité suppose une proximité entre les entreprises, des infrastructures adaptées – par exemple des réseaux de chaleur – et des systèmes d'échanges d'information. Ce rôle de coordination et de planification est du ressort des collectivités territoriales, qui peuvent favoriser les logiques de complémentarités en développant des éco-parcs industriels (solution 23).

***Solution 23* : Coopérer : la logique des éco-parcs**

La petite ville de Kalundborg au Danemark est devenue une référence d'écologie industrielle, de « symbioses » entre industries complémentaires. Le succès de cette expérience repose sur dix-neuf flux d'échanges entre des industries aussi diverses que le raffinage de pétrole, l'aquaculture, la plâtrerie ou les biotechnologies. Ces échanges ont permis de réduire de 20 000 tonnes par an la consommation de pétrole, de 200 000 tonnes celle du gypse et de 2,9 millions de m^3 celle de l'eau. Les investissements réalisés ont été rentabilisés en moins de cinq ans.

Au Canada, trois organismes publics ont monté le réseau Enviroclub, qui regroupe de nombreuses entreprises, notamment des PME. Le club a permis la mise en place d'un système de complémentarité sur le parc agro-industriel de la commune de Saint-Félicien. Le parc est équipé d'un réseau de distribution d'eau chaude, issue d'une unité de cogénération qui produit aussi de l'électricité à partir de déchets forestiers. L'eau chaude est ainsi amenée aux entreprises du parc, et l'eau refroidie retourne ensuite à l'unité de cogénération. Ce système a permis de réduire de 60 à 80 % les factures de chauffage des entreprises, et les investissements ont été rentabilisés en moins de trois ans.

Plus avec la biosphère

Pourquoi faire moins mal ne suffira pas

Réduire les consommations d'énergie et de matière, augmenter leur productivité en les réutilisant et en les recyclant : cette première étape est indispensable. Mais il ne s'agit que de « faire moins mal », d'être dans une économie « moins négative ».

Primum non nocere (« d'abord, ne pas nuire ») : c'est la première ligne du serment d'Hippocrate, celui qui lie les médecins. Mais comment imaginer un médecin qui, appelé au chevet de l'économie mondiale, se contenterait de ne pas nuire à son malade ? Impensable. Après avoir réduit les impacts négatifs, l'économie positive répare, restaure la capacité de l'environnement à fournir plus de bien-être à une humanité plus nombreuse. Cette logique de croissance n'est possible que si le développement de l'activité économique a un impact positif sur le capital écologique mondial. Pour cela, il va falloir, à nouveau, s'inspirer des écosystèmes pour échapper à la malédiction de l'entropie.

Échapper à l'entropie

Nicholas Georgescu-Roegen : un nom difficile à retenir, mais qui est pourtant d'une importance capitale dans la pensée économique. Né en Roumanie en 1906, il démarra sa carrière comme mathématicien, pour la poursuivre comme économiste aux États-Unis. Il fut le premier à faire le lien entre les lois de la physique et la sphère économique – et à en tirer des conclusions plutôt pessimistes.

Petit retour sur les bancs de l'école. Le monde physique est régi par les deux principes de la thermodynamique. Le premier postule que l'énergie d'un système fermé reste constante, quels que soient les changements au sein de ce système. Imaginons deux bacs contenant un litre d'eau bouillante et un litre d'eau froide, isolés vis-à-vis de l'extérieur. En mélangeant l'eau des deux bacs, on obtient deux litres d'eau tiède, qui contiennent la même quantité d'énergie que les deux bacs séparés. Ainsi, rien ne se perd, rien ne se crée, tout se transforme.

Le second principe est plus complexe. Il dit que toute transformation au sein d'un système s'accompagne d'une augmentation de son entropie. Qu'est-ce que l'entropie ? C'est la quantité de désordre d'un système. À l'inverse, la néguentropie représente son degré d'organisation. Le second principe de la thermodynamique énonce qu'un système fermé, qui ne reçoit pas d'énergie de l'extérieur, va évoluer vers plus d'entropie, donc plus de désordre.

Prenons un exemple. Vous travaillez dur dans votre bureau, sans vous soucier du rangement. Très vite, c'est le chaos : des piles de papiers, des stylos sans capuchon, des tasses à café abandonnées, prêtes à tomber sur la moquette couverte de dossiers. Votre bureau subit la loi de l'entropie croissante : chaque acte que vous effectuez s'accompagne d'une désorganisation progressive. Et si vous partez en week-end, il ne se rangera pas tout seul. Pour remettre de l'ordre, il va falloir apporter de l'énergie, sous forme de travail, et d'électricité pour alimenter l'aspirateur.

Pourquoi l'entropie est-elle si importante ? Parce qu'elle indique le degré de disponibilité et d'utilité des ressources. Rangé ou non, votre bureau contient les mêmes dossiers, les mêmes crayons, les mêmes tasses à café. Mais ils ne sont pas disponibles de la même façon selon le degré d'entropie. Pour trouver votre relevé de compte, enfoui sous une pile de prospectus, il va falloir beaucoup plus de temps et d'énergie que s'il était rangé dans le dossier « banque ». Et le café renversé sur la moquette au passage n'est pas aussi utile que le même café fumant dans sa tasse.

Reprenons maintenant l'exemple des deux bacs d'eau mélangés. Les deux litres d'eau tiède contiennent autant de chaleur que le litre d'eau froide et le litre d'eau bouillante de départ. Mais cette chaleur est moins utile : deux litres d'eau tiède ne permettent pas de faire un litre de thé. L'entropie du système a augmenté. Et cette transformation n'est pas réversible sans apport d'énergie – même en attendant dix ans, l'eau chaude et l'eau froide ne vont pas se séparer spontanément. Pour récupérer un litre d'eau bouillante et un litre d'eau froide, il va falloir apporter de l'énergie, par exemple celle d'une gazinière et d'un frigo.

En appliquant les lois de la thermodynamique à l'économie, Georgescu-Roegen a postulé que toute croissance économique génère de l'entropie. L'humanité est ainsi condamnée à voir se dégrader la disponibilité et l'utilité de ses ressources. C'est ainsi qu'il faut aller chercher de plus en plus loin des minerais, qui nécessitent plus d'énergie pour leur extraction. C'est ainsi que les ressources se transforment en déchets de peu de valeur : il y a autant de cuivre sur Terre aujourd'hui qu'il y a cent mille ans – mais au lieu d'être concentré dans des gisements faciles à exploiter, il est dispersé dans des milliers de décharges, sous forme de petits fragments difficiles à collecter. Selon le principe de l'entropie croissante, il est possible d'imaginer qu'au bout de millions de cycles de transformation, tout le cuivre existant sur terre sera présent sous forme de micro-fragments impossibles à récupérer.

Le réchauffement du climat résulte d'une économie qui fonctionne en entropie croissante. Il y a aujourd'hui la même quantité de carbone sur Terre qu'il y a deux cent cinquante ans. Mais au lieu d'être présent sous forme organisée, concentrée, par exemple au sein de molécules de pétrole, de charbon ou de bois, il est diffus dans l'atmosphère.

Une économie ou un écosystème qui fonctionne de manière fermée, sans apport externe d'énergie, est donc condamné à voir baisser la qualité des ressources à sa disposition, et à devoir dépenser toujours plus d'énergie pour les extraire. Et puisque la quantité d'énergie disponible dans un système fermé est limitée, alors tôt ou tard, la croissance touche à sa fin. Georgescu-Roegen avait-il raison d'être pessimiste ?

Comment la vie fonctionne en néguentropie

Non, répond l'arbre, moi, je fonctionne en néguentropie depuis toujours. Je puise des molécules d'eau dans les profondeurs du sol et je les ramène à la surface, où elles sont disponibles pour d'autres êtres vivants, y compris pour vous les Hommes. Je vais chercher des sels minéraux dispersés sur des mètres cubes de terre, et je les concentre dans mes feuilles, qui servent ensuite d'engrais à d'autres plantes. Je capte du carbone diffus dans l'atmosphère, et je le transforme en sucres et en bois, utilisables comme source d'énergie ou comme matériau. Là où il y a de l'entropie, des ressources diffuses et inutilisables, je crée de l'ordre, de la structure, de l'organisation, je crée des ressources concentrées, faciles à utiliser par tous.

Et tout cela comment ? Grâce à l'énergie du soleil. Car l'arbre n'est pas un système fermé : grâce à la photosynthèse, ses feuilles captent l'énergie du soleil. Un arbre dont la couronne fait 5 mètres de diamètre reçoit environ 10 000 KWh d'énergie solaire par an, dont il capte environ 1 %, soit l'équivalent de 100 kWh, ou 10 litres de fioul domestique[1]. C'est grâce à cette énergie que l'arbre fonctionne en néguentropie.

La loi de l'entropie croissante ne s'applique qu'aux systèmes clos, qui ne reçoivent pas d'énergie. Grâce à l'énergie du soleil, les écosystèmes naturels fonctionnent en néguentropie. À la base, des végétaux et des bactéries exploitent l'énergie du soleil, et la transforment en matière structurée – donc, créent de l'ordre. Puis, des animaux exploitent l'énergie stockée dans les plantes pour produire encore plus de matière structurée. Et partout, des champignons et des micro-organismes transforment les restes d'organismes vivants en ressources prêtes à être réutilisées dans un autre cycle.

1. Il s'agit d'un ordre de grandeur : selon les définitions et les conditions, le rendement de la photosynthèse peut varier de 0,1 à 5 %.

L'économie positive s'inspire des écosystèmes pour fonctionner en néguentropie. Elle fait appel à la biosphère – l'énergie du soleil et les mécanismes du vivant – pour renouveler les ressources dont elle a besoin. Ainsi, progressivement, elle remplace des ressources fossiles par des ressources fournies en temps réel, au fur et à mesure de nos besoins, par la biosphère. Elle crée de nouveaux écosystèmes qui fournissent des énergies renouvelables, des biomatériaux, qui stockent du carbone, qui dépolluent les eaux, qui recréent des sols fertiles et de la biodiversité.

Aurons-nous assez d'énergie ?

Georgescu-Roegen avait raison de rappeler qu'aucun système ne peut croître indéfiniment. Mais la question reste posée : quelle est la limite de la croissance ? L'énergie du soleil permet à l'écosystème mondial, dont l'économie humaine n'est qu'une petite partie, de lutter contre l'entropie. La limite de la croissance, c'est donc la capacité de l'humanité à utiliser l'énergie du soleil[1].

La Terre reçoit du soleil l'équivalent de 60 000 milliards de tonnes de pétrole (tep), dont 15 000 milliards sur les 150 millions de km^2 de terres émergées. La consommation d'énergie primaire de l'humanité est de 11,5 milliards de tep. Le dispositif le plus performant de conversion de l'énergie solaire disponible aujourd'hui est les panneaux photovoltaïques. Leur rendement est d'environ 10 % : 0,77 % de la surface des terres émergées suffiraient ainsi à produire 11,5 Gtep. Un chiffre qu'il faut multiplier par 3 en raison des pertes liées au stockage et au transport de l'énergie. Ainsi, 2,3 % des terres émergées, couvertes de panneaux photovoltaïques, permettraient de remplir les besoins énergétiques

1. Et d'autres sources d'énergie externes à la biosphère, comme celle extraite des profondeurs de la Terre (géothermie profonde), celle de la fission nucléaire, et peut-être un jour la fusion nucléaire.

actuels de l'humanité. Cela représente 15 % des zones désertiques aujourd'hui.

La France, elle, consomme aujourd'hui 275 Mtep d'énergie primaire, et reçoit environ 50 000 Mtep d'énergie solaire. Il faudrait couvrir 15 % du territoire de panneaux solaires pour remplir ces besoins. À titre de comparaison, les zones construites représentent environ 10 % du territoire. En divisant les besoins d'énergie par deux, voire par quatre par une meilleure efficacité énergétique, et en couvrant les zones construites de panneaux solaires, la France peut ainsi produire toute son énergie grâce au soleil.

Nicholas Georgescu-Roegen avait raison – la croissance de l'humanité ne sera pas infinie. Mais il avait raison trop tôt : nous sommes encore loin des limites énergétiques de notre système. L'avenir de l'humanité dépendra de sa capacité à utiliser efficacement l'énergie du soleil. Cela signifie réduire ses besoins en adoptant les principes du « plus avec moins » : finalité, circularité, complémentarité. Cela signifie aussi être capable de mieux capter, transporter et stocker cette énergie. Ainsi, après avoir fait « plus avec moins », les entreprises de l'économie positive font « plus avec la biosphère » : elles valorisent l'énergie du soleil sous toutes ses formes, à travers trois principes.

Substitution : nouvelles énergies, nouvelles matières

Le principe de substitution a déjà été évoqué : il consiste à remplacer des sources d'énergie et des ressources fossiles par des sources renouvelables. Cette stratégie est importante pour l'industrie, où il reste peu de gisements d'efficacité énergétique : beaucoup d'industriels ont déjà fait le maximum pour optimiser leurs procédés et réduire leurs consommations d'énergie. La substitution reste alors la seule solution pour réduire leurs besoins de pétrole et leurs émissions de gaz à effet de serre. C'est ainsi que Vallourec, un des leaders de la production d'acier, un secteur très gourmand en énergie, a réussi à rendre positive son usine du Brésil, doublant ses bénéfices en un an (solution 24).

Solution 24 : Une aciérie positive

Produire une tonne d'acier libère entre 1 et 3 tonnes de CO_2, du fait de l'utilisation de sources d'énergie fossiles pour obtenir des températures de fusion de l'ordre de 1 500 °C. Pourtant, l'usine brésilienne de Vallourec produit 500 000 tonnes d'acier en stockant plus de carbone qu'elle n'en émet. Comment est-ce possible ? L'entreprise exploite 140 000 ha de plantations d'eucalyptus, qui produisent du bois transformé en charbon renouvelable. Les émissions de gaz carbonique issues de la combustion de ce charbon sont compensées par l'absorption de gaz carbonique de la plantation, au fur et à mesure que les arbres repoussent.

Les eucalyptus ont été sélectionnés pour leur résistance à la sécheresse, et implantés sur des sols pauvres, semi arides. Ils ont permis d'augmenter le stockage de carbone sur ces sols, et d'en restaurer la fertilité. Les déchets de la production d'acier retournent aux plantations sous forme d'engrais. Et la plantation est gérée de manière à épargner les ressources en eau. La biodiversité est préservée : la plantation est répartie sur 235 000 ha de terrain, couverts à 40 % de végétation naturelle qui maintiennent la flore et la faune locales. L'exploitation détient ainsi une double certification environnementale : ISO 14001 et FSC.

Valorisation : les nouveaux chercheurs d'or

« *C'est l'été, le toit de ma maison est en plein soleil, il est brûlant. Pendant ce temps, je me lave avec de l'eau chauffée à l'électricité, produite par une centrale thermique qui tourne à plein régime à 200 kilomètres de là. Le toit de ma maison est un panneau solaire qui ne sert à rien.* » Ce témoignage, extrait d'un forum sur Internet, résume l'esprit du principe de valorisation : identifier toutes les sources d'énergie et les ressources non utilisées. Imaginons un hangar industriel de 10 000 m^2 : exploité par des panneaux solaires, il permet de produire 1 million de kWh/an, soit l'équivalent d'environ 100 000 litres de pétrole. Déjà, des entreprises, comme Econcern en Allemagne, louent des toits d'entreprises pour y installer des panneaux solaires et vendre l'électricité au réseau. Elles valorisent ainsi l'actif que constitue toute surface qui reçoit du soleil. De la même manière, la plupart des déchets peuvent trouver une valorisation sous forme d'énergie (solution 25) ou de matériaux (solution 26).

Diversité : prévoir l'imprévisible

L'industrie est à la croisée des chemins. Elle a vécu plusieurs bonds de productivité sur les cinquante dernières années : optimisation des procédés, informatisation, fusions-acquisitions. Plus récemment, les entreprises se battent sur le terrain des délocalisations pour faire baisser leurs coûts de production – une tendance qui commence déjà à être remise en cause par la hausse des coûts de l'énergie, donc du transport, pour les produits à faible valeur pondérale.

Le nouveau terrain de compétition entre industries, la nouvelle vague de mutations, c'est la réponse au nouveau contexte économique lié au changement climatique et à la raréfaction des ressources fossiles, en particulier l'énergie. Les industriels qui survivront seront ceux qui auront su construire des usines positives en appliquant les principes exposés ci-dessus : finalité, circularité, complémentarité, substitution et valorisation.

Solution 25 : Du biogaz dans les décharges

Une décharge peut-elle avoir un impact positif sur son environnement ? C'est le défi auquel s'est attaqué le groupe Séché sur son site de Changé en Mayenne, qui reçoit 4 000 m^3 de déchets par jour – et qui a été le premier à recevoir une certification environnementale ISO 14001 en 1996. La première étape a consisté à réduire les impacts négatifs sur le plan olfactif, auditif et visuel. La biodiversité a été restaurée par la replantation d'espèces locales.

Mais le groupe Séché souhaite aller plus loin et déclare « *se poser résolument en architecte territorial dans un esprit d'écologie industrielle* ». Une stratégie qui passe par la valorisation énergétique des déchets. Ainsi le site de Changé, comme toute décharge contenant des déchets organiques, génère du méthane, ou gaz naturel. Comment valoriser ce carburant potentiel, alors qu'une décharge consomme très peu d'énergie ? C'est un partenariat avec une coopérative agricole locale qui a permis de boucler la boucle.

Depuis 1998, une coopérative de la Mayenne, la CODEMA, utilise le biogaz issu de la fermentation des ordures ménagères de Changé pour alimenter une unité de déshydratation de luzerne. Les agriculteurs de la CODEMA ont cédé une partie de leurs terres pour l'implantation de Séché. En contrepartie, ils rachètent le biogaz pour un prix inférieur à celui des carburants habituels. En 2005, l'usine a produit 17 000 tonnes de luzerne déshydratée pour cinq cents agriculteurs, en utilisant 17 millions de m^3 de biogaz. Grâce aux économies réalisées, le retour sur investissement est prévu pour 2008. Ce projet rencontre toutefois une limite : la complémentarité ne fonctionne que 40 % de l'année, lorsque la coopérative a besoin de méthane pour sécher la luzerne. D'où l'importance de la stratégie des eco-parcs, évoquée ci-dessus, qui permettent de prévoir l'installation d'industries complémentaires sur un même territoire.

Solution 26 : Des isolants à base de plumes

Que faire avec les 12 000 tonnes de plumes produites par les élevages de volailles français ? La solution classique consiste à les brûler – un procédé polluant et peu générateur d'énergie. C'est ainsi que les précieuses plumes représentent un déchet encombrant pour les abattoirs. Une aberration, compte tenu de leur pouvoir isolant, qui permet aux canards de flotter paisiblement sur des étangs glacés.

C'est ainsi que le créateur de Batiplum a eu l'idée de fabriquer des isolants à base de plumes – sorte de couettes pour bâtiments. Après quelques années de mise au point, un accord a été passé avec des éleveurs de canards, afin d'obtenir la matière première. Celle-ci est incorporée dans des fibres synthétiques pour en faire des rouleaux ou des panneaux d'isolation, que ce soit pour les murs, les sols ou les toits ; mais aussi la confection et l'automobile.

Cet isolant à base de fibres animales est le premier de sa catégorie à avoir reçu un avis technique favorable du Centre Scientifique et Technique du Bâtiment, étape indispensable à son développement commercial. Il remplace des matériaux gourmands en énergie, comme la laine de verre, produite à partir de la fusion de silice entre 1 800 et 2 100 °C, qui consomme 1 litre d'équivalent pétrole pour 1 kilo de laine de verre. Les isolants Batiplum nécessitent vingt fois moins d'énergie pour leur fabrication. Moins de déchets, moins de consommation d'énergie : la planète est doublement gagnante. Et l'économie locale aussi, qui bénéficie de créations d'emplois à partir de ressources non délocalisables. Pour son principe de fonctionnement, Batiplum a été nominée pour les premiers trophées de l'Économie positive en 2007.

Mais le plus gros défi est de se préparer à un contexte encore inconnu, en mutation rapide. C'est ainsi qu'Elyo, fournisseur d'énergie, aide ses clients à s'adapter à un contexte énergétique imprévisible et changeant (solution 27). Car personne ne peut prédire les conséquences du changement

Solution 27 : Un nouveau métier : gestionnaire de diversité énergétique

Elyo, filiale du groupe Suez, fournit de l'énergie « utile » – chaleur, vapeur, froid – pour les entreprises et l'habitat collectif. Jusqu'à la fin des années 1980, son activité reposait sur l'exploitation de chaudières au fioul. Ses clients bénéficiaient d'une solution simple, unique, au prix relativement maîtrisé. Depuis 2003, Elyo fait face à une nouvelle demande de ses clients. Ceux-ci ont besoin d'aide pour maîtriser leurs coûts énergétiques dans un contexte changeant : multiplication des sources d'énergie, hausse des prix de l'énergie, déréglementation, instabilité des marchés, incertitudes sur le prix des émissions de carbone.

Pour permettre à ses clients de s'adapter, Elyo gère l'optimisation de leur mix énergétique, en fournissant des flux de chaleur, de froid, de vapeur ou de confort thermique, dans des conditions de volume et de température garantis. Pour fidéliser ses clients, Elyo a intérêt à sélectionner pour eux les meilleures solutions – source d'énergie, technologie – pour réduire leurs coûts énergétiques. Il leur propose de bénéficier de l'achat d'énergie en volume, à des prix mutualisés, et les aide à réduire leur consommation. Par ailleurs, en proposant des contrats de longue durée, Elyo peut prendre en charge des investissements d'efficacité énergétique dont le coût n'est amorti que sur le long terme. Le client y gagne – et l'environnement aussi.

climatique, ni la façon dont vont évoluer, dans les vingt ans qui viennent, les prix relatifs du pétrole, du gaz, du bois ou de l'énergie solaire. Ainsi, le dernier principe de l'économie positive, inspiré de l'observation des écosystèmes, c'est le principe de diversité, qui permet de parer à l'imprévu.

7.

Bâtiments positifs : qu'est-ce qu'on attend ?

« On peut aussi bâtir quelque chose de beau avec les pierres qui entravent le chemin. »

GOETHE

Le bilan : peut mieux faire

Vivent les Papy-Sun

Une douce journée du mois d'avril, à Deauville. Les membres d'un club de managers sont réunis dans le salon d'un hôtel de luxe. Rien n'est prévu pour faire entrer la lumière du soleil ; les lustres sont allumés en plein midi. Dehors, c'est le ballet des 4 × 4 qui ne verront jamais une piste. Le thème de la journée : les enjeux du changement climatique et de la restauration de l'environnement. Un promoteur aux cheveux gris prend la parole : « *C'est notre génération qui est responsable de ce désastre. Nous, les cinquante-soixante ans, proches de la retraite. Nous avons grandi avec le pétrole, nous sommes incapables de changer. Pour nous, les choses sont faciles. Le carnet de commande se remplit, assez pour tenir jusqu'à la retraite. Construire des bâtiments écologiques ? C'est pour les jeunes.* » Un architecte lui fait écho : « *C'est vrai ! J'ai accueilli un stagiaire, il ne parlait que de développement durable. Pour lui c'est un réflexe, mais pour nous ?* » Le promoteur surenchérit : « *C'est nous qui sommes aux commandes, qui contrôlons les projets immobiliers. Nous sommes au pouvoir, et nous bloquons tout.* »

J'interviens[1] : « *Pourquoi baisser les bras ? Aujourd'hui, on sait construire des bâtiments à faible consommation, et même des bâtiments positifs, qui stockent du carbone et produisent plus d'énergie qu'ils n'en consomment. Et ça ne coûte pas nécessairement plus cher.* » Je parle d'architecture bioclimatique, de nouvelles techniques d'utilisation du bois, d'énergie solaire, avec des exemples à l'appui : les bâtiments équipés de panneaux photovoltaïques par la société Econcern, les quartiers écologiques de la ville de Fribourg, en Allemagne. Le promoteur écoute, puis il s'anime : « *Après tout, pourquoi pas ? Si j'en faisais mon projet pour les cinq ans qui me restent ? Je n'ai rien à perdre, et tout à y gagner. Je pourrais finir ma carrière en beauté, sur de nouveaux concepts...* »

La journée se poursuit, c'est au tour de Maximilien de présenter les causes et les effets du changement climatique. L'auditoire : des patrons de PME de la région, qui tentent de maintenir une activité menacée par la concurrence chinoise et la hausse du coût de l'énergie et des matières premières.

---

1. C'est Anne qui parle.

Et maintenant, en plus, la bombe climatique. Les épaules s'affaissent, les regards s'assombrissent. Vient le moment de parler des solutions. Maximilien cite une multitude d'entreprises qui innovent, qui investissent et gagnent de l'argent en restaurant l'environnement. Il conclut : « *Le passé appartenait aux* "Oil Business" – *les modèles économiques qui reposent sur le pétrole. L'avenir sera celui des* "Sun Business", *qui valorisent l'énergie du soleil sous toutes ses formes.* » L'espoir revient. Le débat s'engage. Le promoteur aux cheveux gris a bu les paroles de Maximilien. Cette fois, il a basculé : « *Vous m'avez convaincu. Je peux changer, je dois changer ! J'étais un* Baby-Oil, *je serai un* Papy-Sun. *J'ai grandi avec le pétrole, je vais finir ma carrière avec le soleil.* »

Gageons que ce promoteur, bientôt, n'aura même plus envie de prendre sa retraite. Une lumière s'est allumée dans son regard. Celle qu'il devait avoir à vingt ans, quand il a démarré dans la vie. Celle des gens qui voient l'avenir avec confiance, qui ont les moyens de changer le monde.

Bilan climat, énergie et ressources : un cinquième de l'effet de serre

Rappelons les enjeux, et tout d'abord le bilan climat et énergie du secteur. Le bâtiment résidentiel et tertiaire, qui regroupe les habitations et les bureaux, représente environ 20 % des émissions mondiales de gaz à effet de serre. La moitié de ces émissions provient du chauffage et de la climatisation. Le reste provient de l'éclairage ou des appareils électroménagers (30 %), et de la construction des bâtiments (20 %).

En France, le bâtiment représente plus de 40 % de la consommation d'énergie. Grâce au nucléaire, il ne représente « que » 20 % des émissions de gaz à effet de serre, c'est-à-dire le même pourcentage qu'au niveau mondial. Mais le nucléaire ne résout pas tout. En effet, cette source d'énergie a une forte inertie : il est impossible de démarrer et éteindre une centrale rapidement. Le nucléaire répond donc mal aux besoins du chauffage, qui fluctuent d'une heure à l'autre en fonction des variations de température et d'occupation des bâtiments. Pour faire face aux variations brutales de la demande, EDF doit ainsi mettre en service des centrales thermiques au gaz, au fioul et au charbon, fortement émettrices de gaz à effet de serre.

La première solution pour améliorer le bilan énergie et climat du secteur du bâtiment, c'est donc de réduire les consommations d'énergie – d'autant plus que le bilan s'aggrave. Alors que la consommation d'énergie de l'industrie française a baissé d'environ 20 % sur les quinze dernières années, celle du bâtiment a augmenté de 13 %. Une situation absurde, alors qu'il est déjà possible de diviser par quatre, voire par dix la consommation des bâtiments pour le même niveau de confort. La même politique de réduction peut s'appliquer à la consommation d'eau des bâtiments (voir, plus loin, solution 31).

Bilan santé : arsenic et jeunes boiseries

Le bilan des bâtiments en matière de toxicité n'est pas meilleur. Donnons la parole à ce visiteur d'un colloque de l'ADEME : « *Je viens de lire cette brochure, qui présente les gestes quotidiens pour l'environnement. Il y est expliqué que pour protéger sa santé, il faut aérer son logement pendant plusieurs minutes chaque jour – et ce même en pleine ville. Cela signifie que l'air de mon appartement est plus nocif que celui de la rue. Moi qui me croyais en sécurité chez moi...* »

Pendant longtemps, la sécurité a consisté à se protéger des risques visibles. Pour éviter les incendies, les matelas, coussins et tapis contiennent des retardateurs de flammes à base de brome. Ce choix a un prix : ils sont cancérigènes. Et il ne s'agit que d'un exemple au sein d'une longue liste de produits toxiques dont les émanations viennent s'accumuler dans l'organisme. Ils se cachent dans les peintures, les colles et les vernis des meubles industriels, mais aussi dans les produits d'entretien, les revêtements, les isolants et les tissus d'ameublement synthétiques, sans oublier les insecticides et les produits de traitement du bois. Ainsi, de nombreux logements baignent dans un cocktail de composés organiques volatiles toxiques. Les conséquences : allergies, irritations, rhinites, maux de tête, fatigue et, pour certains, baisse de l'immunité, troubles neurologiques et troubles de la reproduction. Il s'y ajoute les émanations de dioxyde de soufre et de monoxyde de carbone des chaudières mal réglées.

La France est en retard dans ce domaine : il n'existe pratiquement aucune norme pour limiter la concentration de produits chimiques dans les logements[1] – alors qu'il existe des normes strictes en ce qui concerne la qualité de l'air sur les lieux de travail. D'autres États comme l'Allemagne, la Californie ou même la Chine ont pourtant développé des législations limitant les teneurs en formaldéhyde dans l'atmosphère des logements.

Bilan diversité : Quand les solutions d'hier sont les problèmes d'aujourd'hui

La diversité a été une des victimes de l'urbanisme contemporain. Là où des siècles de tradition avaient produit des constructions ancrées dans leur terroir – le chalet suisse, la ferme normande, le mas méditerranéen – l'architecture de la seconde moitié du XXe siècle a conçu des alignements de barres d'immeubles et de pavillons tous semblables. Un choix aujourd'hui critiqué, mais qui répondait à un impéra-

1. La seule réglementation dans ce domaine concerne les émissions de formaldéhyde par les isolants à base d'urée et de formol.

tif : loger vite, et à moindre coût, les millions de réfugiés de la Seconde Guerre mondiale.

En tant qu'architecte, mon père[1] a contribué à la construction de la plus grande HLM d'Europe, sur la colline de Beaulieu, à Saint-Étienne. C'était en 1964, l'année de ma naissance. Quinze ans après, cette barre de dix-neuf étages sur 270 mètres de long était surnommée « la Muraille de Chine ». Il était de bon ton de condamner cette architecture industrielle, inhumaine... Mon père était furieux. Je l'entends encore répéter : « *Les journalistes ont la mémoire courte. Lorsque nous avons construit les immeubles de Beaulieu, des millions de Français vivaient dans des taudis insalubres, sans eau courante, avec les sanitaires sur le palier. Les premiers habitants de Beaulieu pleuraient de joie en prenant possession de leur logement : c'était la première fois de leur vie qu'ils voyaient une salle de bains.* »

Les jeunes du quartier, qui ont mené une enquête[2], confirment : « *À l'époque, il fallait compter deux à trois ans d'attente pour obtenir un appartement dans le quartier. Les familles étaient si contentes de leur quartier tout neuf, que les collégiens emportaient une paire de bottes en plus de leurs chaussures pour aller de l'arrêt de bus aux immeubles, pour ne pas ramener de la boue dans les escaliers.* » Aujourd'hui, dans les HLM, les boîtes aux lettres sont taguées ou même incendiées. Comment le paradis du logement s'est-il transformé en enfer social ?

Dans les années 1950, la France connaît la pire crise du logement de son Histoire. Plus de la moitié des familles sont mal logées, alors que le pays est en plein « baby-boom ». Il faut construire rapidement des logements sociaux. Or la France manque de bras : on fait alors appel à des immigrés, non qualifiés.

---

1. Témoignage d'Anne.
2. Étude réalisée par le collège Jean-Dasté, et publiée sur le site de l'Académie de Lyon : http ://www2.ac-lyon.fr/etab/colleges/col-42/jdaste/.

Pour construire vite dans ces conditions, il faut standardiser les écritures architecturales et les méthodes de construction. Les architectes s'inspirent alors des travaux de l'école du Bauhaus, née entre les deux guerres, qui privilégie la fonctionnalité sur l'esthétique. Ses principes permettent de construire des bâtiments à base d'éléments préfabriqués en acier, en béton et en verre, produits à échelle industrielle. Plus besoin de maçons : les ouvriers deviennent les assembleurs d'une sorte de Lego géant.

Cette standardisation a son revers. Elle prive les nouveaux quartiers de la dimension humaine que donne un logement individualisé. Construits à la hâte avec des budgets limités, les immeubles sont mal insonorisés et mal isolés. Les premiers habitants, dont le revenu a augmenté, s'en vont pour acheter des appartements dans des quartiers plus prestigieux, ou des maisons individuelles. Ils sont remplacés par des familles en difficulté. La spirale descendante commence, accélérée par la crise économique des années 1970. Après avoir plus ou moins tenté de réhabiliter les quartiers d'HLM, les mairies finissent par les détruire. À Saint-Étienne, la Muraille de Chine sera dynamitée en 2000 : trente-six ans après sa construction, le plus grand immeuble d'habitation d'Europe devient son plus grand chantier de démolition.

C'est ainsi que les solutions d'hier, qui ont permis de construire vite à moindre coût sans main-d'œuvre qualifiée, font aujourd'hui problème. Car l'uniformisation des bâtiments n'a pas que des conséquences perverses sur le plan humain : construire de la même manière en Suisse ou en Californie, cela coûte cher en énergie.

La Villa Savoye de Le Corbusier, une des références de ce « style international » standardisé, a inspiré des dizaines de résidences dans le monde entier, au mépris des conditions météorologiques locales. Pour préserver la pureté des lignes, pas d'auvent ni de gouttières : en région pluvieuse, les façades se couvrent de traînées grisâtres. Les bâtiments ont les mêmes toits plats partout, y compris dans les pays froids. La neige s'y accumule en hiver, réduisant la durée de vie des étanchéités ? Qu'à cela ne tienne, on fera des toits plus épais. Les murs de béton, de verre et d'acier laissent passer le froid en hiver et accumulent la chaleur en été ? On poussera le chauffage et la climatisation. Les plus puristes des architectes recommandent de ne pas installer de rideaux, pour ne pas briser l'esthétique des façades[1].

Plus avec moins : les bâtiments à basse consommation

Retour à la finalité du bâtiment : l'architecture bioclimatique

Pourquoi la vieille ville de Nice reste-t-elle fraîche même au cœur de l'été ? Parce qu'elle est construite sur une colline au-dessus de la mer, et que ses rues sont orientées dans l'axe des vents ascendants, qui viennent apporter la fraîcheur de la mer au cœur des maisons. À l'inverse, les mas des plaines du Languedoc offrent des façades nues au Mistral, le vent du nord froid et violent. « *Pour les habitants de la région, l'essentiel, c'était de conserver la chaleur,* observe Jean-Marie Bompard, un ethno-botaniste originaire des environs de Montpellier. *Pour savoir d'où viennent les vents froids, il suffit de chercher le côté sans fenêtre des mas.* »

À Bali, où la température monte jusqu'à plus de 30 °C dans la journée, les réunions publiques ont lieu dans de grands halls ouverts, les *wantilan,* surmontés de plusieurs toits espacés les uns au-dessus des autres. L'ouverture entre les toits crée un appel d'air qui rafraîchit le hall et évite que

1. Cf. Tom Wolfe : *Il court, il court, le Bauhaus, essai sur la colonisation de l'architecture,* Paris, Mazarine, 1982.

les participants à ces réunions, où se décide l'avenir de la communauté, ne s'assoupissent à cause de la chaleur.

L'architecture bioclimatique est la version moderne d'une science ancienne, pratiquée dans tous les pays avant l'ère de l'énergie bon marché : celle qui consiste à concevoir un bâtiment en tenant compte de son environnement. Elle utilise souvent des techniques anciennes, dont le potentiel est démultiplié par la science contemporaine (solution 28).

Solution 28 : Puits canadien et tubes luminaires : des techniques anciennes remises au goût du jour

Le puits canadien, ou puits provençal chez nous, est une technique ancienne remise au goût du jour par l'architecture bioclimatique. Il consiste à installer un tuyau qui dépasse du sol pour capter de l'air à distance d'un bâtiment, le faire passer dans le sous-sol et l'amener à l'intérieur. Ce système utilise l'inertie thermique du sol, qui reste à température stable toute l'année. Ainsi en été, l'air se rafraîchit en passant dans le sous-sol, ce qui permet d'éviter la climatisation. En hiver, l'air se réchauffe dans le sous-sol, ce qui permet de réduire d'autant la facture de chauffage.

Les tubes luminaires vendus par la société Solatube, originaire d'Australie et maintenant présente en Europe, sont une version moderne, plus performante, des puits de lumière traditionnels. Le système est simple : un demi-globe de verre posé sur un toit capte la lumière du soleil, et la transmet à un puits dont les parois réfléchissent la lumière, comme des miroirs. Le tube luminaire peut ainsi transmettre les rayons du soleil sur une trajectoire oblique, ce qui serait impossible avec un puits vertical. Un tube de 35 cm de diamètre peut ainsi remplacer dix ampoules classiques de 60 W, et permet d'éclairer une pièce en lumière naturelle, gratuite.

En application du principe de finalité, l'architecture bioclimatique ne cherche pas à chauffer ou climatiser un bâtiment, mais à obtenir – à moindre coût – une température optimale. Elle oriente le bâtiment, ses ouvertures et les différentes pièces en fonction de la course du soleil et des vents dominants. La couleur des façades est adaptée aux besoins : avant d'être esthétiques, les murs blancs des villages des îles grecques permettent de se protéger de la chaleur. À l'inverse, les couleurs sombres des chalets en bois de Suisse permettent de la conserver. La végétation est aussi un outil : un rideau d'arbre protège du vent comme du soleil.

En Espagne, nous avons aménagé un bureau annexe de BeCitizen selon ces principes. La façade nord n'a que quelques ouvertures, elles-mêmes protégées par des arbres : elle conserve la chaleur en hiver, et laisse passer l'air frais en été. La façade orientée au sud reçoit les rayons du soleil à la mi-saison, ce qui permet de chauffer l'intérieur du bureau de manière passive. En été, le soleil étant plus haut dans le ciel, les rayons ne pénètrent pas à midi, et des auvents et stores de bambous protègent l'intérieur de la chaleur en début et fin de journée. La température intérieure, sans chauffage ni climatisation, oscille entre 15 et 25 °C, alors que la température extérieure varie de 5 à 35 °C.

En valorisant les flux de lumière, de chaleur et de fraîcheur naturels, la conception bioclimatique réduit les besoins énergétiques du bâtiment. Le principal investissement nécessaire ? Du travail qualifié, nécessaire pour mesurer les paramètres du climat propres à chaque situation, puis y adapter la conception du bâtiment Cette architecture qui remplace les dépenses énergétiques par du travail intelligent répond bien au nouveau contexte économique : elle permet de baisser les coûts énergétiques et de créer des emplois à haute valeur ajoutée, ancrés dans les territoires, et qui ne seront donc pas menacés par les délocalisations.

Circularité : réduire, réutiliser, recycler

Réduire, réutiliser, recycler : ces principes appliqués au fonctionnement énergétique des bâtiments permettent de les rendre ultra économes. L'isolation des murs, des fenêtres et des toits permet de limiter les dépenses de chauffage et de climatisation. La ventilation mécanique à double flux permet d'aller plus loin en réutilisant la chaleur et le froid des circuits de ventilation pour climatiser l'air entrant. En combinant ces différentes méthodes, il est possible de diviser par quatre, voire par dix, les consommations énergétiques des bâtiments. Illustration en quelques chiffres [1].

En France, les logements consomment en moyenne 200 kWh/m^2 et par an pour le chauffage, soit environ 1 000 litres de fioul pour un logement de 50 m^2. Les bâtiments neufs, eux, consomment deux fois moins : 100 kWh/m^2/an. Mais les bâtiments construits avant 1975 ont des performances catastrophiques : 330 kWh/m^2/an. Il faut y ajouter, dans tous les cas, environ 40 kWh/m^2/an pour l'eau chaude sanitaire, et 1 000 kWh par personne et par an pour toutes les autres dépenses énergétiques comme l'éclairage, les appareils électroménagers et, de plus en plus, l'informatique.

Ainsi, la consommation des bâtiments, par unité de surface, a été divisée par trois depuis les années 1960. Ces progrès ont suivi la mise en place des premières réglementations sur l'isolation des bâtiments en 1974, en réponse au choc pétrolier. La réglementation a ensuite évolué, pour imposer des performances en amélioration régulière. La dernière réglementation en date, la RT (Réglementation Thermique) 2005, fixe à environ 85 kWh/m^2/an la consommation maximale de chauffage des logements neufs – avec des variations selon les régions et les sources d'énergie. De nouvelles baisses sont prévues : moins 15 % d'ici 2010, et moins 40 %

1. Source : Olivier Sidler, cabinet Enertech.

d'ici 2020, afin que les constructeurs puissent anticiper et s'adapter. Ceux qui prennent de l'avance peuvent s'appuyer sur les normes « Haute Performance Énergétique » et « Très Haute Performance Énergétique » respectivement 10 et 20 % plus exigeantes que la Réglementation Thermique.

Qualifiée d'« ambitieuse » par le Centre Technique et Scientifique du Bâtiment, la Réglementation Thermique est en fait bien timide – comme si l'on demandait à un bon élève d'obtenir 10/20. Aujourd'hui, on sait construire des bâtiments qui consomment moins de 50, voire moins de 15 kWh/m^2/an, soit 5 fois moins que dans la RT 2005.

D'autres pays d'Europe montrent déjà l'exemple dans ce domaine – et ce ne sont pas les mieux lotis en soleil. En Allemagne, les maisons construites selon le label Passivhaus (maison passive) dépensent moins de 15 kWh/m^2 pour le chauffage. « *À ce niveau, les besoins en chauffage sont minimes,* rappelle Rodolphe Deborre, spécialiste de la construction positive chez BeCitizen. *Même au cœur de l'hiver, un simple poêle à bois suffit pour chauffer une maison passive.* » En Suisse, les différentes variantes du label Minergie prévoient des consommations inférieures à 30 ou 42 kWh/m^2/an pour le chauffage et l'eau chaude sanitaire. Des milliers de logements ont été construits selon ces normes, qui concernent plus d'un quart des logements neufs dans certains cantons.

À son tour, la France vient de définir un label Basse Consommation, qui certifiera des bâtiments consommant moins de 50 kWh/m^2/an pour les logements neufs [1], et moins de 80 pour les rénovations. Ce label, porté par l'association Effinergie, n'est pas obligatoire. Les constructeurs qui l'obtiendront prendront de l'avance sur l'évolution de la réglementation, tout en offrant des économies d'énergie à leurs clients.

1. Avec une modulation selon les zones climatiques. Ces chiffres comprennent le chauffage, le refroidissement et l'eau chaude sanitaire.

Écologique, le bâtiment à basse consommation s'impose de plus en plus pour des raisons économiques. Le surcoût est d'environ 100-150 euros/m^2, minime par rapport au coût du foncier et de la construction. En Suisse, le label Minergie est réservé à des réalisations qui ne dépassent pas de plus de 10 % le coût moyen de la construction – pour que ces logements ne soient pas réservés à une élite.

Les constructeurs commencent à en sentir l'intérêt : Géoxia, leader de la maison individuelle en France, a ajouté des maisons labellisées Basse Consommation à son catalogue. Et pour les gestionnaires de logements sociaux, l'opportunité est de taille. Le patron d'une société de gestion de bâtiments sociaux du Nord-Pas-de-Calais résumait ainsi le sujet : « *Près de 50 % de mes locataires vivent des minima sociaux. S'ils doivent choisir entre payer leur chauffage ou leur loyer, le choix est vite fait. En réduisant leur note de chauffage, je réduis d'autant les impayés sur les loyers.* »

Après avoir baissé le coût du chauffage, de la climatisation et de l'eau chaude, il reste la consommation énergétique de l'éclairage, de l'électroménager et de l'informatique. En sélectionnant des appareils à basse consommation, en les débranchant lorsqu'ils ne fonctionnent pas, et en les gérant de manière optimale, il est ainsi possible de diviser par quatre la consommation de ces postes. Le potentiel de gains est significatif pour les entreprises : ainsi, le cabinet Enertech a réduit de 80 % la consommation d'énergie de ses bureaux.

Les nouvelles techniques de l'information et de la domotique permettent d'aller encore plus loin en permettant d'optimiser le fonctionnement des équipements de chauffage, climatisation, éclairage[1]... La maison de demain sera économe, confortable et intelligente.

Ces progrès vont nécessiter des créations d'emplois, en particulier dans la rénovation. En France, près de 17 millions

1. Cf. par exemple les solutions intégrées proposées par la société française Wirecom Technologies.

de logements pourraient être rénovés pour passer en basse consommation, soit environ 400 000 par an d'ici à 2050. Comme il est plus facile de réaliser ces travaux lorsque les logements sont vides, l'idéal serait d'imposer une réhabilitation à chaque vente de logement – il y en a environ 450 000 par an. À la clé, une réduction par quatre des émissions de gaz à effet de serre des bâtiments, mais aussi la création de cent mille emplois non délocalisables.

Plus avec le soleil : vers le bâtiment positif

Substituer : stocker du carbone dans les bâtiments

Il est donc possible de baisser la consommation d'énergie des logements, et de réduire d'autant leurs émissions de gaz à effet de serre. Mais pourquoi ne pas aller plus loin, en concevant des bâtiments dont la construction absorbe et stocke du carbone, permettant de réduire d'autant la concentration de gaz carbonique dans l'atmosphère ? En somme, des bâtiments dont l'impact sur le climat est positif. La solution : réhabiliter les biomatériaux, c'est-à-dire les matériaux d'origine vivante, pour la construction, l'isolation et l'ameublement.

Le bois est le plus ancien et le plus moderne de ces biomatériaux. Il est utilisé en construction depuis toujours, et encore aujourd'hui dans des pays tels que les États-Unis, l'Australie, le Canada, les pays Scandinaves ou la Suisse. C'est un matériau esthétique, convivial et chaleureux. Excellent isolant, le bois est facile à mettre en œuvre, ce qui permet de diviser par deux la durée des chantiers. Et surtout, le bois d'aujourd'hui n'est pas celui d'hier : de nouvelles technologies lui confèrent une résistance accrue. Ainsi, des traitements adaptés permettent d'utiliser une grande variété de bois en extérieur, sans traitements chimiques toxiques (solution 29).

Solution 29 : Quand le bois entre en résistance

Le bois a la réputation d'avoir une mauvaise résistance, surtout en extérieur. Dégradé par l'humidité, soumis aux attaques des champignons et des insectes, sa longévité est brève. Les traitements classiques utilisent des produits toxiques, comme les mélanges à base de cuivre, chrome, brome et arsenic (CCA et CCB), reconnaissables à la teinte verdâtre qu'ils confèrent au bois traité.

Oléobois, une petite entreprise installée près de Montpellier, a trouvé une solution élégante, qui consiste à revisiter une technique ancienne, celle qui consiste à imprégner le bois d'huiles végétales. Placé dans une étuve en présence d'huile de lin, par exemple, le bois est imprégné jusqu'au cœur. Le traitement reste efficace pendant près de trente ans, et permet d'utiliser le bois en extérieur pour des encadrés de fenêtres ou du mobilier de jardin.

Le bois rétifié est encore plus résistant – mais son traitement consomme plus d'énergie. Cette technique consiste à chauffer le bois à 200°C, ce qui modifie sa structure moléculaire en créant de nouvelles liaisons chimiques, perpendiculaires aux fibres du bois. Le résultat est spectaculaire : le tendre peuplier, ainsi traité, devient résistant et imputrescible.

Mais la méthode la plus efficace et la moins consommatrice d'énergie est encore celle qui consiste à choisir des essences de bois naturellement résistants en extérieur, comme le cèdre rouge, le sapin de Douglas, le mélèze, etc.

Les consommateurs s'inquiètent souvent de l'effet de la construction en bois sur les forêts. Stocker du carbone dans des parquets issus de forêts primaires coupées à blanc, ce n'est jamais que déplacer le problème. La construction en bois n'a de sens que si le matériau provient de forêts et de plantations gérées de manière renouvelable. C'est le cas pour la plupart des essences européennes. Pour le bois tropical, seul le label FSC permet de garantir une gestion durable des forêts. À terme, la construction en bois devrait être synonyme de reboisement, en transformant friches et déserts en sources de matériaux verts.

Ainsi, si le bois provient de plantations ou de forêts bien gérées, la repousse des arbres, dans les années suivant la coupe, permettra de retirer 500 kilos de carbone par tonne de bois, soit environ 1,8 tonne de gaz carbonique en moins dans l'atmosphère. Au contraire, la fabrication des matériaux conventionnels consomme beaucoup d'énergie, en général fossile, et émet ainsi des gaz à effet de serre : 800 kilos de carbone en moyenne pour une tonne d'acier, 2 800 kg/tonne d'aluminium, 250 kg/tonne de ciment[1].

De plus en plus performant et économique, le bois devrait s'imposer comme le matériau de construction du XXIe siècle. Aujourd'hui, les freins à son utilisation relèvent surtout de la culture et de la formation des constructeurs : « *On est dans une phase de transition, où on essaye de "plaquer" du bois sur des conceptions béton, ce qui n'a aucun sens. Pour arriver à des réalisations performantes, il faut penser bois beaucoup plus en amont, dès la phase de conception* », explique Philippe Breitner, directeur technique de Bois-Réal, filiale du groupe de construction Rabot-Dutilleul.

Tout comme le bois, les bioisolants connaissent un regain d'intérêt grâce à leurs propriétés, qu'ils soient d'origine végétale (laine de bois, liège expansé, laine de chanvre, de lin, de coco) ou animale (laine de mouton, plume). Certains sont issus de matériaux récupérés, comme les isolants à base de plumes, ou la ouate de cellulose provenant de journaux recyclés et chutes de papeteries.

L'avantage de ces biomatériaux est qu'ils laissent passer l'eau, ce qui évite les accumulations d'humidité. Ils sont ainsi

1. Source : Olivier Sidler, Enertech. Ces chiffres varient selon le type d'énergie utilisé pour la fabrication de ces matériaux.

plus durables. Par ailleurs, ils ne dégagent pas de fumée toxique en cas d'incendie. Leur fabrication nécessite moins d'énergie que les matériaux industriels : vingt fois moins que la laine de verre, cent fois moins que le polyuréthane. Selon Vincent Bovet, spécialiste bâtiment positif chez BeCitizen, leur coût est une question d'échelle : « *La ouate de cellulose ou les fibres de bois coûtent 30 à 50 % plus cher que la laine de verre. Sans baisse des prix, les bioisolants ne pourront être utilisés à grande échelle. Sans être utilisés à grande échelle, ils ne pourront pas baisser en prix. C'est le cercle vicieux auquel on se heurte aujourd'hui.* » Un problème qui sera réglé lorsque de grandes entreprises s'empareront de la commercialisation de ces produits. Ainsi, quand Géoxia, un des premiers groupes de construction français, a commencé à installer des pompes à chaleur dans ses bâtiments, leur prix a été divisé par deux en raison des économies d'échelle.

Valoriser : 60 millions de producteurs d'énergie

« *Grâce aux bâtiments à énergie positive, il devient possible de transformer 60 millions de Français consommateurs d'énergie en autant de producteurs. Cela va changer nos rapports avec l'énergie : quand on en produit soi-même, on s'en préoccupe forcément plus... et mieux.* » Utopie écologiste ? Non, ces mots sont ceux de Michèle Pappalardo, présidente de la très officielle ADEME[1]. En combinant efficacité énergétique et énergies renouvelables, il est possible de construire des bâtiments à énergie positive, qui produisent plus d'énergie que leurs besoins (solution 30). Ils valorisent des sources d'énergie locale : solaire, éolien, géothermie, bois...

1. Discours d'introduction au colloque « Vers des bâtiments à énergie positive » organisé par le CSTB en novembre 2006.

Solution 30 : Le bâtiment à énergie positive

Comment construire un bâtiment qui produit plus d'énergie qu'il n'en consomme ? En appliquant la méthode de l'économie positive : d'abord, réduire les besoins, puis, valoriser de nouvelles sources d'énergie. Petit calcul.

D'abord, réduire. Aujourd'hui, il est possible de construire des bâtiments qui se contentent de 40 kWh/m²/an pour le chauffage et l'eau chaude, plus 10 kWh pour les autres consommations d'énergie[1] – soit 50 kWh/m² au total, quatre fois moins que la moyenne française. Imaginons un immeuble de trois étages, comprenant 10 000 m² de logements et parties communes, et dont le toit fait 2 500 m². Il a donc besoin de 500 000 kWh/an.

Maintenant, substituer et valoriser. Remplaçons la chaudière au fioul, émettrice de gaz à effet de serre et de plus en plus coûteuse, par des panneaux solaires, qui utilisent la toiture pour produire de l'énergie. Équipé de 1 000 m² de panneaux thermiques, le toit fournit 400 000 kWh d'énergie pour le chauffage et l'eau chaude. Ajoutons 1 500 m² de panneaux photovoltaïques, fournissant 150 000 kWh/an d'électricité : le bâtiment produit ainsi 50 000 kWh de plus qu'il n'en consomme, et peut revendre l'électricité excédentaire au réseau. Et quand le soleil se cache ? Une chaudière ou un poêle à bois, alimenté par des forêts gérées de manière renouvelable, permettront de chauffer l'eau et l'air du logement – sans réchauffer le climat.

À terme, chaque logement peut devenir, selon les périodes de l'année, un centre de production ou de consommation d'énergie – ce qui suppose une évolution des réseaux, aujourd'hui uniquement adaptés à la fourniture d'électricité d'origine centralisée. Une révolution qui devrait être facilitée par l'ouverture de ce secteur à la concurrence. Enfin, les bâtiments peuvent aussi devenir positifs en eau, en diminuant

1. Sur la base de 250 kWh/an par personne, et de quatre personnes dans un logement de 100 m².

leur consommation et en récupérant les eaux de pluie (solution 31)

Diversité : la ville renaturée

Bilan climatique positif, bilan énergie positif, bilan en eau positif... Quid du bilan santé ? Là encore, l'urgence est de ne pas nuire, en utilisant des matériaux non toxiques. Mais il est possible d'aller plus loin, avec des bâtiments, des espaces urbains qui dépolluent l'atmosphère.

Les plantes d'intérieur et d'extérieur sont capables de réduire la concentration de nombreux polluants, comme les formaldéhydes et les benzènes. En respirant, les plantes absorbent les particules et gaz présents dans l'air, qui vont voyager dans les tissus de la plante et arriver au sol, où ils seront dégradés par les bactéries. Une plante placée dans un air pollué va dégrader de plus en plus vite les molécules toxiques, au fur et à mesure que les bactéries qui s'en nourrissent se multiplient. Sur cette base, il est possible de fabriquer des jardins filtrants aériens : l'air chargé de molécules toxiques passe à travers une couche de tourbe humidifiée. Les polluants sont ainsi traités par les bactéries, les enzymes et les champignons présents dans la tourbe.

Sur ce principe, l'utilisation de toitures et murs recouverts de végétaux (« végétalisés » en jargon technique) est de plus en plus fréquente pour isoler les bâtiments contre les bruits et la chaleur, tout en nettoyant l'atmosphère. Le musée Branly et le siège du journal *Le Monde* s'en sont dotés.

Replacer du végétal dans les villes et les zones industrialisées, c'est aussi lutter contre les inondations en créant des zones vertes, au sol perméable à l'eau. C'est aussi protéger les villes contre les canicules : en évaporant de l'eau, les plantes fonctionnent comme un climatiseur naturel et gratuit, fonctionnant à l'énergie solaire. Au plus chaud d'une journée

Solution 31 : La maison cactus

La consommation d'eau du secteur résidentiel, y compris les piscines et les jardins, entre en concurrence avec celle de l'agriculture. S'il est relativement facile de demander aux particuliers de restreindre leur consommation superflue (piscine, lavage de voiture, arrosage) à certaines périodes, les choses sont plus complexes dans les zones touristiques. Demander aux hôtels, aux golfs ou aux piscines municipales de se priver d'eau, c'est condamner un secteur d'activité, le tourisme, qui représente près d'1,5 million d'emplois en France, et 230 millions dans le monde.

La solution ? Appliquer les principes de l'économie positive aux bâtiments pour qu'ils deviennent autosuffisants, voire positifs en eau. Ainsi, la maison positive se comporte comme un cactus : elle stocke de l'eau pendant les périodes humides, pour la restituer à son entourage pendant les périodes sèches.

Comme tous les habitants des zones arides, la maison cactus commence par réduire les pertes en eau. En installant des mitigeurs de volume sur les chasses d'eau, des douchettes et des robinets économiques sur les douches et lavabos, il est possible de diviser par deux l'usage de l'eau. Des économies similaires peuvent être réalisées dans les jardins en arrosant le soir, en utilisant l'arrosage au goutte-à-goutte, et en réutilisant les eaux usées.

Les besoins restants peuvent être remplis par des récupérateurs d'eau de pluie couplés au toit. Avec une citerne supplémentaire dans un coin du jardin, la maison peut récupérer et stocker plus d'eau qu'elle n'en consomme, et alimenter ainsi une piscine ou des serres. En zone urbaine et industrielle, la récupération des eaux de pluie peut être étendue à toutes les surfaces imperméabilisées : parkings, hangars et tunnels, qui peuvent ainsi alimenter des citernes de stockage, ou remplir les nappes phréatiques avant l'été.

d'été, une plante consomme 50 % de l'énergie reçue pour transpirer, c'est-à-dire transformer l'eau de sa sève en vapeur d'eau. C'est une des raisons qui expliquent que les campagnes sont plus fraîches que les villes en été, et que l'on se sente au frais dans un jardin.

C'est ainsi que Thierry Jacquet, le créateur de la société de dépollution par les plantes Phytorestore, a créé le concept de « ville renaturée » : des zones urbaines qui intègrent des espaces végétalisés, et qui fonctionnent en équilibre comme tout écosystème vivant. La ville redevient ainsi un lieu de biodiversité. Ainsi, les jardins filtrants® créés par Phytorestore permettent de reconstituer l'habitat de nombreuses espèces végétales et animales (poissons et oiseaux notamment).

Dans les éco-quartiers, c'est déjà demain

Cet habitat du XXIe siècle existe déjà, notamment à travers des maisons individuelles qui peuvent être réalisées en autoconstruction à des coûts à la portée de tous[1]. Mais au-delà de la maison individuelle, l'habitat positif suppose un aménagement concerté, comme le rappelle Geneviève Ferrone, directrice de l'innovation et du développement durable chez Eiffage : « *Compte tenu des contraintes pour le bâtiment écologique, il ne peut y avoir d'éco-bâtiments sans éco-quartiers.* » Difficile en effet d'optimiser l'exposition d'un bâtiment sans tenir compte de ses voisins. Derrière la maison positive, se profilent ainsi les quartiers positifs, les villes positives. Au-delà des seules réflexions sur le bâtiment, ils intègrent la problématique des transports : répartition des lieux de vie et de travail, développement des transports collectifs multi-modaux (chapitre 9).

Hier expérimentales, ces réalisations intégrées gagnent du terrain. Les premières réussites viennent d'Allemagne, avec le célèbre quartier Vauban de Fribourg. Ce quartier, qui respecte les principes de mixité sociale, ne comprend que des bâtiments à basse consommation, certains à moins de

---

1. Olivier Darmon, *Archi pas chère : 20 maisons d'aujourd'hui à 100 000 €*. Ouest-France, 2006. Voir aussi les réalisations de Patrick Baronnet, champion de la maison écologique à moins de 25 000 euros, et les maisons Domespace, qui tournent pour suivre le soleil.

15 kWh/m^2/an pour le chauffage. Les immeubles produisent de l'énergie solaire et récupèrent l'eau de pluie. La végétation locale a été maintenue en place. Et les transports en commun ont la priorité : ainsi à Vauban, il n'y a qu'une demi-place de parking par logement.

Ces logements sont en passe de devenir la norme. La qualité de vie y est supérieure à celle des autres quartiers, pour un surcoût inférieur à 5 %. Aujourd'hui, les logements de Vauban s'arrachent en location, et dans les quartiers voisins, comme à Riesefeld, des promoteurs privés reproduisent désormais le concept.

Les autres exemples célèbres sont le quartier Bedzed à Londres, ou le collège zéro-énergie de Limeil-Brévannes, équipé d'une pompe à chaleur géothermique et de panneaux solaires photovoltaïques. Pour passer à la vitesse supérieure, le programme européen Concerto encourage les constructions de quartiers à basse consommation d'énergie, alimentés en énergies renouvelables. Parmi les propositions retenues, la ZAC Confluence à Lyon, qui prévoit la construction de 75 000 m^2 de bâtiments consommant moins de 60 kWh/m^2 pour le chauffage des logements, et 40 pour les bureaux.

Même la Chine, rarement citée pour ses performances environnementales, y voit son urbanisme d'avenir. Le défi est considérable : il s'agit de loger les centaines de millions de ruraux qui s'apprêtent à quitter les campagnes pour venir travailler dans les zones industrielles. La Chine expérimente ainsi sur l'île de Dongtan, près de Shanghaï, un modèle d'éco-ville : remplie d'espaces verts, elle accueillera 500 000 personnes sur 6,30 km^2, avec 20 % de logements à loyers modérés. Les bâtiments devraient consommer 70 % moins d'énergie que ceux de la capitale. Ainsi, entre l'éolien des vents marins et les panneaux solaires, l'île devrait être autosuffisante en énergie.

Pendant les trente glorieuses, entre 1945 et 1975, la construction de logements sociaux a été un des moteurs de la croissance en France et en Europe – le slogan de l'époque était : « *Quand le bâtiment va, tout va.* » Le démarrage de ce programme a été financé par le plan Marshall, ces emprunts à faible taux consentis par les États-Unis pour favoriser la reconstruction de l'Europe. Puis, l'État et les municipalités ont pris le relais, à travers les Offices d'HLM.

Aujourd'hui, il faut une vision de la même ampleur pour construire ou réhabiliter, en France, 30 millions de logements positifs sur les cinquante ans à venir. La balle est dans le camp des politiques : pourquoi ne pas créer des Offices du Bâtiment Positif, chargés de co-financer la construction et la rénovation des bâtiments de demain ? Les territoires, les promoteurs, les constructeurs qui feront ce choix créeront des logements dont la valeur montera au fur et à mesure que le coût de l'énergie, de l'eau et des émissions de carbone ira croissant. Des milliers d'emplois sont à la clé. Les consommateurs ont leur rôle à jouer : plus question d'accepter des logements tout juste conformes à la réglementation, alors qu'il est encore possible de diviser par deux, voire par cinq la consommation. Plus question d'accepter des chaudières au fioul ou au gaz déjà obsolètes.

Aujourd'hui, en construisant, en achetant un logement, chacun doit se demander : est-ce un bâtiment positif, est-il prêt pour le XXIe siècle ?

Zoom 26 : Qu'est-ce qu'une maison positive ?

Une maison positive doit l'être sur les six bilans : climat, énergie, ressources, santé, diversité, et emploi. Voici le cahier des charges de cette maison de rêve, qui, tel un arbre, enrichit son environnement au lieu de l'appauvrir. C'est possible puisqu'il existe déjà des bâtiments à énergie positive, des bâtiments qui stockent du carbone, des bâtiments sains... Pénétrez dans la maison du XXIe siècle.

Bilan climat **:** stocker du carbone dans les matériaux

La maison positive est construite avec des biomatériaux, c'est-à-dire des matériaux d'origine vivante, le plus souvent végétale (bois) mais parfois animale (isolants en plume de canards). Ces matériaux consomment peu d'énergie lors de leur fabrication et stockent du carbone, retiré de l'atmosphère au fur et à mesure de la croissance des arbres – à condition que le bois provienne de forêts et plantations gérées de manière renouvelable. Ainsi, plus on construit de maisons positives, plus la quantité de gaz à effet de serre baisse dans l'atmosphère.

Bilan énergie **:** produire plus d'énergie que les besoins

Grâce à la conception bioclimatique, la maison positive valorise les flux de chaleur et de lumière naturels. Elle conserve la chaleur ou la fraîcheur grâce à l'isolation. Elle nécessite ainsi moins de 50 kWh/m^2/an (30 pour le chauffage, la climatisation et l'eau chaude sanitaire, et 20 pour les autres besoins). Elle est équipée de panneaux solaires thermiques (produisant près de 400 kWh/m^2 de toit, pour le chauffage et l'eau chaude) ou photovoltaïques (100 kWh/m^2 pour l'électricité) sur sa toiture ou sur ses murs, et de pompes à chaleur. L'électricité excédentaire peut être revendue. En hiver, en l'absence de soleil, une chaudière à bois suffit à chauffer la maison.

Bilan ressources **:** capter et réutiliser

La maison positive est fabriquée à partir de biomatériaux renouvelables, comme le bois, qui peuvent être réutilisés et recyclés. Dans les zones où la ressource en eau est menacée, elle capte et stocke l'eau de pluie grâce à des systèmes de récupération liés à la toiture. Elle peut ainsi être autonome pendant la plus grande partie de l'année. Les eaux captées en excédent, au lieu de ruisseler, sont amenées vers des surfaces végétalisées et pénètrent dans le sol, où elles vont alimenter les nappes. La gestion des déchets ménagers répond au principe des 3 *R* : réduire les déchets, réutiliser et recycler ce qui peut l'être, notamment les résidus organiques qui peuvent être compostés et générer du biogaz.

Bilan santé : la maison qui nettoie son environnement

La maison positive est fabriquée à partir de matériaux non toxiques, par exemple du bois rétifié, une nouvelle technique qui permet de rendre le bois résistant aux insectes et champignons sans l'imprégner de produits nocifs. Elle nettoie l'atmosphère, dans les villes, grâce à des toitures ou murs en partie couverts de végétaux, qui servent d'isolants vis-à-vis de la chaleur et du bruit, et qui absorbent aussi les polluants de l'air ambiant.

Bilan diversité : une architecture liée aux territoires

La maison positive est construite en tenant compte du climat et de la topographie locaux, et valorise des matériaux et sources d'énergie locale pour limiter les transports. Elle s'inspire des principes de construction traditionnels, en les potentialisant grâce à la technologie. Elle est donc différente d'une région à l'autre, et permet de redonner de la diversité aux styles de construction, et donc de l'identité et du sens aux quartiers, aux territoires.

Bilan emploi : le bâtiment positif, moteur de la relance

La construction des bâtiments positifs et la rénovation des bâtiments existants pour les rapprocher de l'objectif « positif » pourraient être le moteur de la croissance des trente années à venir. Des milliers d'emplois sont à la clés en France. Des emplois en grande partie qualifiés, et non délocalisables, puisque reposant sur une connaissance des conditions bioclimatiques et des matériaux locaux.

8.

Agriculture et forêts : retour au positif

« L'agriculture et la sylviculture productives, sobres et diversifiées sont avec les économies d'énergie, les premiers, les moins chers, et les plus efficaces des remparts contre le changement climatique. »

Claude Roy,
Coordinateur Interministériel
pour la Biomasse.

Bilan : l'agriculture malade du pétrole

Le retour des sauterelles

Indonésie, île de Java, 1999. Une trace de désespoir passe dans les yeux de Prapto, cinquante ans : « *Nous ne récolterons pas de riz cette année. J'ai tout essayé. J'ai beau mettre plus d'insecticides, les sauterelles détruisent tout.* » Son voisin, Taufik, renchérit : « *C'est incroyable, les insecticides n'ont plus d'effet. Certains ont essayé de mettre de la lessive, de l'huile de vidange, du gazole. Moi, j'ai essayé le pétrole lampant. Il faisait si chaud, j'étais épuisé, prêt à tout pour sauver ma récolte. J'ai bu avidement dans ma bouteille d'eau, mais en fait c'était la bouteille de pétrole. J'ai passé une semaine à l'hôpital*[1]*...* »

Ce qui se joue dans ces rizières, ce sont les limites d'une agriculture qui, comme l'infortuné Taufik, s'est intoxiquée au pétrole. Dans les années 1950, l'agriculture asiatique était en crise. Les spécialistes prédisaient la famine pour des centaines de millions de personnes. Il fallait augmenter la productivité. La recherche agronomique a mis au point les techniques de la « Révolution verte », reposant sur des variétés de riz sélectionnées, à haut potentiel de rendement.

Le « nouveau riz », comme l'appelleront les fermiers, pousse plus vite et produit plus que les variétés traditionnelles, ce qui permet deux à trois récoltes par an. Les productions annuelles par unité de surface ont ainsi été multipliées par plus de quatre. Mais le « nouveau riz » a besoin d'aide pour tenir ses promesses. Il lui faut des engrais : engrais azotés fabriqués à partir de gaz naturel, potasses et phosphates importés. Il faut aussi le protéger des mauvaises herbes, des insectes, des champignons, à l'aide de produits chimiques « phytosanitaires » (idée reçue 9).

Pour convertir des millions de paysans à ces nouvelles méthodes, un encadrement agricole serré est mis en place en Indonésie, en Thaïlande, aux Philippines... Partout, les paysans reçoivent le même « paquet technique » : les mêmes variétés de riz, les mêmes doses d'engrais. Et surtout, les mêmes pesticides appliqués de manière préventive, c'est-à-

1. Témoignages recueillis par Anne dans le cadre de l'évaluation d'un programme de formation à la protection intégrée des cultures.

Idée reçue 9 : Les pesticides tuent les insectes nuisibles

Pesticides, biocides, phytosanitaires... Autant de noms différents pour des composés chimiques destinés à protéger les cultures.

Le terme « phytosanitaire », souvent utilisé en agriculture, évoque la santé des plantes. Un message positif, qui omet de dire que ces produits sont destinés à éliminer des organismes vivants, et sont donc toxiques. Un aspect souvent oublié par les consommateurs – au point que Botanic, une chaîne de jardineries respectueuses de l'environnement, a décidé en 2007 de mettre ces produits sous clé dans ses rayons.

Le terme le plus exact serait donc celui de « biocide », littéralement tueur de vie, en pratique réservé aux produits utilisés dans la maison. On peut aussi parler d'insecticides, herbicides, fongicides... En agriculture, le mot « pesticide », « tueur de pestes », est utilisé de manière générale. Mais il n'est pas si neutre qu'il y paraît. Il suppose qu'il existe des « pestes », qui sont « nuisibles ». Or le caractère nuisible d'une plante ou d'un insecte dépend des circonstances.

Prenons la délicieuse mâche, ou doucette. À l'origine, il s'agit d'une mauvaise herbe du blé. La détestable ortie, quant à elle, est vénérée par les agriculteurs biologiques : ils en tirent un « purin » qui nourrit et protège les cultures. « *Le même insecte peut être un ami ou un ennemi selon sa population,* explique James Mangan, spécialiste de la protection intégrée des cultures pour la FAO. *En faibles quantités, il va protéger la culture en mangeant les autres insectes. Mais si sa population devient plus nombreuse, il peut changer de régime et attaquer les plantes.* » Il en va de même dans notre corps : la même bactérie, *Escherichia coli,* est utile dans notre intestin, et peut être dangereuse si elle s'en échappe.

Pour contrôler les « pestes », il faut donc maintenir un équilibre. Lorsqu'il y a de nombreuses espèces d'insectes, il y a peu de chances que l'une d'elles devienne dominante et prédatrice : il y en a toujours une autre pour limiter sa population.

La meilleure protection des cultures, c'est la diversité.

dire avant l'apparition de mauvaises herbes, insectes ou maladies – comme un enfant à qui l'on donnerait tous les antibiotiques possibles en début d'hiver, chaque année, pour éviter qu'il ne tombe malade.

La Révolution verte a d'abord tenu ses promesses. L'Asie a échappé à la famine, et la main-d'œuvre libérée des champs a alimenté l'industrie en plein boom. Puis, les premiers couacs sont apparus. La population d'insectes dans les champs a baissé. Mais l'usage des insecticides a favorisé l'apparition de résistances chez certaines espèces, comme le jasside brun, une sorte de sauterelle qui suce la sève du riz. Ces lignées résistantes se sont mises à pulluler dans des champs débarrassés de tous les autres insectes. Dès la fin des années 1970, on a assisté à de véritables explosions de la population de jassides, menaçant la récolte de régions entières.

L'uniformisation des cultures les rend aussi plus vulnérables. Traditionnellement, les paysans alternaient la culture du riz et celles d'autres plantes. La Révolution verte a encouragé jusqu'à trois récoltes de riz par an, laissant la terre sans repos et favorisant la multiplication des maladies et insectes dangereux. En Asie, des centaines de millions d'hévéas ont été multipliés par clonage : ils sont génétiquement identiques, comme des vrais jumeaux. Les bactéries, les champignons, les virus se propagent vite chez ces plantes toutes pareilles.

Pris dans une spirale infernale, les fermiers ont d'abord augmenté les doses de pesticides et d'engrais, sans succès. Ces produits acheminés de loin, souvent fabriqués à partir d'hydrocarbures, coûtent de plus en plus cher. Le revenu des fermiers baisse, pris en ciseau entre la production qui stagne, et les coûts qui augmentent.

C'est en observant le fonctionnement des écosystèmes que la solution a été trouvée. Dans la nature, chaque insecte a son ennemi, un prédateur qui limite sa population, par exemple une araignée. L'art du cultivateur, c'est de faire en sorte que ces ennemis naturels soient toujours présents. Pour éviter les attaques massives d'insectes résistants, les Nations Unies ont financé des programmes de formation à la « protection intégrée des cultures », qui met l'accent sur la lutte biologique[1], utilisant plantes et insectes utiles pour lutter contre les maladie et insectes nuisibles. Pendant ces formations, appelées *field schools* (école des champs), les fermiers passent des heures à observer le développement des cultures, le comportement des insectes, et testent différentes méthodes de lutte qui font appel aux araignées plutôt qu'aux produits chimiques. Ils apprennent à adapter l'usage des engrais aux besoins de la plante. En somme, ils apprennent à apprendre comment fonctionne la nature, et à travailler avec elle plutôt que contre elle. Ils redécouvrent ainsi la connaissance empirique qu'avaient leurs ancêtres de l'équilibre écologique des champs – mais de manière plus systématique, plus scientifique.

En somme, il s'agit d'utiliser moins d'engrais, moins de produits chimiques – donc, moins de pétrole – et plus d'intelligence. Ou encore, selon la devise de ce programme « *permettre à chaque fermier de devenir un expert de son écosystème* ». Il s'agit ainsi de sortir des solutions uniformisées, pour réadapter les méthodes culturales aux conditions de chaque terroir. Un fermier qui a suivi ce programme de formation note avec philosophie : « *Il y a trente ans, si nous refusions les insecticides et si nous utilisions les méthodes de nos ancêtres, les techniciens agricoles nous traitaient d'arriérés, d'ennemis du développement. Maintenant, les mêmes techniciens nous recommandent d'interroger les anciens pour réapprendre à lutter contre les sauterelles sans produit chimique. Le monde change...* »

1. En matière de protection intégrée des cultures, deux approches existent : celle qui évite le recours aux pesticides, et celle qui les combine avec la lutte biologique – ce qui est difficile, car les pesticides tuent les ennemis naturels des insectes nuisibles. Cf. www.communityipm.org.

Comment l'agriculture est devenue minière

Quittons les rizières de Java. Autres régions, mêmes causes, mêmes effets. En Chine, en France, en Allemagne, aux États-Unis, l'agriculture et sa cousine, la sylviculture ou exploitation des forêts, ont connu l'équivalent de la Révolution verte. Partout, la production par unité de surface et par heure de travail a été augmentée en uniformisant les paysages et les cultures, et en amenant des engrais, des pesticides et des engins agricoles toujours plus puissants. Un modèle qui a permis de sortir l'Europe des rationnements à la fin de la Seconde Guerre mondiale, qui a libéré des bras pour l'industrie, et qui a permis de faire baisser de manière spectaculaire le prix des aliments.

Un modèle aujourd'hui en crise, accusé de dépenser trop d'énergie, d'émettre trop de carbone, d'assécher et polluer les eaux et de menacer la biodiversité. Une fois de plus, les solutions d'hier sont les problèmes d'aujourd'hui.

Pourtant, il n'en a pas toujours été ainsi. Pendant des millénaires, l'agriculture, associée à l'élevage et à la forêt, a été positive. Elle a permis à l'humanité de subvenir à des besoins croissants, avec pour seule source d'énergie le soleil. Elle a fourni alimentation, combustibles, matières premières, fibres textiles. Et ce, en léguant à chaque génération un capital écologique enrichi : terrains plus fertiles, réseaux d'irrigation plus efficaces, variétés plus productives. La diversité, la complémentarité entre cultures différentes, entre cultures et forêts, entre cultures et élevages était la clé de voûte du système.

Le trio « motorisation, engrais chimiques, pesticides de synthèse », reposant sur un pétrole à bon marché, a brisé cet équilibre. Dans un premier temps, ses succès, bien réels, ont permis de penser que l'agriculture pouvait désormais tourner le dos à la nature, l'artificialiser et la dominer entièrement.

L'agriculture et la forêt sont passées en mode minier, elles dépendent d'énergies fossiles et vident le sol et les écosystèmes de leur fertilité.

Alors, faut-il revenir en arrière ? Sûrement pas. Mais plutôt, combiner le meilleur des connaissances d'aujourd'hui et d'hier pour réinventer une agriculture, une foresterie positives, qui répondent aux besoins de l'humanité en produisant plus d'énergie qu'elles n'en consomment, en stockant du carbone, en régénérant les sols, l'eau, la santé et la biodiversité.

Bilan énergie : trop de pétrole dans les steaks

Après avoir longtemps dépendu du seul soleil, l'agriculture carbure au pétrole. L'énergie représente, de manière directe ou indirecte, un quart des dépenses des exploitations agricoles. Outre la consommation des tracteurs et autres engins motorisés, il faut en effet prendre en compte l'énergie nécessaire à l'extraction, la fabrication et le transport des engrais, des produits chimiques et des aliments des animaux, souvent importés (zoom 27). Au total, l'agriculture française consomme ainsi 10 Mtep[1].

Néanmoins, le bilan énergie des productions végétales reste positif. Soit un grain de blé qui contient dix calories. Pour le produire, en France, il a fallu dépenser deux calories : le bilan net est de huit, il reste positif. Ce n'est pas le cas de la production de viande. Les animaux dépensent de l'énergie pour digérer et pour se déplacer – autant d'énergie qui leur est fournie sous forme de céréales ou autres aliments, et qui sont perdues pour le consommateur final. Pour fabriquer un steak, Il faut souvent dépenser plus d'énergie que celle contenue dans ce même steak.

1. « Maîtrise de l'énergie et autonomie énergétique des exploitations agricoles » : étude pour le ministère de l'Agriculture, Solagro, 2005.

Les choses se gâtent encore si l'on élargit le périmètre du bilan. Le blé, les légumes, les fruits et la viande subissent un long parcours de conditionnement, transformation, transport et réfrigération avant de parvenir dans notre cuisine. Ainsi, au final, le bilan de la filière agro-alimentaire est négatif : pour apporter dix calories dans notre garde-manger, il faut en dépenser cent[1].

Zoom 27 : Le porc suit les ports

Quelques personnes gardent sans doute en tête l'image des cochons boueux qui grandissaient dans les cours de ferme, et qui recyclaient épluchures et eaux sales, transformées en viande savoureuse. Ou encore celles des délicieux cochons corses ou espagnols, élevés en liberté et nourris de glands. Mais aujourd'hui, la plupart des jambons proviennent des « usines à cochons » de Bretagne. Parqués par centaines dans des hangars, ils sont nourris de farines et de tourteaux : c'est l'élevage « hors-sol », qui produit une viande maigre, peu coûteuse et peu goûteuse.

Le responsable d'une coopérative explique : « *Pourquoi l'élevage de porcs hors-sol s'est-il autant développé en Bretagne, en Belgique et aux Pays-Bas ? Le climat y serait-il plus favorable ? Sûrement pas, le porc peut survivre dans bien des conditions. Les habitants du Nord de l'Europe mangeraient-ils plus de porc que ceux du Sud ? Non plus. Le porc suit les ports. L'élevage hors-sol utilise des aliments importés par bateau : farine de manioc de Thaïlande, soja des États-Unis... Dès lors, c'est près des grands ports que sont Brest, Anvers ou Amsterdam que les élevages ont poussé.* »

1. Laure Waridel, *L'envers de l'assiette*, Éditions Ecosociété, 2003. *Cf.* aussi E.U. von Weizsäcker *et. al.*, *Facteur 4, Rapport au Club de Rome*, Terre Vivante, 1997.

Bilan climat : les émissions oubliées

Lorsqu'on évoque les émissions de gaz à effet de serre (GES), il est courant de penser à la voiture, à l'avion... Pourtant, l'agriculture et la forêt sont les plus grosses émettrices de gaz à effet de serre (33 % du total mondial), devant l'industrie (30 %), le bâtiment (19 %) et même les transports (14 %). Pour restaurer le climat, une nouvelle révolution agricole et forestière, positive, est nécessaire.

L'agriculture représente à elle seule 18 % des émissions mondiales de GES. Là-dessus, environ 10 % correspond à la consommation d'énergie des fermes. La plus grande partie (45 %) provient des engrais azotés, dont la décomposition produit du N_2O. Enfin, 35 % des émissions de l'agriculture sont dues aux émanations de méthane de l'élevage. Celles-ci proviennent pour moitié de fermentations digestives – les pets des vaches, pour être très concret – qui pourraient être réduites en changeant leur alimentation. L'autre moitié est due à la fermentation des déjections animales, et pourraient être récupérée en grande partie pour faire du biogaz – qui servirait alors de substitut au gaz naturel fossile[1].

À ces émissions, il faut ajouter celles liées à la déforestation et, de manière générale, à l'appauvrissement des sols, qui représentent environ 15 % des émissions mondiales de gaz à effet de serre, dues au déstockage du carbone contenu dans les sols et la végétation (chapitre 1).

Bilan ressources, santé et biodiversité : la grande érosion

Les excès de l'agriculture contemporaine ont appauvri les sols : rappelons que la fertilité et la profondeur des terres cultivables ont baissé, et qu'un tiers des terres cultivées ont été rendues stériles au cours du XXe siècle (chapitre 3).

---

1. Le reste des émissions de GES de l'agriculture, soit environ 10 %, provient essentiellement des fermentations dans les rizières.

En terme d'eau, le bilan de cette agriculture n'est pas meilleur. Sur le plan quantitatif, 70 % des consommations d'eau douce mondiales servent à l'irrigation, et la plus grande partie sont gaspillées : choix de cultures inadaptées au climat et trop gourmandes en eau, méthodes d'irrigation inefficaces. C'est ainsi qu'un des plus grands désastres écologiques du XXe siècle, l'assèchement de la mer d'Aral, est dû au développement de la culture du coton irrigué dans les pays d'Asie Centrale, pour alimenter l'ex-URSS. Sur le plan qualitatif, la pollution par les nitrates et les pesticides est une des causes principales de la dégradation de la qualité de l'eau dans les pays à agriculture intensive. Elle est due aux excès d'engrais, de produits chimiques et d'épandages de déjections animales.

Longtemps synonyme de vie, l'agriculture en vient ainsi à être perçue comme une menace pour la santé. Pendant plusieurs décennies, le terme « sécurité alimentaire » a désigné, pour l'humanité, la capacité à éviter famines et malnutrition. Aujourd'hui en Europe, la sécurité alimentaire évoque de nouvelles crises : résidus de pesticides dans les fruits et légumes, vache folle, grippe aviaire...

Nous avons évoqué dans la première partie l'érosion de la biodiversité à l'échelle mondiale. Elle est largement due à la surexploitation des forêts tropicales. L'agriculture intensive y a aussi contribué, notamment en supprimant les haies et taillis qui servaient d'habitat à des centaines d'espèces, mais aussi par l'usage accru des pesticides. C'est ainsi que des pays d'agriculture très intensive, comme la Hollande, ont perdu 70 % de leur flore. Le nombre de variétés cultivées a aussi beaucoup diminué (chapitre 5).

Il faut aussi mentionner la perte de biodiversité des sols. Écoutons Claude Bourguignon : « *Dans un champ cultivé, 80 % de la biomasse se trouve dans le sol, sous la forme de bactéries, champignons et insectes, et près de 90 % de ces organismes vivants disparaissent avec l'agriculture inten-*

sive. » Or c'est la matière d'origine vivante des sols qui nourrit les plantes. C'est elle aussi, en jouant le rôle d'éponge, qui retient l'eau dans les sols. Ses organismes vivants sont constitués de carbone. Appauvrir la biodiversité des sols, c'est donc rendre les cultures de plus en plus dépendantes des engrais chimiques importés, et de l'irrigation. C'est aussi libérer toujours plus de carbone dans l'atmosphère. Un vrai cercle vicieux.

La perte de biodiversité fragilise aussi les exploitations forestières « modernes », composées d'un nombre réduit d'une espèce – souvent une seule – et exploitées en futaies régulières, c'est-à-dire avec des arbres qui ont tous le même âge, la même taille. Ainsi, après la tempête de vent de 1999, je me souviens de ces forêts dévastées[1] : des milliers d'arbres à perte de vue, couchés par terre comme des allumettes, tous semblables, de la même espèce, de la même taille... Cela ne ressemblait pas à l'idée que je me faisais d'une forêt. Dans ces plantations, le vent s'engouffre et fait beaucoup plus de dégâts que dans une forêt diversifiée, avec des arbres de formes et de dimensions différentes. La perte de diversité rend l'agriculture plus vulnérable aux conséquences du changement climatique.

La révolution de l'agriculture positive

Finalité : des espaces aux fonctions équilibrées

Cette agriculture s'est éloignée de sa fonction. Elle raisonne « produit » : il faut produire toujours plus de sucre, de lait, de viande, malgré les excédents. La machine s'est emballée. Dans les années 1950, il fallait sortir l'Europe, l'Asie, la planète entière du spectre de la faim. Le modèle retenu était

1. Témoignage de Anne.

productiviste : produire plus, à n'importe quel prix. Aujourd'hui, l'agriculture et la forêt doivent répondre à une grande diversité d'objectifs : alimentation, production de carburants et de matières premières, restauration du climat, des sols, de l'eau et de la biodiversité. C'est-à-dire revenir à cette multitude de fonctions qu'elles ont connues dans le passé.

La première de ces finalités, c'est de nourrir les Hommes. Aujourd'hui, l'alimentation des pays riches est déséquilibrée : elle compte deux fois trop de protéines animales (chapitre 4). Or il faut sept fois plus de terres pour produire une calorie d'origine animale qu'une calorie d'origine végétale. Rééquilibrer notre alimentation permettrait de dégager des surfaces pour d'autres usages. En France, plus de 65 % de la surface agricole est réservée aux herbivores (80 % aux USA). L'élevage représente ainsi environ 75 % des émissions de gaz à effet de serre de l'agriculture : 35 % d'émanations directes, et environ 65 % des autres émissions. Revenir à une alimentation saine, contenant 2 fois moins de viande, permettrait de réduire de 37 % les émissions de GES de l'agriculture, et de dégager près d'un tiers de la surface pour produire des biocarburants, des biomatériaux et stocker du carbone.

Un calcul similaire peut être fait dans tous les pays industrialisés. Il s'agit en fait de revenir à l'équilibre entre cultures et élevage qui a longtemps fait la force de l'agriculture des régions tempérées (solution 32). Ce raisonnement vaut aussi pour les pays en développement : l'Amérique du Sud, en particulier, produit de larges quantités de soja et de maïs destinés à nourrir le bétail européen et nord-américain. Une absurdité sur le plan économique : des centaines de milliers d'hectares de forêt dense ont été ainsi défrichés pour être remplacés par des pâturages extensifs qui valent à peine 220 euros par hectare[1], soit près de dix fois moins qu'une

1. K. M. Chmotiz *et al.*, « *At Loggerheads ? Agricultural Expansion, Poverty Reduction and Environment in the Tropical Forests* ». World Bank, 2006.

exploitation forestière en Europe, par exemple. Réduire la consommation de viande importée des pays du Sud permettrait d'utiliser ces surfaces pour d'autres usages : alimentation humaine, production de biocarburants et biomatériaux, reforestation.

***Solution 32* : Halte au lisier**

« Avant les engrais chimiques, c'est-à-dire, chez nous, avant 1970, une bonne épouse était notamment choisie sur sa capacité à entretenir son tas de fumier. » Ni très romantique ni très féministe, cette confession d'un agriculteur retraité du Centre de la France rappelle que pendant des siècles, les récoltes dépendaient de la qualité du fumier – engrais magique, en voie de disparition.

Le fumier est un mélange équilibré de déjections animales et végétales (essentiellement de la paille). Épandu sur les champs, il permet de les fertiliser sans polluer les eaux : comme il se présente sous forme solide, il ne s'écoule pas dans les nappes phréatiques. Il permet d'enrichir le sol en éléments minéraux, mais aussi en matière organique, et donc d'augmenter sa capacité à retenir l'eau, et à stocker du carbone.

L'élevage moderne n'utilise plus de paille : les déjections animales sont stockées sous forme liquide, le lisier, puis épandues dans les champs. Dans les régions où il y a trop d'élevage par rapport aux cultures, par exemple en Bretagne, ce lisier, riche en nitrates, vient polluer les eaux souterraines et les rend impropres à la consommation humaine.

La solution ? Retrouver un équilibre entre cultures et élevage, et composter ensemble les déjections animales et végétales, autant que possible en récupérant le méthane issu des fermentations. On fait ainsi d'une pierre cinq coups : protéger les eaux, fertiliser les champs tout en stockant du carbone dans le sous-sol, éviter des rejets de méthane, et récupérer du biogaz.

Cette agriculture mettra-t-elle fin à la faim dans le monde ? Au niveau mondial, la production agricole actuelle est suffisante pour nourrir toute l'humanité : 2 786 calories par personne par jour, alors que les besoins moyens se situent entre 2 200 et 2 500 pour un adulte[1]. Le problème de la faim dans le monde n'est pas un problème de production, mais un problème d'accès et de répartition. La plupart des famines, par ailleurs, sont liées à des situations de guerre. Nourrir la planète, c'est faire en sorte que les habitants des pays en développement aient accès aux mêmes techniques agricoles que les autres, pour augmenter leur productivité, et qu'ils puissent compléter leurs revenus par des productions non alimentaires.

Les champs et les forêts d'autrefois étaient le couteau suisse de l'humanité : ils apportaient alimentation, combustibles, textiles, matériaux de construction, plantes médicinales. Ces biocarburants et ces biomatériaux ont été remplacés en grande partie par le pétrole, et par les centaines de produis de la vie quotidienne qui en sont dérivés : textiles synthétiques, plastiques, caoutchouc synthétique, etc. Un mouvement qu'il est temps d'inverser, en développant la production de biocarburants et biomatériaux : une source de revenus complémentaires pour les habitants des pays en développement, et un moyen de reverdir des zones déforestées.

Les exploitants agricoles et forestiers de demain produiront aussi, comme ils le font déjà de plus en plus, des services environnementaux : restauration de la biodiversité par la restauration des haies, des taillis, des mares ; restauration des sols et du cycle de l'eau, restauration du climat par le stockage du carbone. Ils seront aussi à la base d'un tourisme nouveau, reposant sur la découverte des espaces ruraux.

1. « Organic Agriculture and the global food supply », *Renewable Agriculture and Food Systems*, 22:86-108, 2007.

Réduire, réutiliser, recycler : l'agriculture circulaire

L'agriculture a longtemps été circulaire, appliquant les principes réduire, réutiliser et recycler. Un modèle désuet ? Non, le seul modèle viable pour demain. L'agriculture positive fonctionne en boucle : les eaux sales sont réutilisées pour l'arrosage, les déchets alimentaires humains nourrissent les animaux, les déjections enrichissent les sols, les déchets végétaux sont transformés en compost.

La première étape consiste, comme toujours, à réduire les consommations inutiles, notamment en ramenant l'usage de la motorisation au « juste nécessaire ». Les 30 dernières années ont vu une inflation de la puissance des tracteurs, qui atteignent maintenant 200 CV. Et derrière, des labours de plus en plus profonds, qui dégradent la fertilité des sols. Au contraire, les techniques du « zéro labour » ou semis direct, connues aussi sous le nom de techniques culturales simplifiées, permettent de réduire les consommations en énergie et d'améliorer le stockage de matière organique dans les sols. En France, l'adoption de ces méthodes sur 70 % des surfaces cultivées permettrait de stocker plus de 80 millions de tonnes de carbone sur les cinquante prochaines années[1].

La deuxième étape consiste à réutiliser et recycler. La plupart des déchets produits par une ferme, ou un simple parc ou jardin peuvent être transformés en engrais, réduisant d'autant les pertes d'énergie pour le transport des déchets d'un côté, et des engrais importés de l'autre. Trop souvent, les déchets végétaux sont brûlés, ou se décomposent sans être valorisés. Ils émettent alors du méthane et du gaz carbonique, alors qu'ils pourraient être compostés et contribuer à stocker du carbone dans les sols (solution 33).

---

1. D. Arrouays *et al.*, *Stocker du carbone dans les sols agricoles de France ?* Synthèse du rapport réalisé par l'INRA pour le ministère de l'Écologie et du Développement durable, octobre 2002.

***Solution 33* : Tous producteurs d'engrais**

Marc Rigaud, quarante-cinq ans, vit dans une banlieue de l'ouest parisien. Il est fier de son jardin de 2 000 m^2 carrés entouré d'une haie épaisse, qui abrite quelques arbustes, une pelouse régulièrement tondue, des massifs de fleurs et un petit potager. « *C'est important que les enfants apprennent que la nourriture ne pousse pas dans les supermarchés,* explique-t-il. *Ils adorent jardiner avec moi, regarder pousser les tomates, les fraises...* » Pourtant, comme bien des jardiniers amateurs, Marc est en train d'enseigner à ses enfants le modèle linéaire de l'économie négative : « extraire-transformer-jeter ». Car son jardin n'est pas un modèle d'écologie.

Autour des grandes villes, chaque samedi, d'heureux jardiniers rapportent des sacs d'engrais achetés à la jardinerie. En semaine, les camions du ramassage d'ordure enlèvent des tonnes de matière organique : restes de tailles, de tonte, feuilles... qui auraient pu être compostés sur place, et transformés en engrais.

Le voisin de Marc s'est mis au compostage. Il entasse tous ses déchets dans un bac au fond du jardin. Au bout de six mois, il récupère un terreau prêt à être incorporé à ses plates-bandes. Il est doublement gagnant : « *Je ne paye plus l'enlèvement des déchets agricoles, et je n'ai plus besoin d'acheter d'engrais. Et mes tomates n'ont jamais été aussi grosses.* » Même en ville, c'est possible : un lombricomposteur – sorte de tonneau en plastique recyclé noir, plein de vers de terre – dans une cour ou sur une terrasse peut suffire à transformer les ordures d'un immeuble en un terreau de grande qualité, qui ravira les plus exigeants des géraniums.

La réduction en « juste nécessaire » s'applique aussi à l'eau, comme cela a déjà été mentionné au cours de cet ouvrage : choix de cultures peu gourmandes en eau, arrosage de nuit, goutte-à-goutte... Et la réutilisation des eaux usées doit aussi permettre de maximiser la productivité de l'eau.

Complémentarité : de l'or dans les déchets agricoles

Il existe un large potentiel de gains économiques et de réductions de gaz à effet de serre liés à une meilleure valorisation des déchets des exploitations agricoles et de l'industrie agro-alimentaire, notamment pour la production de biocarburants (chapitre 2).

Ainsi, la méthanisation des déchets d'élevage pour la production de biogaz est un secteur d'avenir, permettant de débarrasser l'atmosphère du méthane, de récupérer un carburant renouvelable et de produire un engrais de qualité (solution 32). Le facteur limitant réside dans la difficulté à exploiter des sources de déchets qui sont réparties sur de nombreuses exploitations, et qui sont de compositions variables dans le temps et dans l'espace. Il n'est pas toujours possible pour une seule ferme de se lancer dans la méthanisation de ses déchets – soit qu'elle n'en ait pas assez pour rentabiliser une installation, soit qu'ils soient disponibles de manière irrégulière dans l'année, soit encore que leur composition ne soit pas optimale.

La solution réside dans l'installation d'unités régionales de traitement des déchets, qui puissent prendre en charge un ensemble de résidus d'activités diverses et s'en servir pour produire du compost, futur engrais, ou du biogaz, futur combustible. C'est une belle opportunité de création de richesses et d'emplois dans les territoires ruraux, qui peut être gérée par les collectivités locales, par des coopératives ou par des entreprises privées.

Substituer : pour une gestion intégrée des cultures

L'agriculture positive devra remplacer toutes ses sources d'énergie par des énergies renouvelables. Déjà, de nombreux agriculteurs font rouler leur tracteur à l'huile de colza. Les agriculteurs sont particulièrement bien placés pour utiliser le potentiel de la biomasse, mais aussi de l'énergie solaire, éolienne et de la géothermie pour alimenter leurs bâtiments et leurs machines.

Substituer, c'est aussi remplacer les produits chimiques, engrais et pesticides, par des méthodes de gestion « intégrée » des cultures, qui combinent différentes techniques, tout en donnant la priorité à la valorisation des équilibres naturels. En ce sens, la culture intégrée se rapproche de la culture biologique (voir idée reçue 10), mais en se laissant la possibilité d'utiliser ponctuellement des produits chimiques. Elle est particulièrement développée en Suisse, avec un label, IP-Suisse, permettant d'identifier les produits qui en sont issus.

Culture biologique et culture intégrée connaissent une progression rapide dans le monde : de 15 à 30 % par an. Elles reposent sur des méthodes scientifiques et des techniques rigoureuses, qui consistent à observer et utiliser les cycles naturels pour garantir le bon développement des plantes. Parmi ces techniques, on peut citer les rotations de cultures, qui permettent d'entretenir la fertilité des sols et de freiner la multiplication des maladies et mauvaises herbes. L'utilisation d'associations de plantes et d'ennemis naturels – en gros, des insectes ou champignons qui détruisent les insectes indésirables – permet de protéger les plantes en réduisant au strict minimum le recours aux pesticides.

Les engrais verts, quant à eux, permettent d'éviter le recours aux engrais chimiques azotés, en les remplaçant par des plantes appelées « engrais vert ». De quoi s'agit-il ? Des espèces de la famille des légumineuses, comme les haricots, la luzerne ou les pois, qui captent l'azote de l'air. Semées entre deux cultures, puis enfouies dans le sol, elles deviennent un engrais naturel – neutre pour le climat, puisque l'azote qu'il contient provient de l'atmosphère. Cette pratique a aussi l'avantage d'enrichir le sol en matière organique, et

Idée reçue 10 : L'agriculture biologique ou intégrée ne pourrait pas nourrir la planète

Agriculture raisonnée, intégrée, biologique... Le public s'y perd dans ces appellations destinées à désigner des méthodes de production qui se veulent respectueuses de l'environnement.

L'agriculture raisonnée est proche de l'agriculture conventionnelle, avec un effort de rationalisation des usages d'engrais, de pesticides et d'énergie. L'agriculture intégrée donne la priorité à la lutte biologique, en remplaçant systématiquement l'usage des pesticides et engrais chimiques par des méthodes inspirées de la nature – mais sans s'interdire d'utiliser des produits chimiques lorsque nécessaire. L'agriculture biologique interdit le recours à tout produit chimique de synthèse.

On entend souvent dire que l'agriculture intégrée ou l'agriculture biologique ne suffiraient pas à nourrir la planète. Il y a une vingtaine d'années, on pensait qu'il faudrait multiplier par deux ou trois les surfaces cultivées pour nourrir l'humanité en « bio ». Mais depuis, ces techniques ont beaucoup progressé. Les agriculteurs qui les pratiquent ont développé un important corpus de connaissances, qui progresse rapidement grâce à Internet.

Une étude récente (Badgley *et al., op. cit*) indique que l'agriculture biologique permettrait de produire entre 2 640 et 4 380 calories par personne par jour, selon les hypothèses – par rapport à des besoins de 2 200 à 2 500. Des aliments de meilleure qualité, sans résidus de produits toxiques.

Dans les pays industrialisés, la production des fermes biologiques, par hectare, atteint 80 à 97 % de celle de l'agriculture chimisée – et bien sûr, avec des dépenses en « intrants », c'est-à-dire en produits chimiques, bien moindres. La quantité de travail, en revanche, est souvent supérieure : l'agriculture biologique ou intégrée remplace des consommations d'énergie par du travail humain qualifié, et permet donc de créer des emplois. Dans les pays pauvres, l'agriculture biologique permet souvent d'améliorer la productivité des sols : des augmentations de production par hectare qui vont de 20 à 93 % sont ainsi obtenues.

donc de lui permettre de stocker du carbone. Des chercheurs de l'Université du Michigan ont calculé qu'une utilisation élargie de ces engrais verts permettrait de produire, chaque année, 58 millions de tonnes d'azote de plus que la quantité totale d'engrais chimiques azotés utilisés dans le monde – et ce, sans augmenter les surfaces cultivées.

Ainsi, la gestion intégrée des cultures repose sur une bonne gestion de la fertilité des sols, et surtout par une augmentation de leur teneur en matière organique, obtenue par l'apport de compost, de fumier équilibré et d'engrais, combinés à la réduction des labours, des apports d'engrais chimiques et de pesticides. Et en échange, ces sols stockent de l'eau et du carbone. Ils nécessitent moins d'arrosage.

Cette agriculture peut-elle nourrir la planète ? Des chercheurs ont compilé 293 études pour conclure qu'une agriculture de type biologique permettrait de nourrir l'humanité, et augmenterait même la productivité agricole dans les pays en développement[1]. Il est d'autant plus urgent de commencer que la transition de l'agriculture minière vers une agriculture positive prend du temps. C'est ce qu'expérimentent les agriculteurs qui se convertissent à la production biologique : dans un premier temps, les récoltes chutent, car les sols appauvris n'arrivent pas à nourrir les plantes sans apports d'engrais chimiques. Puis, au fur et à mesure que l'activité microbienne du sol se développe, la production augmente : il faut ainsi entre trois et sept ans pour assurer une transition viable vers une agriculture qui ne dépende plus d'engrais chimiques. En France, déjà, des coopératives innovantes s'inspirent de ces principes pour promouvoir l'agriculture de demain (solution 34).

1. C. Badgley *et al.*, *op. cit.*

Solution 34 : Vers la coopérative positive

« *On tend à l'oublier, mais pour produire des tomates, il faut que des fleurs soient fécondées* », explique ce maraîcher breton. Et en effet, 35 % de la production alimentaire mondiale dépend d'insectes pollinisateurs comme les abeilles, en voie de disparition. Dans les fermes inondées de pesticides, plus d'insectes pour se charger de cette mission : les maraîchers doivent recourir à la pollinisation manuelle. Une tâche oubliée chez les membres de Saveol, une coopérative qui s'est donné pour mission de réconcilier économie et environnement. Et ça marche : les bourdons sont revenus faire leur travail. Saveol est ainsi devenu en vingt ans le leader français de la production de tomates.

Tout d'abord, Saveol remplace les pesticides par la lutte biologique, grâce à une unité de recherche et développement unique en son genre : le GIE Lacroix. Cette étrange entreprise élève des « insectes amis », encore appelés auxiliaires : coccinelles ou guêpes minuscules, qui protègent les tomates dès que les ravageurs (puceron, mouche blanche, mouche mineuse) passent à l'attaque. Ainsi, moins de pesticides à acheter, moins de maladies professionnelles, et des consommateurs certains de consommer des fruits non toxiques.

Pour réduire les émissions de gaz à effet de serre liées au chauffage de ses serres, Saveol a remplacé le chauffage au gaz par du bois. Elle valorise ainsi le bois des forêts bretonnes.

Pour limiter le recours aux engrais chimiques, les maraîchers Saveol privilégient les substrats organiques : tourbe blonde et fibres de coco en remplacement de la laine de roche. Tout au long de sa croissance, la plante dispose d'une bonne autonomie en eau et en éléments nutritifs qui contribue à la qualité des fruits. Après la récolte, ces substrats sont distribués à d'autres agriculteurs qui peuvent les réutiliser pour améliorer la structure de leurs sols. Les serres sont équipées pour recycler l'eau d'irrigation et les éléments nutritifs qui n'ont pas été consommés par les plantes. L'objectif : ne rejeter aucun effluent dans le milieu naturel. La circularité appliquée à la tomate.

Valoriser : du vert de partout

Paris, septembre 2007. Les journaux frémissent de la nouvelle de la rentrée : le prix du pain, et de l'alimentation en général, pourrait grimper de 5 à 10 %. En cause : les mauvaises récoltes liées au changement climatique, et la concurrence entre cultures alimentaires et cultures de biocarburants. Cette hausse serait-elle le signe annonciateur des pénuries à venir ?

Oui, si l'humanité laisse le climat se dégrader et l'agriculture fonctionner en mode minier. Non, si elle utilise les techniques de l'agriculture positive pour mettre en valeur les nombreuses terres délaissées ou épuisées par l'agriculture au XXe siècle.

En Europe, l'agriculture intensive a conduit à une surproduction dès les années 1980, avec pour corollaire un effondrement des prix des produits agricoles. Cette surproduction est la conséquence des politiques agricoles nées après la guerre, et qui subventionnaient les agriculteurs sur la base des quantités produites. Des politiques similaires ont été mises en place aux États-Unis.

Les conséquences sont néfastes pour les agriculteurs de nos pays, mais aussi pour ceux des pays en développement, qui ne peuvent pas lutter face à l'effondrement des cours mondiaux du riz, du blé ou de la viande, et qui finissent par abandonner leurs terres. Pour enrayer la surproduction, l'Union Européenne a ensuite encouragé, par des primes, les agriculteurs qui retirent de la production une partie de leurs surfaces. Certaines de ces « jachères » non cultivées sont couvertes de plantes destinées à en maintenir le sol. Mais ce n'est pas toujours le cas. Dans les zones de montagne, il est de plus en plus courant de voir des parcelles abandonnées qui, dans le meilleur des cas, sont remplacées par de la forêt, mais qui dans d'autres cas sont livrées à l'érosion.

Au total, plus de 200 000 km^2 de terrains pourraient être récupérés en Europe, en combinant les jachères présentes et à venir, et les terrains non utilisés le long des réseaux de transport (chapitre 2). C'est l'équivalent de la moitié de la surface agricole de la France. Autant de surfaces à valoriser, et éventuellement reboiser, pour des productions de biocarburants ou biomatériaux.

Et dans les pays du Sud ? Nous avons cité, au chapitre 1, le potentiel du jatropha et de plusieurs autres espèces pour transformer les zones arides en surfaces de production alimentaire ou de stockage de carbone, de production de nourriture, de biocarburants ou de biomatériaux. Les techniques de reboisement et de régénération des sols, y compris en zones arides, ont beaucoup progressé au cours des vingt dernières années. Déjà, dans toute l'Afrique, des micro-projets de reboisement à partir d'espèces fourragères, pour nourrir le bétail, ou à partir d'arbres adaptés aux conditions du Sahel, sont en cours. Ainsi à Keita, dans le Sahel nigérien, un projet financé par des fonds italiens a permis de développer des espèces fourragères et des arbres qui luttent contre l'érosion et enrichissent le sol en azote. En quinze ans, 25 000 hectares ont été reconquis sur le désert, et 16 millions d'arbres ont reverdi ces terres réputées stériles. Des images obtenues par satellite indiquent que pour la première fois depuis près de cinquante ans, les franges du désert commenceraient à reverdir.

Ces techniques font la part belle à l'agroforesterie, qui associe arbres et cultures, par exemple par la mise en place des haies et talus arborés dans et autour des parcelles, afin de lutter contre l'érosion éolienne et les pertes en eau. Elles s'inspirent souvent de méthodes traditionnelles, comme par exemple le bois raméal fragmenté (solution 35).

Pour stocker du carbone, produire de la biomasse, régénérer l'eau, les sols et la biodiversité, et mieux valoriser ainsi les terres, la forêt reste irremplaçable. Or son potentiel est très mal valorisé aujourd'hui.

Solution 35 : Régénérer les sols avec le BRF

L'Homme sait depuis toujours que les terres les plus fertiles et durables sont gagnées sur la forêt. Mais il n'est plus possible, aujourd'hui, de continuer à brûler ou couper des forêts pour étendre les cultures. L'utilisation du BRF – une technique ancienne remise au goût du jour – permet de remplacer la forêt pour créer des sols fertiles. Là où il faut plus de deux mille ans pour reconstituer un sol agricole, elle permet d'y arriver en quelques années.

BRF est l'acronyme de Bois Raméaux Fragmentés, une méthode de régénération des sols d'origine canadienne, qui utilise des jeunes rameaux fragmentés, broyés puis épandus et incorporés aux premiers centimètres du sol. Ce bois issu de branches, brindilles et feuilles est particulièrement riche en nutriments, sucres, protéines, celluloses et lignine. Incorporé au sol, le BRF en augmente la fertilité : il stimule fortement la vie du sol, et permet de remonter le taux d'humus cinq à dix fois plus vite qu'avec du fumier. Il limite ainsi le besoin d'arrosage et d'engrais. Et la lignine contient des composés naturels qui écartent les insectes nuisibles.

Des essais sont ainsi en cours au Burkina Faso, à Madagascar, au Sénégal, en Éthiopie ou en Côte d'Ivoire. Partout dans le monde, les arbres et les haies contiennent un potentiel de bois rameaux non valorisés. La forêt, souvent séparée de l'agriculture, redevient un élément incontournable dans la gestion de la fertilité au niveau du terroir. L'agriculture positive réconcilie enfin, après dix mille ans de lutte, les agriculteurs et la forêt, et consacre le développement de l'agro-foresterie.

Bastien Sachet, expert au Tropical Forest Trust, a le profil typique du forestier : grand, costaud, à la fois énergique et calme. Un calme qu'il perd pourtant rapidement lorsqu'il parle de déforestation et d'effet de serre : « *Aujourd'hui, la méthode la plus efficace et la moins coûteuse pour lutter contre l'effet de serre serait d'arrêter le massacre des forêts tropicales, qui abritent les 2/3 des espèces vivantes terrestres, et font vivre 800 millions de personnes. Et l'on pourrait ainsi conserver leur biodiversité, encore trop peu valorisée par la médecine, la pharmacie, les industries cosmétiques ou alimentaires. Il est urgent de trouver des moyens de financer la conservation de ce patrimoine – et de ces stocks de carbone.* »

En ce qui concerne les forêts naturelles, la meilleure méthode consiste à les exploiter de manière durable, ce qui permet de leur donner de la valeur et de donner intérêt aux gestionnaires de les conserver. Cette bonne gestion forestière, telle que définie par exemple par le label FSC, suppose de couper du bois en volume limité, compatible avec la repousse des arbres. Elle demande aux forestiers d'appliquer des techniques de coupe à impact réduit, qui évitent de détruire le terrain autour de chaque arbre prélevé. Elle impose aux gestionnaires de forêt de protéger les eaux et les sols, et de préserver la biodiversité en ménageant des espaces protégés, en particulier dans les zones de forêt primaire à haute valeur de conservation. Enfin, elle incite à une diversification des produits de la forêt et à une valorisation des déchets forestiers. Et pour finir, elle prévoit le respect des droits et des intérêts des populations locales et des usagers de la forêt.

En juillet 2007, environ 88 millions d'hectares, soit 880 000 km^2, étaient ainsi certifiés dans le monde, un doublement par rapport à 2004. Ce programme est soutenu par quelques gros acheteurs de bois, comme Ikéa, Leroy-Merlin ou Carrefour, qui donnent la priorité aux achats de bois certifié FSC. Car c'est bien la pression du marché qui pousse les exploitants forestiers à passer à la gestion durable. En effet, comme la transition à l'agriculture positive, la transition vers une gestion forestière positive demande au départ des investissements, et peut se révéler plus coûteuse à court terme. En donnant la priorité au bois certifié FSC, les acheteurs contribuent à en augmenter le prix. En fait, seuls des produits forestiers issus de forêts gérées de manière durable, positive, devraient être autorisés sur les marchés européens.

Diversité : la clé de l'agriculture positive

Dans cette agriculture positive, la biodiversité permet de limiter le recours aux engrais importés et aux pesticides toxiques. Une exploitation agricole, une forêt où coexistent une grande variété de plantes, donc d'oiseaux et d'insectes, résistera mieux aux maladies, aux attaques d'insectes et au changement climatique.

Dans un monde où le recours aux énergies fossiles doit diminuer, l'agriculture doit s'ancrer à nouveau dans les territoires, à l'inverse des spécialisations extrêmes du XXe siècle. Les cultures doivent être à la fois diversifiées et adaptées aux conditions locales, pour valoriser au mieux les flux d'énergie et d'eau présents. Plus question de planter des tomates en Andalousie ou au Maroc, en épuisant les réserves d'eau, et de les transporter ensuite pour les consommateurs européens. Chaque pays peut créer des richesses sur son territoire de manière positive, en développant des cultures adaptées.

Pour le consommateur, cela signifie réapprendre le goût des fruits et légumes locaux, et de saison. Une façon aussi de recréer des emplois localement, et de redynamiser les territoires en recréant des liens entre producteurs et consommateurs à travers les marchés d'intérêt régional ou local – ou toutes les formes de commercialisation directe des produits agricoles du producteur au consommateur, comme par exemple les AMAP (associations pour le maintien d'une agriculture paysanne).

La diversité est également la clé d'une foresterie durable, qui renoue avec la multitude des fonctions de la forêt. En Europe, l'association ProSilva fait ainsi la promotion d'une gestion de la forêt proche des forêts naturelles, avec une grande diversité d'espèces et des futaies irrégulières.

Zoom 28 : Avons-nous besoin des OGM ?

A-t-on besoin des OGM pour répondre aux besoins de l'humanité ? En fait, non. Mais on n'a jamais « besoin » d'une technique nouvelle : c'est en la développant qu'on lui trouve de nouveaux usages, qui deviennent ensuite des besoins.

La technologie OGM vise à transformer les plantes pour leur donner de nouvelles propriétés. C'est ce qu'a fait l'humanité depuis des siècles à travers la sélection des animaux et végétaux domestiques. Les OGM apportent la possibilité d'aller plus vite en implantant directement un gène choisi, et surtout, ce qui était jusque-là impossible, de transmettre des gènes d'une espèce à l'autre – non sans susciter d'inquiétudes.

Les OGM sont sans doute encore mal utilisés par rapport à leur potentiel. Produits par des multinationales qui fabriquent des pesticides, ils visent surtout à faire produire des insecticides par les plantes (cas du gène Bt), ou à fabriquer des plantes résistantes à des herbicides, pour en booster les ventes. La plupart sont utilisés pour produire du maïs ou du soja, qui servent à l'alimentation animale, alors qu'il faudrait réduire l'élevage.

En somme, l'utilisation actuelle des OGM n'est guère positive. Alors, faut-il faucher les champs et casser les serres où des recherches sont faites sur ces techniques ? Sûrement pas. D'abord, parce que ce serait en laisser le monopole à quelques entreprises. Ensuite, parce que leur potentiel commence à peine à être exploré. Demain, des cultures OGM permettront peut-être de reconquérir les zones salinisées par l'excès d'irrigation, ou de développer de nouvelles cultures de biocarburants. Nous avons donc besoin d'une recherche de qualité, contrôlée par le public, et qui permette de tirer le meilleur du potentiel de ces techniques, tout en évaluant les risques qui y sont associés.

Pendant des siècles, l'agriculture a répondu aux multiples besoins de l'humanité en combinant cultures, élevage et forêts sur des espaces diversifiés, multi-fonctionnels. Elle était forcément positive, valorisant l'énergie du soleil, par la photosynthèse, pour nourrir les Hommes, produire des biomatériaux et des biocarburants. Économe et circulaire, elle s'inspirait des principes réduire, réutiliser, recycler, bien avant qu'ils n'aient été formulés, et léguait à chaque génération un patrimoine plus productif.

Aujourd'hui, de nouvelles générations d'agriculteurs et de forestiers redécouvrent ces principes, potentialisés par les nouvelles connaissances sur le fonctionnement des écosystèmes, du micro-organisme jusqu'au paysage. Ils dessinent les contours d'une agriculture positive – non pas un retour en arrière, mais un « retour vers le biofutur[1] ».

1. Claude Roy, « Retour vers le biofutur — Raréfaction des énergies fossiles et effet de serre : quel avenir pour 9 milliards d'habitants ? » *Futuribles*, n° 327, février 2007.

Zoom 29 : Qu'est-ce qu'une agriculture positive ?

L'agriculture sera positive en association avec la forêt, sur les six bilans : climat, énergie, ressources, santé, diversité, et emploi. Comme elles l'ont fait pendant des millénaires, agriculture et forêts peuvent produire des ressources diversifiées pour toute l'humanité – alimentation, matériaux, carburants – tout en enrichissant le capital écologique mondial.

Bilan climat : réduire les émissions et stocker du carbone

L'agriculture positive diminue ses émissions de carbone en réduisant sa consommation d'énergie fossile et d'engrais azotés, en réduisant la production de viande là où elle est excessive, et en arrêtant la déforestation. Elle utilise les techniques culturales simplifiées (réduction du labour), les engrais verts, le compostage, la fumure animale et l'enfouissement de bois raméal fragmenté pour restaurer la matière organique dans les sols. Dans les zones désertifiées, le développement de plantations adaptées permet d'augmenter le stockage de carbone dans les sols et la végétation.

Bilan énergie : produire plus d'énergie que l'on n'en consomme

En réduisant les labours et l'usage d'engrais, l'agriculture positive réduit sa consommation d'énergie. En produisant plus de végétaux et moins de viande, en n'utilisant plus d'énergie fossile pour chauffer ses serres et en réduisant le transport des aliments (relocalisation des productions), elle retrouve un bilan énergétique positif.

Bilan ressources : restaurer les sols et l'eau

L'agriculture positive réduit ses consommations d'eau en choisissant des cultures adaptées au climat et terroir local, et en optimisant les techniques d'irrigation. Augmenter la matière organique dans les sols permet une meilleure conservation de l'eau, ce qui permet de limiter le recours à l'irrigation. La reforestation permet également de restaurer ou de maintenir le cycle de l'eau, en particulier dans les régions arides.

Bilan santé : raisonner l'usage des pesticides

En utilisant les principes de la protection intégrée des cultures, proches de ceux de l'agriculture biologique – restaurer l'équilibre et la diversité des écosystèmes – l'agriculture positive réduit le recours aux produits chimiques toxiques. Les aliments produits dans des sols plus riches ont une meilleure valeur nutritive.

Bilan diversité : recréer de la biodiversité

En se donnant comme priorité l'arrêt de la déforestation, et en réduisant l'usage des produits chimiques, l'agriculture positive freine la dégradation de la biodiversité. Elle permet à la biodiversité de renaître en développant les associations entre plantes au sein de chaque parcelle cultivée, en recréant des espaces boisés au sein des espaces agricoles, en réintégrant des variétés et espèces cultivées négligées.

Bilan emploi : de nouveaux emplois en zone rurale

L'agriculture positive nécessite plus d'emplois, et plus qualifiés, que l'agriculture conventionnelle, notamment pour gérer la protection intégrée des cultures. Elle met en valeur des espaces cultivés abandonnés pour remplir de nouveaux besoins, dans le cadre d'une vision multifonctionnelle : production alimentaire mais aussi production de biomatériaux, de biocarburants et stockage de carbone.

9.

Transports : des réseaux positifs

« Est-il raisonnable de transporter 1,5 tonne d'acier à travers Paris à 16 km/h de moyenne, avec un moteur de 200 CV, pour ne déplacer qu'une personne ? »

JEAN-CLAUDE SEYS,
P-DG. des mutuelles
MMA et MAAF Assurances

Bilan : une mobilité coûteuse

Un Parisien inquiet

Adam a treize ans. Il habite en banlieue parisienne, une petite ville tranquille aux pavillons bien rangés. Il aime regarder des vidéos, chatter sur Internet, jouer de la guitare électrique. Il va jouer chez ses amis à vélo, et lorgne avec envie le scooter flambant neuf de son grand frère, qui lui permet d'aller chercher sa copine à l'autre bout de la banlieue. Il collectionne les posters d'Australie et rêve de découvrir le pays de Crocodile Dundee.

Depuis quelques mois, Adam entend ses parents parler du changement climatique. Il voit des titres de news sur Internet, il saisit des bribes de débats, d'interviews à la télé. Un spécialiste explique que prendre l'avion est un crime contre l'humanité : un passager qui effectue un aller-retour Paris-Los Angeles émet deux fois plus de gaz à effet de serre que ce qui devrait être émis par personne, chaque année, pour stabiliser la concentration de gaz carbonique dans l'air[1]. Un militant écologiste explique qu'il va falloir remplacer les voitures par des vélos ou des bus roulant au biodiesel. Adam s'inquiète. Il demande à son père : « *Mais alors moi, quand je serai grand, il n'y aura plus de voitures, plus de motos, plus d'avions ? Je ne veux pas vivre dans ce monde-là.* »

Un Chinois heureux

À l'autre bout du monde, Zhang est un homme heureux. Il a quarante-cinq ans, et fait une belle carrière dans l'industrie du textile. Arrivé de la campagne, il a grimpé les échelons d'une usine d'État, qu'il a quittée pour travailler dans une *joint-venture*. Il a démarré comme employé de bureau, pour finir comme Directeur Administratif. Pour la première fois, il peut réaliser son rêve, celui de millions de Chinois : voyager à l'étranger, en Europe. Comme beaucoup de ses compatriotes, il commencera par la France, le pays de la culture et du glamour. Il visitera la tour Eiffel, le Louvre et Notre-Dame, il ira faire du shopping dans les grands magasins. Il explique : « *Surtout, je veux voir Versailles. Dans notre pays, il y a un homme si riche qu'il s'est fait construire une réplique du palais de Versailles.* » Il rit : « *Moi, je ne peux pas me*

1. Source : Jean-Marc Jancovici, www.manicore.com.

construire le palais de Versailles, je ne serai jamais assez riche, même si je travaille encore cent ans dans l'usine. J'ai juste assez d'argent pour venir le voir avec ma femme. »

Le bonheur de Zhang, c'est celui des millions de personnes qui ont gardé le souvenir de l'époque où l'humanité était nomade, il y a quelques milliers d'années. Tous ceux qui n'ont qu'une envie, aller voir ailleurs comment c'est. Découvrir d'autres cultures, d'autres paysages. Alors, superflus, le voyage, la mobilité ? Pas pour Adam, pas pour Zhang. Car l'Homme ne vit pas que de pain, il vit de rencontres, de découvertes. Le défi de l'économie positive, c'est de permettre aux Adam et aux Zhang, qui n'ont jamais pu voyager, d'accéder à la mobilité... mais sans détruire la planète, et même en la réparant.

La révolution de la mobilité

Le XXe siècle, celui du pétrole, restera dans les mémoires comme le siècle de la mobilité. Jamais les déplacements n'ont été aussi rapides. Auparavant, les Européens qui se rendaient en Asie arrivaient affamés, amaigris : le voyage en bateau était si long que les provisions de bord finissaient par s'épuiser. Le transport de marchandises non périssables était possible, mais celui des Hommes restait une épreuve. C'est pourquoi la vraie révolution du XXe siècle, ce n'est pas le commerce international, qui avait déjà commencé à se développer avant[1]. Le fait nouveau, c'est la mobilité des Hommes, et tout d'abord l'automobile, inventée au début du siècle aux États-Unis, et largement diffusée en Europe après la Seconde Guerre mondiale : synonyme de liberté, elle représente aujourd'hui 90 % du transport de passagers dans le monde.

Grâce à sa flexibilité, le transport routier a aussi conquis le monde du fret, des marchandises. Il a permis une révolu-

1. Sur les origines de la globalisation, voir l'ouvrage de Daniel Cohen, *Trois leçons sur la société post-industrielle*, Le Seuil, 2006.

tion dans les modes de production industrielle, comme l'explique Jean Laudic, consultant en organisation : « *Dans les années 1970, le Japon a inventé le* kanban, *une nouvelle façon de penser la production. Jusqu'alors, l'industrie était pilotée par l'amont. Le directeur d'une usine d'automobiles mettait en place un plan de production, reposant sur une estimation du marché, pour un an, sur un nombre réduit de modèles. Les véhicules s'entassaient ensuite dans les hangars, au fur et à mesure de la production, avant d'être écoulés dans les lieux de vente. Les Japonais ont eu l'idée de monter des systèmes de production pilotés par l'aval, qui s'adaptent en permanence à l'évolution de la demande. Le client a le choix entre une grande variété de modèles de voitures, avec des options personnalisées. Lorsqu'il commande une voiture, cela déclenche toute une série d'ordres transmis en amont, qui vont permettre de fabriquer exactement la voiture qu'il a choisie.* »

Mais ensuite, il faut pouvoir acheminer cette voiture rapidement. Ainsi, le développement de cette production « juste à temps » et « customisée » a nécessité des moyens de transports flexibles, permettant d'acheminer rapidement des produits en petite quantité n'importe où. Difficile d'y parvenir par le bateau ou le rail. C'est ainsi que le transport routier s'est développé, jusqu'à atteindre 75 % du fret mondial.

Le XXe siècle, c'est aussi celui de l'avion et du tourisme de masse. Né au XIXe siècle, le mot touriste désignait alors une petite minorité de privilégiés qui s'embarquaient pour des « tours » en bateau de plusieurs semaines. Dans les années 1930, le tourisme est devenu automobile : Michelin a créé ses célèbres guides pour encourager les conducteurs à utiliser leurs voitures, et donc à user leurs pneumatiques. Mais ce n'est que dans les années 1970 que la démocratisation de l'aviation a permis à tout un chacun, aux États-Unis et en Europe, de partir explorer le vaste monde.

Le tourisme est maintenant le premier secteur économique mondial, devant l'énergie et les assurances : il représente

11 % du PIB global, et emploie 200 millions de personnes. Le tourisme international, quant à lui, représente 600 milliards d'euros, générés par 800 millions de voyageurs – contre 25 millions en 1950. Et la hausse de la demande, bien sûr, vient surtout des pays émergents : moins de 4 % des Chinois ont déjà quitté leur pays, soit 16 millions en 2007. Ce chiffre pourrait passer à 115 millions en 2020. Ainsi, le volume du tourisme international pourrait encore doubler d'ici 2020 – si la hausse des prix de l'énergie et des émissions de gaz à effet de serre ne mettent pas fin à la fête.

Bilan énergie : le défi de l'énergie nomade

Nous sommes en janvier 2006 à Singapour, plaque tournante du commerce asiatique. La construction du nouveau terminal de l'aéroport s'achève : il a coûté 20 milliards d'euros, et il est destiné à accueillir les passagers des compagnies « *low cost* ». Le ministre du Transport, Yeo Cheow Tong, annonce avec fierté : « *Nous regardons à long terme. Ce terminal est là pour les cinquante prochaines années. Nous maintiendrons les coûts au plus bas, pour rester rentables.* » À long terme, vraiment ? Les constructeurs des HLM aussi prévoyaient le long terme – trente ans après, leur démolition démarrait. Les compagnies de chemin de fer du début du xxe siècle investissaient pour le long terme – avant d'être nationalisées en 1937, à cause de la concurrence de l'automobile qui les avait mises en faillite.

En investissant dans l'aviation à bas coût, Singapour fait un pari risqué. Peu de secteurs sont aussi menacés que l'aviation. Car en matière de bilan énergie et climat, l'avion est décidément dans le rouge. Outre ses émissions directes de CO_2 liées à la combustion du kérosène, l'avion libère en altitude de la vapeur d'eau qui renforce son pouvoir de réchauffement global. L'aviation représente ainsi 5 % de l'effet de serre anthropique. Environ la moitié de ces émissions sont dues aux vols de longue distance. Par kilomètre parcouru, un passager aérien a le même impact sur le climat que s'il était seul dans une voiture moyenne, et dix fois plus que s'il était en train. Mais la différence, bien sûr, c'est le nombre de kilomètres parcourus dans un voyage longue distance. Ainsi, un seul aller-retour Paris-Guadeloupe émet environ 3 tonnes de gaz carbonique par passager, soit deux fois plus que le « quota » de 1,5 tonne qui correspond à la quantité d'émissions par personne compatible avec une stabilisation du climat.

Aujourd'hui, l'avion dispose de conditions privilégiées qui lui permettent d'échapper aux taxes sur les carburants. Paradoxalement, cette force s'est révélée une faiblesse lors de la hausse récente des cours du pétrole. La taxation peut jour un rôle d'amortisseur : les États peuvent faire baisser la taxe quand les cours du pétrole montent, pour compenser la hausse subie par le consommateur. Les compagnies aériennes ont donc subi directement la hausse du prix du kérosène. Après avoir mis en place des baisses de coûts, et avoir pour certaines essuyé des pertes, elles ont donc commencé à en reporter le prix sur le consommateur.

L'aviation doit aussi anticiper une taxation de ses émissions de carbone, pour laquelle une directive européenne est en cours de préparation. Ainsi, après avoir longtemps tenté de minimiser les enjeux liés au changement climatique, l'aviation et le tourisme sont amenés à y faire face. Alors, pour la première fois, en 2007, les conséquence· du réchauffement climatique sur le transport aérien sont devenues un thème majeur du Salon mondial du tourisme de Berlin.

La situation n'est pas meilleure pour le transport routier, presque entièrement dépendant du pétrole et de ses dérivés. Le transport représente 30 % de la consommation d'énergie mondiale, et 50 % de la consommation de pétrole, 19 % des émissions de gaz carbonique et 14 % des émissions de gaz à effet de serre. Cette moyenne cache de redoutables variations par pays. Aux États-Unis, le transport représente plus de 30 %

des émissions de gaz carbonique, contre à peine 8 % dans un pays émergent comme la Chine. Or, la demande de mobilité suit la hausse du revenu. La progression du transport dans les pays en développement représente donc une vraie bombe climatique.

Trouver une alternative au pétrole dans les transports est un vrai défi. Une usine, une maison peuvent utiliser une large gamme de sources d'énergies. Pour alimenter un moteur en mouvement – voiture, camion, avion – le cahier des charges est plus exigeant. Il faut une source d'énergie concentrée, facile à stocker, à manipuler et à transporter sans danger. Le pétrole et ses dérivés ont tous les atouts : leur rapport énergie/poids est bien meilleur que celui du bois ou du charbon, leur forme liquide les rend faciles à distribuer, sans présenter les problèmes de fuites et les dangers d'explosion que présentent les carburants gazeux, comme le méthane ou l'hydrogène. Le nomadisme de l'humanité appelle une énergie nomade, la flexibilité des transports appelle une énergie flexible.

Bilan ressources : deux millions d'hectares à valoriser

Après le bilan énergie et climat, le bilan ressources du transport. Les véhicules consomment des matières premières – 1 à 1,5 tonne d'acier et de plastiques par voiture individuelle. Ces matériaux vont de plus en plus être recyclés, et remplacés par des biomatériaux plus légers, plus performants et renouvelables (chapitres 3 et 6).

Le transport est aussi un grand consommateur d'espace. Ainsi, l'emprise des routes et parkings en France est d'environ 18 000 km^2 soit 3,6 % du territoire national. Par comparaison, le réseau ferroviaire n'occupe que 1 150 km^2, et consomme environ deux fois moins d'espace par kilomètre-passager. Dans les grandes agglomérations, la voirie peut occuper de 15 à 25 % de l'espace urbain, et jusqu'à 40 % dans le comté de Los Angeles. Cet espace routier est imperméabilisé, et contribue aux ruissellements d'eaux de surface qui génèrent les inondations.

Mais surtout, cet espace est sous-utilisé : le taux d'occupation de l'espace d'une voie routière est très faible. Et en dehors des voies, les réseaux consomment de l'espace pour les bas-côtés, dégagements, aires de stationnement, en grande partie sous-utilisés. Au total, la surface des réseaux de transport – les spécialistes parlent de l'« emprise » des réseaux – est une ressource non valorisée qui représente près de 2 millions d'hectares (7 % de la surface agricole française). Ainsi, les bas-côtés d'autoroute sont couverts d'une maigre végétation, qui coûte cher en entretien. Pourquoi ne pas convertir ce poste de coût en une ressource, en utilisant ces surfaces pour produire des biocarburants de la biomasse ou de l'énergie solaire ?

Bilan santé : les malades du transport

18 000 : c'est le nombre de décès annuels, essentiellement des personnes âgées, que l'Organisation mondiale de la santé attribue à la pollution par les particules fines des moteurs diesel pour la France. Des chiffres parmi d'autres, qui révèlent le piètre bilan santé du transport : accidents, pollution et maladies liées au stress.

Suite aux protestations de la société civile, des progrès importants ont été réalisés. En France, l'automobile et le transport routier restent responsables de 69 % des émissions d'oxydes d'azote, 64 % du monoxyde de carbone (CO), 49 % des composés organiques volatils (COV), et 33 % des particules en suspension. Mais ces émissions ont baissé de 30 à 50 % depuis 1990 (et de 98 % dans le cas du plomb), grâce aux nouvelles normes antipollution des véhicules et des carburants. Les accidents de la route ont eux aussi diminué grâce aux campagnes de sécurité routière, au port de la ceinture et au durcissement des pénalités sur les excès de vitesse et l'alcoolémie. Des progrès encourageants, qui prouvent que la volonté politique porte ses fruits.

Plus complexe est le bilan des transports sur le stress et les heures perdues en temps de transports inutiles. Dans les années 1970, les politiques d'aménagement du territoire ont donné la priorité à l'automobile. Georges Pompidou, président de la République française en 1971, déclarait alors qu'il fallait adapter la ville à la voiture : c'est ainsi qu'à Paris les berges de la Seine, qui pourraient être un lieu de promenade agréable et un atout touristique, ont été transformées en voies rapides. Ce choix de l'automobile a donné lieu à un éclatement des zones urbaines, avec des distances de plus en plus grandes entre lieu de travail et résidence. Après avoir pendant des siècles suscité l'émerveillement et l'envie, la ville est devenue un espace dont les habitants s'évadent dès qu'ils le peuvent, en voiture bien sûr.

Ainsi, depuis la fin des années 1970, le trafic automobile d'Ile-de-France a augmenté de 57 %, contre 15 % pour les transports collectifs – un rapport de un à quatre[1]. Un choix qui se révèle coûteux. La commission européenne a calculé le coût de la congestion du trafic, et l'évalue à 2 % du PIB européen – alors que nous nous frottons les mains lorsque notre économie dépasse 2 % de croissance annuelle.

Bilan diversité : la spécialisation des territoires

Le transport flexible et bon marché a entraîné une spécialisation excessive des territoires, premier ennemi de la diversité (chapitre 5 et 8). Ces évolutions, bien entendu, n'ont

1. Pascal Auzannet, directeur du Développement de la RATP, Séminaire Acteurs et partenaires de Paris, Mairie de Paris, 22/03/2005.

été possibles que parce que le prix de l'énergie était en baisse constante. Elles ont amené une organisation des transports, des territoires et de l'économie totalement dépendante de la route et du pétrole, et qu'il faut repenser aujourd'hui.

Face à ces défis, il va falloir faire preuve d'une grande créativité pour éviter que le XXIe siècle ne soit celui d'une régression de la liberté de mouvements acquise aux siècles précédents. Il faut améliorer le bilan écologique du secteur transport jusqu'à le rendre neutre, et même, pourquoi pas, positif. Comme toujours, il s'agit de procéder en trois temps : tout d'abord, réduire les consommations d'énergie des transports en appliquant les principes de la finalité et de la circularité (réduire, réutiliser, recycler). C'est la phase de réduction. Puis, substituer des sources d'énergie neutres en carbone aux carburants actuels : c'est la phase de neutralisation. Et enfin, pour passer aux transports positifs, valoriser l'emprise des réseaux de transport pour séquestrer et stocker du carbone.

Plus avec moins : des véhicules efficaces

Finalité : des transports pour quoi faire ?

Il y a quelques années, un incident sinistre a causé un scandale en Grande-Bretagne. Le salarié d'une entreprise de traitement de l'information a été retrouvé mort à son poste de travail par une employée du service d'entretien. Une autopsie a révélé que l'infortuné employé – qui, ironie du sort, travaillait à une étude sur les maladies cardiaques – était décédé d'un arrêt cardiaque deux jours auparavant, sans tomber de son siège. Interrogés, ses collègues ont avoué ne s'être rendu compte de rien : « *C'était toujours le premier arrivé le matin, et le dernier parti le soir. On le saluait en arrivant, mais il était timide, il ne répondait jamais. Il ne parlait à personne, et personne ne lui parlait.* »

Comme ce malheureux salarié, des millions de personnes occupent des postes dans lesquels l'essentiel de la communication passe par un écran d'ordinateur. Pourtant, ils passent de une à deux heures, tous les jours, dans les transports. Est-ce vraiment nécessaire ?

Pour conserver le meilleur de la mobilité, celle qui rime avec liberté, il va falloir s'interroger sur la finalité des déplacements de personnes et de marchandises. Et pour cela, se reposer la question : à quels besoins répondent tous ces déplacements ? Est-il possible de les remplir avec des alternatives plus économes en énergie ?

En premier lieu, le transport répond à un besoin essentiel d'échanges et de communications. Internet permet déjà de remplacer ces besoins de déplacements par des télécommunications, en particulier dans la sphère professionnelle. Si l'on peut douter qu'une conversation par écran d'ordinateur remplace jamais le besoin de serrer nos proches dans nos bras, bien des cadres seraient ravis d'échapper à une réunion à l'autre bout de la France, voire du monde. Une révision des besoins de déplacement des salariés peut permettre aux entreprises d'améliorer leur bilan climat et énergie – tout en réduisant leurs coûts et en améliorant la productivité et la qualité de vie de leurs salariés. Une grande partie des déplacements peuvent ainsi être remplacés par des réunions téléphoniques et, de plus en plus, par des vidéo-conférences.

Le transport répond aussi au besoin de se rendre sur son lieu de travail. En France, 30 % des déplacements sont dits « pendulaires » : le ballet des voitures qui quittent les zones de résidence pour aller vers les lieux de travail, et vice-versa en fin de journée. Les trois quarts de ces déplacements s'effectuent en voiture : il y a donc une marge de manœuvre considérable pour des politiques de développement de transports collectifs. En France, il y a en moyenne 1,1 passager par voiture sur les trajets domicile-travail. Passer à un taux de remplissage de 1,6 diminuerait de 50 % la quantité de voitures sur les routes le matin.

Le télétravail et le travail décentralisé représentent aussi un gisement de réductions de la consommation d'énergie des transports. Il s'agit de permettre aux salariés de travailler une partie du temps à leur domicile, ou dans des bureaux satellites de l'entreprise, proches de chez eux.

Le télétravail amène une remise en cause de la division entre vie professionnelle et privée (idée reçue 11). Il suppose un réaménagement de l'espace domestique et une prise en charge des coûts d'installation d'un poste de travail à domicile. Il implique aussi de trouver un compromis entre la nécessité de réduire les déplacements et celle de permettre aux salariés de communiquer entre eux. Certaines entreprises ont déjà mis en place des solutions intermédiaires, par exemple en limitant le nombre de jours de présence au bureau, ou en aménageant des bureaux décentralisés, comme IBM (solution 36).

Le télétravail remet aussi en cause les rapports de pouvoir. Une responsable d'une banque confiait dans une interview : « *Nous avons des actuaires qui pourraient très bien travailler de chez eux. Mais l'état-major est contre. Il veut nous avoir sous la main dans la seconde*[1]. » À l'inverse, le télétravail suppose une culture du management par objectifs, reposant sur la délégation de responsabilités.

L'enjeu en vaut la chandelle : entre 25 et 45 % des tâches effectuées par les salariés sont effectuables à distance, et la moitié des salariés effectuent plus de 50 % de leur temps des tâches qu'ils pourraient réaliser chez eux. Les pays du Nord de l'Europe comptent déjà de 15 à 25 % de télétravailleurs, contre à peine 6 % en France[2]. Demain, peut-être,

1. P. Marie-Deschamps *et al.*, « L'illusion technologique », *Les Enjeux*, février 2002, pp. 52-61. Les actuaires sont des spécialistes de la statistique appliquée à la finance.

2. *L'Entreprise*, 06/10/2004. *Cf.* aussi Jean-Marc Jancovici, « Quotité du temps travaillé en France éligible pour du télétravail », note pour le ministère de l'Industrie, novembre 2000.

Idée reçue 11 : Il est normal de séparer domicile et lieu de travail

Aujourd'hui, l'idée du télétravail – la possibilité pour les salariés de travailler au moins partiellement chez eux, ou sur un site éloigné du siège de leur entreprise – semble révolutionnaire. La société industrielle a vu se mettre en place un mode d'organisation social qui sépare le lieu de travail du domicile, et la « vie privée » de la « vie professionnelle ». Cette séparation nous paraît aujourd'hui évidente. Pourtant, elle est très récente dans l'histoire de l'humanité. Elle correspond à l'apparition de la machine à vapeur et de la mécanisation de l'industrie.

Auparavant, les hommes et les femmes travaillaient chez eux, comme paysans, artisans ou comme ouvriers à la pièce. Ce modèle existe encore partout où l'activité économique repose sur l'agriculture ou l'artisanat.

Est-ce vraiment un progrès social de couper la vie de chacun en deux ? D'imposer des temps de trajet épuisants et stressants ? Les techniques de communication peuvent permettre à chacun de travailler chez lui, dans son cadre familier. Pour être un progrès en terme de qualité de vie, cette solution suppose toutefois de disposer d'un espace réservé au travail à son domicile, de conserver des moments de contact physique avec les autres collaborateurs de l'entreprise... et de savoir débrancher ordinateur et téléphone portable.

l'idée que des millions de personnes aient pu chaque jour perdre des heures dans des embouteillages, en émettant 200 grammes de CO_2 par kilomètre et en respirant des gaz polluants, le tout pour aller se poser devant un écran d'ordinateur, paraîtra incongrue. Et enfin, cette révolution du travail décentralisé représente des opportunités de créations de services : selon le cabinet CIM Data, le marché des outils de travail collaboratif représente près de 4 milliards d'euros.

Au-delà des déplacements professionnels, le transport, c'est aussi le besoin de découverte. La réflexion sur le tou-

Solution 36 : Rapprocher le bureau des salariés

Plutôt que de parler de télétravail, IBM préfère tenir le langage de la mobilité à ses collaborateurs. L'objectif : permettre aux employés du groupe de travailler sur une multitude de sites en valorisant les dernières innovations en matière de communication : GPRS, ADSL, intranet, agenda partagé... Lancé en 1999, ce programme consiste à multiplier les sites de proximité, afin de réduire le temps de déplacement des salariés entre leur domicile et leur lieu de travail. Ainsi, les employés peuvent travailler sur l'un des cinq sites de proximité de la région parisienne, l'un des deux de la région de Marseille, ou, bien sûr, chez leur client lorsqu'ils sont en mission pour le groupe.

Les salariés y gagnent : plus de souplesse, d'efficacité, moins de stress. Et l'entreprise aussi : le coût du foncier est moins cher sur les sites décentralisés. IBM a pu ainsi fermer un coûteux bureau de la Défense. Ainsi, pour Vincent Aubin, responsable de ce programme, ce sont avant tout les manières de manager qui doivent évoluer pour faciliter la mobilité : « *Ce fonctionnement nécessite un management par objectif et une relation de confiance. Il demande aussi de formaliser les choses à l'avance, en fixant par exemple des réunions régulières.* »

Une manière de rappeler que le télétravail et le travail décentralisé évolueront grâce à la technique, mais aussi aux changements dans les rapports humains au travail. En France, les employeurs redoutent aussi les litiges avec les employés, dans un cadre législatif qui reste encore trop peu précis. Ce qui explique que la plupart des employeurs, à l'image d'IBM, préfèrent parler de « mobilité » ou de « nomadisme » plutôt que de télétravail.

risme de demain devra réfléchir à la diversification des destinations et des attractions touristiques, pour valoriser les paysages naturels et le patrimoine culturel proche. Aujourd'hui, le tourisme est très concentré sur un petit nombre de lieux : Venise, qui compte moins de 300 000 habitants, est envahie chaque année par une foule de 13 millions de visiteurs. Cette diversité doit redonner de l'intérêt à des sites proches, et faire en sorte que pour les touristes chinois, la Cité Interdite, qu'ils peuvent visiter en train, soit aussi attractive que Versailles.

Dans cette perspective le voyage lointain, plus rare, peut retrouver l'aspect d'aventure et d'exploration qu'il a perdu depuis que l'on peut aller au Mexique pour un séjour 8 jours/7 nuits tout compris. Il s'agit donc de faire des séjours lointains moins fréquents, mais plus longs et d'autant plus enrichissants. Une évolution à l'encontre des tendances récentes du tourisme, mais qui deviendra bientôt une évidence.

Après les transports de passagers, ceux de marchandises. Nous avons évoqué à plusieurs reprises la nécessité d'une relocalisation des productions au sein des territoires. Elle s'accompagnera d'une baisse des transports, liée à un regain de la consommation locale. Les excès de la spécialisation actuelle paraissent rentables parce que les entreprises et les consommateurs ne payent pas le véritable coût, direct et indirect – pollution, effet de serre, construction et entretien des routes, coût des accidents – du transport routier et de l'énergie. Les territoires ont aussi été victimes d'une véritable idéologie de l'export. Une région prospère, un pays prospère, ce n'est plus un territoire qui couvre ses besoins : c'est un territoire qui exporte. Et donc, le plus souvent, qui importe. Les flux se multiplient ainsi : en 1998, les Britanniques ont acheté 61 000 tonnes de poulet aux Pays-Bas, et leur en ont vendu 33 000 tonnes[1]. Révélateur de ces excès, cet accident cité par Nicolas Hulot : la collision, dans le tunnel sous Fourvière à Lyon, de deux camions chargés l'un de tomates du nord de l'Europe à destination du Portugal, et l'autre de tomates espagnoles à destination de la Scandinavie.

Ainsi, dès aujourd'hui, avec l'augmentation du prix du pétrole, des entreprises qui avaient délocalisé leurs activités

1. Yves Cochet, *Pétrole apocalypse*, Fayard, 2005.

en Chine, « relocalisent » pour éviter de payer l'addition en coûts de logistique : transport, stockage, réfrigération... et aussi pour retrouver une meilleure maîtrise de la qualité de leur production.

Réduire, réutiliser, recycler... Vers la voiture ultra-efficace

Du côté de l'efficacité énergétique – le rapport entre l'énergie dépensée et le service rendu – la voiture a des progrès à faire. Son rendement : 1 %. Autrement dit, sur 100 litres dépensés pour faire rouler une voiture, 1 litre sert à déplacer son passager. Les 99 autres partent en fumée chargée de CO_2. Comment est-ce possible ? Le rendement d'un moteur à combustion, celui des véhicules à essence, au diesel ou au gaz, est d'environ 13 %. Mais chaque fois que l'on déplace un véhicule, on déplace 1 à 1,5 tonne d'acier pour 100 kilos de passagers[1]. Le rendement final du transport de passagers est donc bien d'environ 1 %. Il doit être possible de faire mieux.

Grâce à la hausse du prix du carburant, les véhicules ont déjà beaucoup progressé en efficacité, en particulier en Europe et au Japon. La réglementation a par ailleurs poussé les constructeurs à réduire les émissions de CO_2 de leurs véhicules. Les performances des véhicules dans ce domaine doivent d'ailleurs être affichées sous forme d'étiquettes, de A à G, comme pour certains appareils électroménagers. En fait, l'étiquette énergie et CO_2 donne au consommateur les moyens de choisir son véhicule en connaissance de cause. L'expérience de l'électroménager indique que les produits les moins efficaces disparaissent alors des gammes, faute de ventes.

Car il existe encore des marges de progressions. Certaines sont liées à un changement de motorisation et de carbu-

1. Sur la base du taux de remplissage moyen des véhicules en Europe, soit 1,3 personne par voiture.

Solution 37 : Un coupé sport ultra-léger

Réaliser une voiture ultra-économe tout en séduisant les amateurs de voitures de sports. C'est le pari de la Loremo (pour : *Low Resistance Mobility*), une voiture présentée au Salon de Genève en 2006 par une start-up allemande. La production en série est attendue pour 2009 – à un prix annoncé de 11 000 à 15 000 euros. Une voiture ultra-performante, qui émettra entre 35 et 62 g de CO_2 par km, soit 1,5 à 3 fois moins que les véhicules les plus efficaces d'aujourd'hui.

L'idée est de réduire le poids des matériaux, ce qui permet de réaliser des économies sur la consommation du véhicule et sa fabrication. Ainsi, le châssis en plastique thermomoulé et acier ne pèse que 95 kilos, contre 300 pour un châssis conventionnel. Il est stabilisé par deux barres d'acier, qui lui confèrent une bonne résistance. L'aérodynamisme améliore aussi les performances. Pour arriver au poids plume final de 450 kilos, il a fallu repenser le design : les portes de la voiture sont situées à l'avant et à l'arrière. Ainsi, il a été possible de renforcer uniquement l'habitacle, et de réaliser le reste en matériaux légers.

Ce genre de solutions de downsizing a des effets d'entraînement positif : réduire le poids des véhicules permet de réduire la puissance du moteur, donc son poids et celui des transmissions. Les performances finales sont sans appel, si on les compare avec des coupés sport 2+2 places similaires :

	Loremo		**Mazda**	**Hyundai**
	LS	**GT**	**RX 8**	**Coupé**
Puissance (ch)	20	49	192	143
Vitesse max, km/h	160	220	223	208
0-100 km/h, en secondes	20	9	7,2	9,1
Poids (kg)	450	470	1394	1342
Consommation (l/100 km)	1,5	2,7	10,8	8

rant (cf. plus loin, Substituer). D'autres consistent à revoir la conception des modèles, pour les rendre plus légers et aérodynamiques. L'avantage de ces gains d'efficience, c'est qu'ils finissent par être cumulatifs, et peuvent aboutir à un cercle vertueux : plus les voitures sont légères, moins les moteurs sont puissants, et plus ils sont légers à leur tour. Ainsi, les concepteurs de la Loremo (solution 37), une PME allemande, promettent un véhicule de sport ultra-léger et abordable.

La question de l'efficacité des véhicules, c'est aussi celle du « juste nécessaire ». Inutile de concevoir des véhicules pouvant transporter quatre passagers à 180 km/h avec une autonomie de 500 kilomètres, quand la plupart des trajets s'effectuent avec une à deux personnes, sur moins de 50 kilomètres de distance, et sur un réseau routier limité à 130 km/h – et beaucoup plus souvent 80, voire 50. Il reste ainsi à changer les valeurs de l'automobile, encore sur un imaginaire de puissance et vitesse. Sobriété, légèreté, efficacité, propreté, silence, respect de soi-même et des autres... peut-on recentrer la voiture sur un nouvel idéal, plus compatible avec leur usage réel ? Constructeurs, publicitaires, usagers, changez d'imaginaire !

Substituer : des réseaux positifs

Les nouvelles motorisations

Le moteur à combustion thermique, qui paraît une évidence aujourd'hui, appartiendra peut-être bientôt à l'histoire, remplacé par des formes de motorisation plus efficaces : moteur à électricité ou à air comprimé (solution 38). La plupart des véhicules actuels utilisent des moteurs thermiques, dans lesquels la combustion d'un carburant provoque l'expansion d'un gaz, qui pousse des pistons. Il est peu efficace :

Solution 38 : La voiture à air comprimé

Nul n'est prophète en son pays. C'est le constat de la société MDI, une PME du sud de la France qui, après avoir renoncé à trouver un partenaire en Europe pour développer sa voiture à air comprimé, a fini par signer un contrat de licence avec Tata, leader de l'automobile en Inde. Le MiniCat, son produit phare, est un véhicule de trois places qui se recharge en 4 heures sur une prise électrique, pour moins de 2 euros. Il permet d'atteindre une autonomie de 150 kilomètres et une vitesse maximale de 100 km/h. Des modèles à « bi-énergie » existent aussi, combinant air comprimé et essence, avec une consommation de 2 l/100 km, et une autonomie de plusieurs centaines de kilomètres.

Guy Nègre, le concepteur, qui travaille pour des écuries de Formule 1, a remarqué que les bolides de course démarrent grâce à une turbine à air comprimé. Son idée : utiliser ce principe pour alimenter des véhicules, en stockant de l'air comprimé à 300 bars dans des réservoirs de 300 litres.

Sous le capot, un mini compresseur haute pression permet de recharger la bouteille d'air comprimé. Pendant les phases de décélération, la force d'inertie du moteur est récupérée pour faire tourner le compresseur, qui aspire alors l'air de la ville. Mais alors que les gaz d'échappement d'un moteur thermique sont chargés de polluants, l'air rejeté par le moteur MDI est... plus propre que l'air entrant, car il passe par une série de filtres qui le débarrassent de ses particules polluantes.

« *L'intérêt de notre véhicule,* explique le concepteur, *c'est qu'il peut être rechargé avec des énergies non émettrices de gaz carbonique, par exemple de l'électricité d'origine hydraulique. Il peut aussi être rechargé la nuit, et valoriser le surplus d'énergie nocturne d'EDF.* » Le partenariat avec Tata a permis de donner à l'entreprise les moyens de son développement, et de crédibiliser la technologie. En France, les premiers véhicules devraient être produits en série à partir de fin 2007, et des options ont été signées pour un développement dans plusieurs pays, de l'Espagne jusqu'au Mexique.

plus de 60 % de l'énergie est perdue en frottements et en chaleur. Il présente l'avantage d'utiliser des carburants liquides, faciles à transporter, qui stockent une grande quantité d'énergie sous un faible poids, ce qui leur donne une grande autonomie.

L'alternative est le moteur électrique ou le moteur à air comprimé, deux manières de stocker de l'énergie. Les véhicules électriques équipent déjà des flottes captives, comme celle de la Poste qui est en train de tester cette solution dans le but de la généraliser à tous ses véhicules. Encore faut-il que l'électricité qui permet de recharger ces véhicules soit produite sans rejets de CO_2, grâce au nucléaire et aux énergies renouvelables. Le principal écueil reste le stockage de l'énergie : les batteries actuelles sont lourdes, ont une faible autonomie, et emploient des matériaux rares et polluants. Outre l'air comprimé, une des voies d'avenir, encore expérimentale, reste la pile à combustible, qui stocke l'énergie sous forme d'hydrogène (chapitre 2).

La motorisation hybride (thermique et électrique) est aussi un pas dans la voie de l'efficacité, pour les transports urbains au moins. Elle utilise un des principes de l'économie circulaire : réutiliser – en l'occurrence, elle réutilise l'énergie du freinage des moteurs, ce qui permet des gains de 30 % d'efficacité par rapport à un moteur classique. L'avantage de l'hybride, c'est qu'il peut favoriser la transition vers la voiture électrique, par exemple en produisant des hybrides munis d'une batterie qui peut être rechargée en la branchant à une source d'alimentation électrique.

Pour favoriser l'utilisation de véhicules légers, utilisant des motorisations alternatives, il faudra à terme repenser le modèle social de la voiture. Si chaque famille possède son véhicule, il est normal qu'elle souhaite qu'il soit suffisamment puissant, autonome et spacieux pour pouvoir emmener la famille en excursion – même si cela ne représente que

10 % de son utilisation. Les solutions de location flexibles, évoquées au chapitre 6, devraient permettre à chacun d'utiliser un véhicule calibré sur ses besoins du moment : véhicule familial pour les week-ends, véhicule break pour un déménagement, petit véhicule deux places pour les déplacements urbains et pendulaires...

À terme les motorisations alternatives et les solutions de mobilité flexibles sont amenées à se développer au fur et à mesure que les moteurs thermiques, bruyants et polluants, seront interdits dans le centre des villes.

Rouler au soleil et aux algues

Les technologies disponibles aujourd'hui, si elles étaient généralisées, pourraient permettre de diviser par deux la consommation des véhicules, pour les mêmes usages. Une optimisation des transports, destinée à éliminer les déplacements inutiles et accompagnée d'une relocalisation des productions, devrait permettre de diviser par deux, d'ici à 2050, le nombre de kilomètres parcourus. Impossible ? Pourtant, en France, depuis 2003, le nombre de kilomètres parcourus par les voitures individuelles a baissé de 2 % entre 2003 et 2006, au profit des transports collectifs.

En combinant efficacité des véhicules et des transports, il est possible de diviser par quatre les besoins en énergie de ce secteur, sans sacrifier nos besoins de mobilité essentiels. Mais est-ce vraiment suffisant ? Le transport émet aujourd'hui 2 Gt (gigatonnes) d'équivalent carbone, essentiellement dus aux émissions de 1,5 milliard de personnes dans les pays industrialisés. Divisé par quatre, ce chiffre descend à 0,5 Gt. Mais que se passe-t-il si ce niveau de consommation est appliqué aux 9 milliards de terriens prévus en 2050 ? On arrive à 3,5 Gt d'émissions. Même en divisant par huit la consommation individuelle des transports, on arrive à 1,7 Gt en 2050. Il est donc indispensable de changer de carburant, et de chercher des substituts au pétrole neutres en carbone.

L'électricité, intéressante pour les petits trajets, n'est pas encore utilisable sur les grandes distances en raison des limitations au stockage. La solution pour les trajets plus longs c'est donc... les hydrocarbures. Qu'est-ce qu'un hydrocarbure ? Un carburant fait d'une chaîne hydrocarbonée. Ceux utilisés aujourd'hui sont le produit de l'activité de plantes fossiles. En les brûlant, nous rejetons le carbone accumulé par ces plantes pendant la préhistoire. Pour produire du pétrole sans détruire l'équilibre du climat, il faut donc le faire au fur et à mesure des besoins, avec du carbone puisé dans l'atmosphère, qui sera rejeté lors de la combustion, puis de nouveau puisé par les usines de pétrole végétal, etc.

Un des défis de l'agriculture de demain sera donc de produire des biocarburants liquides, ou éventuellement gazeux, à un prix abordable, et sans concurrencer les autres usages des terres agricoles qu'est la production d'aliments, de fibres et de matériaux industriels. La combinaison gagnante sera celle qui permettra de valoriser des surfaces non utilisées aujourd'hui. Les biocarburants actuels, dits de « première génération », n'y joueront sans doute qu'un petit rôle, car leur production de carburant par hectare cultivé est faible. L'avenir appartient donc aux plantes du désert, comme le jatropha, ou aux carburants de seconde génération qui valorisent la plante entière, comme le miscanthus, ou produits par des algues microscopiques, encore plus efficaces (chapitre 2).

Valoriser les emprises

Il est même possible d'envisager que le secteur des transports devienne positif, en valorisant les emprises des réseaux, qui sont autant de surfaces qui reçoivent du soleil, et qui sont très peu utilisées. Déjà, EDF Énergies nouvelles réfléchit à la possibilité de placer des cellules photovoltaïques sur les réseaux routiers. L'aéroport de Lille devrait bientôt compter 35 000 m^2 de panneaux solaires, installés sur les bords de pistes. Aux États-Unis, des essais de cultures de biocarburants le long des autoroutes sont en cours de démarrage. Sur les réseaux de transport de demain, il n'y aura plus de surface perdue. Chaque aire d'autoroute, chaque parking, chaque hangar, chaque route, chaque bas-côté sera couvert de panneaux solaires photovoltaïques, ou de panneaux remplis d'algues, ou de cultures de biocarburants de seconde génération, ou taillis à courte rotation (TCR).

Et avec l'arrivée des nouveaux panneaux solaires flexibles, le toit des véhicules garés ou roulant au soleil pourra aussi produire de l'énergie. En Israël, une jeune société propose ainsi un bus dont la climatisation est entièrement assurée par un panneau solaire en couche mince qui recouvre son toit.

Diversité : vers la multi-modalité

Les transports d'aujourd'hui sont peu divers. La voiture et le camion ont grignoté tout l'espace, remplaçant le vélo, le bateau, le train... Les transports de demain réduiront leurs émissions et deviendront positifs en utilisant de manière optimale différents modes de déplacement, pour une offre « à la carte ». Ce concept a un nom, de plus en plus utilisé en aménagement du territoire : la multi-modalité.

L'idée est simple. Il s'agit de combiner différents types de transport en profitant des caractéristiques de chacun, tant pour le transport de marchandises que de personnes. Plutôt qu'une personne ou un colis fasse un long trajet en voiture ou en camion, ce trajet peut être découpé en segments, qui utilisent au mieux les différents types de transport. Ainsi, vous pouvez aller de chez vous à la gare en bus, monter dans le train, puis prendre un vélo de location pour aller du train à votre travail. De même, un colis pourra effectuer un déplacement en camion de l'usine à une gare de triage, puis un trajet en train, relayé par un trajet en bateau vers une autre gare, pour terminer à nouveau en camion pour la livraison finale.

Le principal obstacle à la multi-modalité, c'est le manque de plateformes d'échanges. Si vous voulez aller à vélo de chez vous à la gare des bus, ce n'est possible que si la gare prévoit un garage à vélo sûr et abrité. La clé de l'aménagement du territoire de demain, ce sera donc le développement de ces gares multi-modales, qui offriront à tous la liberté de choisir le mode de transport optimal en fonction de leurs besoins.

Alors, des transports positifs ? Pourquoi pas. Anticipons ce que pourraient être les transports dans cinquante ans, en poussant jusqu'au bout chacun des raisonnements présentés ci-dessus. Imaginons un monde où le développement des techniques de communication et une réorganisation des modes de travail ont permis de diviser par deux les besoins de transport par personne, par rapport au niveau de l'Europe contemporaine actuelle. Imaginons que l'efficacité des véhicules ait été multipliée par deux. Les besoins de carburants, en Europe, ne sont plus que de 80 millions de Tep.

En Europe, les réseaux de transport occupent environ 200 000 km^2. Un dixième de cette surface, couverte de panneaux solaires, produirait 20 millions de Tep. Couverte de bioréacteurs à base d'algues, elle produirait 60 millions de Tep. Il suffirait donc de valoriser 40 % de l'emprise des transports avec des panneaux solaires, ou 15 % avec des panneaux à base d'algues, pour fournir à l'Europe assez de carburant pour ses besoins. Il faut imaginer les autoroutes, les voies ferrées, les hangars de demain couverts de panneaux captant l'énergie du soleil et produisant assez pour alimenter les véhicules qui circulent dessus... et même plus. Couverts de végétaux, les bas-côtés des routes pourraient même devenir des aires d'absorption et de stockage de carbone.

Utopie ? Il y a cinquante ans, personne n'imaginait qu'il y aurait aujourd'hui 800 millions de voyageurs internationaux. Il y a vingt ans, IBM estimait à vingt machines super

Zoom 30 : Des réseaux de transport positifs

Comme pour l'industrie, le bâtiment ou l'agriculture, les transports deviendront positifs en réduisant d'abord leurs consommation d'énergie et de ressources, leurs rejets de gaz à effet de serre et de produits toxiques. Puis, ils contribueront à réparer la planète en produisant de l'énergie et en stockant du carbone par la valorisation de l'emprise des réseaux – ces surfaces qui accompagnent les réseaux de transport et qui reçoivent du soleil.

Bilan énergie et climat : réduire, produire, stocker

En s'interrogeant sur la finalité des transports, le transport positif met en place des solutions alternatives qui réduisent les déplacements : téléconférence, télétravail. Il repose sur une relocalisation des productions, qui limite les transports de marchandises. Il s'accompagne du développement d'un tourisme positif, qui diversifie l'offre touristique et réduit les voyages de courte durée vers des destinations lointaines.

Le transport positif repose sur des réseaux multi-modaux, qui combinent bicyclette, véhicules individuels et transports collectifs de manière optimale, ce qui réduit la consommation d'énergie tant pour les transports de passagers que de marchandises. Il utilise des véhicules efficients, qui consomment moins d'énergie, avec des motorisations plus efficaces que le moteur à combustion (moteur à air comprimé, électrique, hybride...). Les carburants fossiles sont remplacés par des batteries électriques ou à combustible rechargées grâce à des énergies renouvelables (pour les petits trajets), ou par des biocarburants de seconde génération, notamment à base d'algues (pour les longs trajets).

L'emprise des réseaux est valorisée pour produire de l'énergie et stocker du carbone : les aires d'autoroutes, les péages, les parkings, les bas-côtés, puis les voies de transport elles-mêmes sont systématiquement équipés d'une combinaison de panneaux solaires, de cultures de biocarburants, de panneaux de production de carburants à base d'algues. À terme, les réseaux produisent autant et même plus d'énergie que leurs besoins, et les cultures de biocarburants stockent du carbone.

Bilan ressources : réduire, réutiliser

Les voitures de demain sont légères. Leurs composants sont systématiquement réutilisés et recyclés. La location de courte durée permet de limiter le nombre de véhicules en circulation. Ainsi, les voitures consomment moins de ressources. Elles intègrent des biomatériaux plus légers, plus performants, renouvelables. L'eau qui arrive sur les réseaux est récupérée, dépolluée et réinjectée dans les nappes. Partout où c'est possible, les sols sont végétalisés et valorisés par des cultures de biocarburants, ou de biomasse énergétique.

Bilan santé : la fin du stress et de la pollution

Avec les nouvelles techniques de télécommunications, le temps passé dans les transports, et donc le stress, diminue. Optimisés quant à leur poids et leur consommation, les véhicules polluent moins. En ville, le recours à des motorisations alternatives au moteur thermique (air comprimé, électricité) élimine les gaz d'échappements. Des espaces verts, des murs végétalisés ou des revêtements absorbants filtrent les polluants. Les vitesses sont contrôlées, ce qui réduit les accidents.

Bilan diversité : des territoires plus autonomes

Avec la hausse du coût des transports et la nécessité de revaloriser les ressources locales, les territoires retrouvent leur diversité de fonctions, donc de paysages : production industrielle, logement, transports, bien sûr, mais aussi stockage de carbone, production de biomatériaux, de biocarburants, d'énergie solaire ou éolienne.

Bilan emploi : relocaliser

La relocalisation des activités permet de créer de nouveaux emplois dans les territoires, qui valorisent des ressources locales, et sont donc plus stables que les emplois industriels reposant sur les énergies fossiles qu'ils remplacent. Les transports collectifs, la production de biocarburants, de biomasse, d'électricité, les télécommunications créent de nouveaux secteurs d'activité économique.

puissantes le marché mondial des ordinateurs, et n'imaginait pas un seul instant l'avènement des ordinateurs individuels. Les réseaux de transport du XXIe siècle seront auto-suffisants en énergie, fourniront de l'énergie aux autres secteurs, stockeront du carbone... et offriront à tous une mobilité à la carte.

Conclusion

Le siècle de l'espoir

« Il n'y a pas des solutions, il y a des forces en marche qu'il faut créer. Les solutions suivent. »

ANTOINE DE SAINT-EXUPÉRY

Tout à gagner

Positive fiction

Paris, septembre 2030. C'est la rentrée de l'Université de l'Économie Positive. Une poignée d'étudiants ont eu envie de venir écouter en direct la première conférence de l'année, mais des centaines de milliers d'autres la suivent à distance, dans le monde entier. Le conférencier, un soixantenaire énergique, raconte : *« Au début, le* XXI*^e^ siècle semblait bien mal parti. Dans les pays industrialisés : le spectre du chômage sur fond de stagnation économique. Dans les pays en développe-*

ment : l'espoir d'accéder enfin au confort matériel grâce à un début de croissance, déjà menacé par la dégradation de l'environnement et surtout du climat. Les relations internationales étaient minées par le terrorisme, les conflits pour l'énergie et la menace de l'immigration des pays les plus pauvres, avec pour seule réponse, en face, la construction de murs toujours plus hauts, des contrôles de sécurité toujours plus draconiens. Et partout, la menace du changement climatique. Il ne faisait pas bon avoir vingt ans en l'an 2000... En fait, beaucoup de gens pensaient que les choses allaient mieux avant. »

Il poursuit : « *Et puis, partout, les choses ont commencé à changer. En Europe, aux États-Unis, en Afrique, en Chine, partout, des entrepreneurs se sont battus. Refusant l'inéluctable, ils ont souhaité changer le monde. Leurs entreprises s'appelaient D1 Oils, Greenfuels, Nanosolar, Ocean Power Delivery, Robin Sun, AcquaSol, Ecover, Loremo, MDI, Phytorestore... – et parfois aussi Elyo, Vallourec, Michelin ou IBM. En regardant autour d'eux, chacun avait eu une idée permettant de produire les mêmes biens qu'autrefois, de rendre les mêmes services – mais autrement, en protégeant l'environnement, et même, de plus en plus, en le restaurant.* »

Un des membres fondateurs du Club de l'Économie Positive intervient : « *J'ai fait partie de ces pionniers. Lorsque j'ai inventé ma voiture à air comprimé, pendant des années, tout le monde m'a ri au nez. J'ai eu droit à toutes les variations sur le thème de "Ça ne marchera pas". Les fabricants en place ne voulaient pas en entendre parler – et pourtant, ils n'avaient aucun concept novateur à proposer pour lutter contre le changement climatique, sinon baisser un peu les émissions de leurs moteurs. Et puis un jour, l'Inde s'est mise à fabriquer des véhicules équipés de ma technologie, et j'ai dû refuser les investisseurs.* »

Les étudiants, qui sont tous venus avec une voiture à air comprimé, se regardent, étonnés. La conférence se poursuit par une vidéo tournée en 2005, dans une petite rue embouteillée de Paris. Puis vient un bref reportage sur une station d'épuration non végétalisée, et sur la raffinerie de pétrole de Feyzin. Grâce aux nouvelles techniques de l'information, la vidéo, en 3D, rend compte des images et du son, mais aussi des odeurs. Plusieurs étudiants se trouvent mal et quittent la salle.

L'un de ceux qui sont restés s'exclame : « *Avec ce qu'on vient de voir, ça ne donne pas envie de retourner en arrière. C'est vraiment mieux maintenant, non ?* » Un autre s'énerve : « *Je ne comprends rien, ça veut dire quoi, chômage ?* » Une autre renchérit : « *Et un conflit pour l'énergie, c'est quoi ?* » Sa voisine répond : « *Facile, c'est quand ton voisin essaye de te piquer ta pile à combustible.* » Un étudiant africain poste une question à distance : « *Ça veut dire quoi, pays en développement ?* » Le temps de réfléchir à la réponse, il a quitté son écran pour regarder les annonces immobilières. Avec le boom de l'huile de jatropha, sa ville natale, Dakar, est à la mode. Les derniers appartements de Dakar Positif, le centre-ville chic, rempli d'espaces verts et couvert de panneaux solaires, sont en train de s'arracher.

Vingt ans pour restaurer l'espoir

Pendant longtemps, l'an 2000 a fait rêver. Ce chiffre magique évoquait des images de progrès technologique, de paix universelle. Et puis, le rêve a tourné au cauchemar. Le problème avec les prophéties de malheur, c'est qu'elles peuvent finir par se réaliser, si elles conduisent chacun à dire : « *Tout est perdu, je baisse les bras.* » Ou bien alors, elles finissent par être démenties, si elles conduisent chacun à dire : « *Ce n'est pas possible, il faut faire quelque chose.* »

Il reste vingt ans pour faire mentir les prophètes de malheur, et pour faire du siècle à venir celui de l'espoir. Pourquoi vingt ans ? Parce qu'en l'absence de changements, la concentration de gaz carbonique aura dépassé 500 ppm dans vingt ans, et que le dérèglement du climat risque d'être tel qu'alors oui, il sera peut-être trop tard. Vingt ans, heureusement, c'est assez pour faire échec aux pires des prophéties. Vingt ans ont suffi pour reconstruire l'Europe après la Seconde Guerre mondiale, et transformer un champ de ruines (1945) en une économie en plein boom (1965). Vingt ans ont suffi pour moderniser l'agriculture française et passer du cheval (1950) au tracteur (1970). Vingt ans ont suffi pour sortir l'Asie de la famine (1955) et la mettre sur la voie de la croissance (1975). Vingt ans suffiront pour faire passer le XXIe siècle de la peur à l'espoir.

Aujourd'hui, l'humanité vit sur ses stocks. Elle est en train de dilapider l'héritage des générations précédentes : un climat stable, des réserves d'énergie et de matières premières, des sols fertiles, de l'eau abondante, un environnement sain et diversifié. Autant de ressources, de services fournis gratuitement par l'écosystème, qui sont, à tort, considérés comme acquis.

Ainsi, la croissance actuelle de l'économie mondiale, tirée par les pays émergents, n'est pas le reflet d'un investissement destiné à produire plus de richesses. Elle indique simplement que les Hommes sont plus nombreux à vider les stocks. Là où 1,5 milliard d'habitants des pays industrialisés utilisaient les ressources naturelles, 5 milliards d'habitants des pays en développement sont en train de s'inviter au banquet. Aujourd'hui, l'humanité est à un carrefour. Les réserves de capital écologique sont encore suffisantes pour permettre à l'économie de fonctionner, d'innover. Il est encore temps d'utiliser ces ressources pour reconstruire l'héritage, et mettre en place une économie positive (zoom 31).

Zoom 31 : L'économie positive pour les nuls

L'économie positive fait de la restauration de l'environnement le moteur de la croissance, une croissance positive sur les cinq bilans environnementaux : climat, énergie, ressources (matières premières, eau et sols), santé, diversité, et sur le bilan de l'emploi. Pour y parvenir, les entreprises, les collectivités territoriales et les individus engagés dans l'économie positive appliquent les principes d'actions suivants :

Faire plus avec moins, en trois principes :

– *finalité* : penser en terme de besoins et non de produits, remplacer la production de biens matériels par des services

– *circularité* : réduire, réutiliser, recycler

– *complémentarité* : les déchets de l'un, y compris tous les flux sortants non valorisés, sont les ressources de l'autre.

Ainsi, elle augmente la productivité des ressources : énergie, matières, eau, sols, etc. et permet aux acteurs économiques de baisser leurs coûts. Elle réduit les impacts négatifs sur l'environnement : émissions de gaz à effet de serre, de produits toxiques, atteintes à la biodiversité.

Faire plus avec la biosphère, en trois principes :

– *substitution* : remplacer des ressources fossiles, émettrices de gaz à effet de serre, par des ressources renouvelables, qui n'émettent pas de gaz à effet de serre, voire stockent du carbone. Remplacer des procédés polluants par des procédés non toxiques, voire dépolluants.

– *valorisation* : utiliser chaque surface qui reçoit du soleil pour produire de la chaleur, de l'électricité ou de la biomasse. Valoriser chaque flux de matière, d'eau ou d'énergie non employé.

– *diversité* : choisir des solutions diversifiées, pour limiter les effets négatifs propres aux solutions uniques (« les solutions d'hier sont les problèmes de demain »), et pour se préparer à l'imprévu.

Ainsi, grâce aux ressources de la biosphère, l'économie positive stocke du carbone, produit de l'énergie et des matériaux renouvelables, dépollue les eaux, l'air et les sols, et régénère la diversité du vivant, tout en créant de nouveaux marchés.

D'abord, réduire

Avant de pouvoir réparer, il faut commencer par limiter les dégâts : *primum, non nocere,* d'abord ne pas nuire, comme disent les médecins. La première étape est donc d'améliorer la productivité des ressources en appliquant les principes de finalité, circularité (réduire, réutiliser, recycler) et complémentarité. Une étape qui permet souvent des économies, par la réduction des coûts d'énergie, de matière et d'eau.

Une étape pourtant souvent oubliée : ainsi, des fabricants automobiles promettent des 4 x 4 qui seraient « verts » parce qu'ils fonctionnent au biocarburant. En oubliant qu'avant de changer de type d'énergie, il faut commencer par réduire les besoins des véhicules en ajustant leur puissance au besoin, et en améliorant les performances des moteurs. Sans quoi, compte tenu de l'augmentation de la population et du niveau de vie dans les pays émergents, il sera impossible de produire assez d'énergies de substitution pour tous.

Le siècle du vivant

La plupart des propositions de développement durable s'en tiennent encore, en 2007, à cette étape du « faire moins mal », avec pour objectif de « protéger la planète ». Mais aujourd'hui, le capital écologique mondial est si entamé, et la demande de croissance est si forte, que cette approche conservatrice ne peut plus suffire. Il faut une approche proactive, qui restaure la capacité de l'environnement à répondre aux besoins de l'humanité : il ne s'agit plus simplement de protéger, mais de réparer, puis, même d'enrichir, de nourrir le capital écologique dont dépend l'économie.

Pourquoi cette approche est-elle encore si rare ? Parce que pour la concevoir, il faut observer le fonctionnement de la nature, des écosystèmes, des économies agricoles, qui pendant des siècles ont vécu sur la base d'une économie positive. Pour passer en mode positif, l'humanité a besoin de la biosphère. Elle a besoin de substituer des ressources fossiles, en voie d'épuisement, émettrices de carbone, par des ressources renouvelables, non émettrices de carbone, voire qui stockent du carbone. Ces ressources ? L'énergie de la terre (géothermie et nucléaire), mais surtout celle du soleil, sous toutes ses formes directes et indirectes : solaire thermique, photovoltaïque, éolien, hydraulique, énergie de la houle... et celle captée par les végétaux, grâce à la photosynthèse, qui permet de produire biocarburants et biomatériaux. Cette photosynthèse qui représente le seul mécanisme dont dispose l'humanité pour absorber le carbone accumulé en excès dans l'atmosphère depuis le début de la Révolution industrielle.

C'est donc en faisant appel au vivant que l'humanité produira des ressources renouvelables et restaurera le climat. C'est aussi en s'inspirant du vivant, du fonctionnement des écosystèmes, que l'économie restaurera les ressources en eau, les sols, la santé et la biodiversité.

L'économie industrielle, alimentée par le moteur à explosion puis par l'électricité, a été conçue par des ingénieurs, formés aux mathématiques, à la physique, à la chimie, aux sciences dures. L'économie positive, alimentée par la photosynthèse, est déjà, et sera de plus en plus, conçue par des ingénieurs de la vie, formés à la biologie, à l'écologie, à l'agronomie, à la biochimie. Le siècle de l'espoir sera le siècle du vivant... ou ne sera pas.

Dans les pas des pionniers

Cette économie qui restaure le climat, l'énergie, les ressources, la santé et la diversité, est déjà en marche. Elle se décline à travers tous les secteurs : industrie, bâtiment, agriculture et forêt, transports... Elle crée les contours d'un monde où les choix économiques sont sans regrets, parce que chaque point de croissance économique aura un impact positif sur l'environnement et ses ressources. Un monde où la croissance d'aujourd'hui, loin d'hypothéquer l'avenir, le rend meilleur. Un monde où, à l'image de l'arbre, chaque acteur économique contribue de manière positive à son environnement, et nourrit la croissance des autres, de manière pérenne.

Déjà, des pionniers investissent dans cette nouvelle économie : certains ont été présentés tout au long de ce livre. D'autres sont récompensés, chaque année, par les Trophées de l'Économie Positive, organisés pour la première fois le 22 mars 2007[1] (solution 39). Ces entreprises appliquent tout ou partie des principes de l'économie positive. Ce faisant, elles réduisent leurs coûts, anticipent l'évolution de l'économie, réduisent leur exposition aux risques environnementaux, créent de nouveaux marchés et se différencient de leurs concurrents.

Des emplois pour tous

Ces pionniers sont aussi des créateurs d'emplois. Car l'économie positive a besoin de bras, ou plutôt de cerveaux. En Europe, les besoins d'emplois dans le secteur des énergies renouvelables, de la dépollution, du traitement des eaux, ou encore de la rénovation des bâtiments sont estimés à plusieurs millions. Il faut y ajouter plusieurs centaines de milliers d'emplois dans l'agriculture et les transports positifs. Certains objectent déjà que ces emplois seront simplement déplacés d'un secteur à l'autre, par exemple, de la production d'automobiles à celle des éoliennes. Ce sera peut-être vrai marginalement. Mais de façon générale, comme les exemples de ce livre l'ont

1. Organisés par BeCitizen, HEC et Reporters d'Espoirs, en partenariat avec France Info, TF1 et LCI.

Solution 39 : Récompenser les pionniers de l'économie positive

L'économie positive existe déjà, à travers des innovations portées par des start-ups, mais aussi par des entreprises déjà établies, qui cherchent de nouveaux modèles économiques en réponse aux enjeux de demain. Pour sélectionner et mettre en avant ces pionniers, BeCitizen a fait appel aux étudiants du mastère management du développement durable d'HEC. Voici les lauréats et quelques nominés de la première promotion, 22 mars 2007, des Trophées de l'Économie Positive.

Nominés dans la catégorie « Start-up », Batiplum, cette jeune pousse vendéenne qui transforme les plumes jetées par les élevages de volaille pour fabriquer un nouvel isolant, plus efficace et moins gourmand en énergie que la laine de verre ou de roche (cf. chapitre 6). Et aussi Robin Sun, les inventeurs strasbourgeois du vitrage solaire, le mur 3 en 1 qui produit de l'eau chaude, isole, et laisse passer la lumière naturelle (chapitre 2).

Nominés dans la catégorie « Impact » celle des entreprises établies, Ökofen, une entreprise autrichienne, leader européen des chaudières à granulés de bois – en Autriche, déjà une maison neuve sur trois est équipée de ce type de chaudières, qui produit une chaleur confortable et renouvelable, neutre en gaz à effet de serre. Et aussi Michelin, pour son offre Fleet Solutions qui permet aux transporteurs routiers de faire des économies d'énergie en remplaçant la vente de pneumatiques par la facturation des kilomètres parcourus (chapitre 6).

Et les gagnants sont...

Lauréat de la catégorie Start-up, une jeune pousse britannique, Ocean Power Delivery, créatrice du Pelamis, qui permet de convertir l'énergie de la houle en électricité (cf. chapitre 2).

Lauréat de la catégorie Impact, Precious Woods, une société suisse qui a démarré son activité en 1996 par la reforestation de pâturages abandonnés au Costa Rica, avant d'investir dans la gestion durable de forêts et la vente de bois labellisés FSC à l'international.

souligné, les technologies de l'économie positive font plus appel aux Hommes que les technologies de l'économie négative.

Pourquoi ? Parce qu'elles reposent largement sur des ressources naturelles, et que pour cette raison elles sont moins faciles à standardiser et à automatiser que les technologies fondées sur des ressources fossiles et synthétiques.

Des Américains ont fait le calcul. Investir dans les énergies renouvelables permet de créer plus d'emplois, pour chaque dollar investi et pour chaque kWh produit, que les énergies fossiles. Ainsi, produire 1 MWh d'énergie solaire nécessite environ 1 500 emplois, contre 150 pour le gaz naturel. En effet, les unités de production d'énergies renouvelables sont décentralisées sur de nombreux sites. Autant d'emplois pour leur installation, mais aussi leur maintenance, et celle des réseaux complexes de transport de l'énergie qui les accompagnent. Ainsi, une augmentation de 20 % de la part des énergies renouvelables aux États-Unis d'ici à 2020 créerait environ 350 000 emplois.

L'économie positive crée aussi des emplois en valorisant des ressources et des territoires non employés : un champ qui accueille une éolienne ou produit du bioéthanol crée plus d'emplois qu'un champ dont le propriétaire est payé pour le maintenir en jachère non productive, comme c'est le cas de millions d'hectares aux États-Unis et en Europe. Un centre de traitement des déchets couplé à des unités de recyclage et de méthanisation crée plus d'emplois qu'une décharge à l'air libre.

À l'inverse, l'économie négative, qui repose sur l'automatisation par l'emploi d'énergies et de ressources fossiles ou synthétiques, crée des chômeurs. Entre 1980 et 2000, l'automatisation de l'industrie du charbon américaine a conduit à supprimer 66 % de ses emplois, alors que la production augmentait de 32 %. Et l'industrie du charbon devrait licencier encore 40 % de sa force de travail d'ici 2020, même si la demande de charbon augmente. Pour l'essentiel, des emplois pénibles, à faible valeur ajoutée, que peu vont regretter.

Ainsi, les technologies de l'économie négative ont prospéré au XXe siècle, dans un contexte où l'énergie était de

Solution 40 : Des emplois verts pour tous

Les emplois de demain seront verts, intelligents et liés aux territoires. La plupart n'existent pas encore, ou sont en train d'apparaître. Quelques annonces d'emploi du XXIe siècle :

Responsable de vidéo-communications : pour notre société multinationale, vous faites l'inventaire des déplacements professionnels des employés, et mettez en place les outils qui permettront de remplacer ces déplacements par des vidéo-communications.

Chasseur de flux : pour notre groupe leader de la papeterie, vous réalisez un diagnostic des flux de matière, énergie et eau et des émissions de carbone de nos sites de production. Vous identifiez comment appliquer les principes « réduire, réutiliser, recycler » pour optimiser ces flux.

Bioclimatiseur de maisons : vous aidez les clients de notre groupe, leader de la construction de maisons individuelles, à adapter nos concepts de maisons en fonction des paramètres bioclimatiques de leurs terrains.

Autonomeur : pour notre région, leader de l'économie positive en France, vous organisez un plan local d'aménagement permettant de renforcer la valorisation des ressources locales, notamment dans le domaine de l'énergie.

Hygiéniste industriel : pour notre groupe du secteur de la chimie, vous aidez à prévenir l'incidence de maladies chroniques de nos collaborateurs en réduisant l'emploi de produits toxiques.

Et aussi : responsable installation-maintenance de panneaux solaires, installateur de systèmes géothermiques, expert en matière organique, valorisateur de déchets, optimisateur de ressources solaires, spécialiste du bois-énergie, gestionnaire de stocks d'eau, responsable du sourcing de biomatériaux, négociant en crédits d'émissions de carbone...

moins en moins chère par rapport au travail (chapitre 2). L'économie positive, elle, a besoin d'emplois plus nombreux, et surtout plus qualifiés et plus liés aux ressources locales des territoires, donc plus stables car plus difficilement délocalisables (solution 40).

Des territoires vivants

L'économie positive est ainsi une occasion de redynamiser des régions qui ont vu partir leurs emplois industriels. Les territoires ont intérêt à ce que leurs habitants passent à une alimentation de qualité, à haute valeur ajoutée, produite localement, et commercialisée par des circuits courts.

Les territoires ont aussi intérêt à valoriser leurs terres agricoles et leurs déchets pour produire des biocarburants et des biomatériaux. Ils créeront de la valeur ajoutée en régénérant leurs ressources en eau et la fertilité de leurs sols, et en valorisant chaque mètre carré qui reçoit du soleil ou du vent pour produire de l'énergie et des ressources répondant aux besoins locaux.

Une planète en partage

Ce qui est vrai en France l'est aussi ailleurs, notamment dans les pays en développement, qui ont intérêt à une économie qui produise localement les ressources dont ils ont besoin, moins dépendante des flux d'import et d'export. Ils feront partie des gagnants d'une économie qui repose sur le soleil, une ressource dont ils sont amplement dotés (zoom 32). Et avec la nécessité de stocker du carbone et de produire des bioressources, ils pourront être les premiers bénéficiaires d'un programme de reverdissement des déserts et de régénération des terres agricoles, effaçant les dégâts de la désertification du XXe siècle.

Aujourd'hui, la question ne se pose plus du « Pourquoi passer à l'économie positive ? ». En continuant dans la voie

Zoom 32 : La ceinture solaire

La ceinture solaire désigne les régions du globe dont l'ensoleillement direct moyen annuel excède 2000 kWh/m²/an. Ces pays ont un fort potentiel de valorisation de l'énergie solaire, encore sous-utilisé. Aujourd'hui, les leaders de l'énergie solaire sont plutôt l'Allemagne et le Japon, des pays moyennement ensoleillés. L'économie positive offre donc une opportunité unique à des pays souvent pauvres de valoriser leur ensoleillement. C'est vrai aussi pour les pays de la zone équatoriale, au potentiel forestier important.

Carte : Alain FERRIERE et Gilles FLAMANT, IMP-CNRS, Centre du Four Solaire, BP5, 66125 Font-Romeu.

de l'économie négative actuelle, nous allons perdre les acquis du XXe siècle. Au contraire, nous avons tout à gagner à changer de modèle. La question ne se pose plus du « comment ? », en tout cas pas sur le plan technique. Car les technologies sont là. Certaines sont encore en voie de développement, mais les progrès sont aujourd'hui beaucoup plus rapides qu'ils ne l'ont jamais été. L'humanité dispose du plus puissant réseau d'innovation et d'échanges qui ait jamais existé : plus de 3 millions de chercheurs, dont environ

2,2 millions dans les pays de l'OCDE et 500 000 en Chine, plusieurs dizaines de millions d'entreprises, et 1 milliard d'individus connectés par le biais d'Internet. Il reste à chacun de décider dans quel sens utiliser cette capacité créative.

La question aujourd'hui, c'est donc celle de l'accélération de l'économie positive : comment créer, au plan social, politique et économique, les conditions d'un déploiement rapide des solutions qui permettront de réparer la planète en créant des emplois et des richesses pour tous ? Comment faciliter la transition d'un système à l'autre ? Ouvrons le sujet avec quelques pistes.

Soutenir l'innovation

Apprendre à désapprendre, apprendre à innover

Philippe Desbrosses, un des acteurs historiques de l'agriculture biologique, aime à le répéter : « *Il nous faut avant tout apprendre à désapprendre, pour être capable de remettre en cause radicalement notre façon de travailler.* »

L'économie positive demande une rupture avec les pratiques établies. Dans de nombreux secteurs en effet, les gains d'efficacité qui peuvent être atteints de manière « incrémentielle », par de petits ajustements, ont déjà été effectués. C'est en particulier le cas dans l'industrie.

L'économie positive demande à l'entreprise d'élargir sa vision, et de regarder comment exploiter de manière optimale ses flux d'énergie, d'eau, de matières... au-delà du périmètre strict de son usine, et au-delà de son cœur de métier. Il s'agit donc d'une approche plus complexe que la seule optimisation de l'efficacité énergétique des lignes de production industrielle. La même approche résolument innovatrice s'applique aussi à l'agriculture, au bâtiment et aux transports.

Encourager les PME

Cette approche innovatrice est plus fréquente dans les petites entreprises, de type « start-up » que dans les grands groupes. Une start-up n'a rien à perdre : elle se lance sur un nouveau marché, sans outil de production, sans réputation, sans clients, elle doit tout créer à partir d'une idée, d'un brevet, de capital et de l'énergie de ses fondateurs. Une entreprise établie, elle, a des choses à perdre : un marché, une image, des lignes de production dans lesquelles elle a investi, et des actionnaires qui attendent d'elle des résultats récurrents à chaque trimestre. Elle peut se permettre des innovations progressives, mais peut difficilement prendre le risque d'une rupture majeure avec ses pratiques.

C'est pourquoi les innovations naissent souvent dans des petites structures, avec des financements adaptés, sous forme de capital-risque. Les « start-ups » qui réussissent sont ensuite souvent rachetées par les plus grosses entreprises, à qui elles servent finalement de laboratoire de recherche-développement externe.

Les États-Unis, conscients du potentiel d'innovation des start-ups, les favorisent systématiquement à travers une loi, le Small Business Act, datant de 1953, qui leur accorde non seulement des prêts ou des cautions bancaires, mais des marchés. Chaque entreprise publique doit faire appel au moins à 50 % de PME parmi ses fournisseurs. Une façon beaucoup plus efficace d'encourager leur développement que les subventions. En France, en Europe, les dispositifs d'aides aux PME restent très complexes et peu efficaces. À quand l'équivalent européen, voire français du Small Business Act ? Comment faire pour favoriser systématiquement les PME innovantes en leur donnant la chance de s'aguerrir en leur donnant des conditions préférentielles d'accès aux marchés, notamment publics ?

S'ouvrir sur le monde

Le Small Business Act en est un exemple : apprendre de l'étranger est un pas indispensable vers l'économie positive, comme le rappelle Claire Tutenuit, déléguée générale du groupement Entreprises Pour l'Environnement (EPE) : « *Dans les années à venir, les flux économiques et financiers vont se rediriger en faveur des entreprises qui ont intégré le changement climatique et l'environnement dans leurs business models. La France a beaucoup investi dans le nucléaire, mais elle a pris du retard dans d'autres secteurs. Nous sommes en train de laisser passer de nombreuses opportunités : aujourd'hui, on importe des vélos électriques de Chine, des voitures hybrides du Japon, des panneaux solaires d'Allemagne et de Norvège. La première chose à faire pour rattraper ces retards, c'est de réaliser une veille active sur tout ce qui se passe à l'étranger, secteur par secteur*[1]. »

Après avoir pris de l'avance dans de nombreuses technologies liées à l'environnement, l'Europe pourrait vite se faire rattraper. Les plus gros investissements en matière de technologies vertes sont aux États-Unis, et leur croissance est rapide. Le réseau CleanTech Venture, qui réunit des investisseurs et des start-ups spécialisés dans les technologies pro-environnement, a permis de lever près de 3 milliards d'euros en 2006, soit 50 % de plus qu'en 2005. Dans le même temps, les investissements européens en capital-risque liés à l'environnement et au développement durable ont atteint 1,25 milliard d'euros en 2006[2]. Les fonds investis vont de 1 à 5 millions d'euros par start-up, alors que la moyenne aux États-Unis est de 8,6 millions d'euros. Cela veut dire que les PME innovantes européennes vont être beaucoup moins dotées que leurs concurrentes américaines.

---

1. Réunion des Conseillers du commerce extérieur sur les opportunités liées à l'environnement, Maison de l'Amérique latine, 22 mai 2007.
2. Source : Eurosif, Forum européen pour l'investissement social.

Même en matière de politiques, l'innovation peut venir de l'étranger : la ville de San Francisco exonère déjà de charges sociales les PME innovantes du secteur environnement et l'Australie qui, comme les États-Unis, a pourtant refusé de signer le protocole de Kyoto sur les émissions de gaz à effet de serre, vient de s'engager à rendre obligatoires les ampoules à faible consommation.

Les pays émergents, hier encore considérés comme peu sensibilisés aux enjeux de l'environnement, sont en train de rattraper leur retard. À mesure que leur capacité d'innovation et que leur prise de conscience progresse, ils se positionnent comme leaders sur un certain nombre d'innovations vertes. La Chine produit déjà 65 % des panneaux solaires du monde, l'Inde vient de lancer un ambitieux programme de valorisation de sa biomasse, et le Brésil est le premier producteur mondial de bioéthanol. Moins contraints que l'Europe par des infrastructures, des modes de production existants, ils embrassent l'innovation avec plus de confiance, comme l'explique Guy Nègre, patron de MDI, sauvée par son partenariat avec Tata : « *L'Inde est curieuse de nouveauté. L'automobile indienne a besoin de véhicules petits, économes. Ils ne vont pas les trouver chez les grands constructeurs classiques. Ils sont donc à la recherche d'innovation*[1]. »

L'économie positive appartiendra à ceux qui sauront s'ouvrir à l'international, à la fois pour y chercher les meilleures idées, et aussi pour y construire les joint-ventures de demain, les entreprises internationales qui sauront démultiplier les innovations à l'échelle mondiale.

1. Sur le même thème, voir E. Izraelewicz, *Quand la Chine change le monde*, Grasset, 2005.

Pour une finance positive

L'exemple des États-Unis rappelle que la finance détient la clé de l'économie positive. Pour répondre aux enjeux du climat et de l'environnement en général, les entreprises, les États, les individus ont besoin d'investir. Le marché financier actuel répond en partie à ces besoins, mais une accélération, un changement d'échelle est nécessaire pour se mettre à la hauteur des enjeux. Le paradoxe est que le capital est disponible. La masse monétaire qui circule dans le monde a doublé entre 2000 et 2006, progressant trois fois plus vite que la production. Le monde aurait ainsi accumulé un excédent de liquidités de 2 165 milliards de dollars depuis 2000[1]. Pourtant, cet argent n'est pas assez réinvesti. Ces dernières années, les entreprises ont consacré une part croissante de leurs bénéfices au rachat de leurs propres actions, ou pour la distribution de dividendes à leurs actionnaires, au détriment de l'investissement de long terme dans leurs appareils de production.

La vocation des bulles financières est d'exploser. Les actifs surévalués finiront par se dégonfler, notamment si une hausse des taux d'intérêts ralentit l'économie et provoque un nouveau krach. L'économie mondiale a vécu cette situation en 2001. Aujourd'hui, qui sont les gagnants du krach ? Ceux qui avaient su investir dans les sociétés gagnantes de l'économie Internet, dans les Google, les Yahoo. Car après une correction, qui a liquidé de nombreuses sociétés de la sphère Internet sans valeur réelle, ce sont bien ces sociétés qui sont les nouvelles valeurs fortes.

Aujourd'hui, les financiers gagnants, qui dépasseront les hauts et les bas du marché, seront ceux qui font le pari de l'économie positive. Ceux qui auront des parts de sociétés

---

1. S. Julian et B. Mathieu, « Y a-t-il trop d'argent dans le monde ? », *L'Expansion*, mars 2007.

produisant de l'énergie solaire, stockant du carbone, produisant des biomatériaux, ou des technologies d'efficacité énergétique. C'est ce qu'explique Hugo Ferreira, de la Compagnie Benjamin de Rothschild : « *Nous avons laissé passer la vague Internet, mais nous ne laisserons pas passer la vague de l'environnement. Car cette vague n'est pas une bulle spéculative : elle repose sur de vrais fondamentaux, sur un changement de contexte de l'économie, qui est là pour durer. Et contrairement à certaines sociétés de la bulle Internet, les sociétés de l'économie positive ont de vrais actifs, des brevets, des outils industriels, elles ne sont pas construites sur du vent.* »

Les financiers gagnants de l'économie positive seront ceux qui sauront inventer de nouveaux services, adaptés au besoin d'investissement innovant et à long terme du monde d'aujourd'hui. Ils devront, par exemple, être capables de structurer des levées de fonds de manière innovante pour des start-ups vertes. Ils devront créer de nouveaux supports d'investissements innovants, par exemple dans le stockage de carbone, les énergies renouvelables ou dans la dépollution des sols, comme ceux qui commencent à exister en Europe et aux États-Unis. L'économie positive va aussi créer une demande pour de nouveaux services bancaires. Les particuliers, par exemple, vont vouloir rénover leurs logements pour en diminuer la consommation d'énergie. Les banques peuvent prêter les sommes nécessaires, et se rembourser sur la base des économies réalisées, selon le modèle inventé par les Banques populaires avec leur service Prév'air.

Des politiques positives

Consommer positif ?

Marina est une « bobo » – une bourgeoise-bohème, cette nouvelle classe aisée, éduquée, et écologiste – d'une grande ville française. Consciente de l'influence que lui confère son pouvoir d'achat, elle a acheté le tout dernier guide du consommateur responsable[1], et lit tous les articles consacrés à « l'éco-consommation » dans les magazines. Elle a appris à éviter les emballages volumineux, les fruits importés de l'autre bout du monde, et à donner la préférence aux produits bios. Son salaire de rédactrice en chef lui permet de payer un peu plus cher, si nécessaire, pour des produits respectueux de l'environnement. Aujourd'hui, pourtant, devant le rayon de la supérette locale, elle craque : « *J'ai le choix entre des kiwis bios importés de Nouvelle-Zélande, ou des kiwis du sud de la France, pas bios et vendus avec un énorme emballage plastique. Qu'est-ce que je suis censée choisir ? Lequel est le moins négatif pour l'environnement ?* »

S'il est important de sensibiliser les consommateurs à l'impact des produits qu'ils achètent, encore faut-il les informer de manière complète, pour leur permettre de faire des choix éclairés. Calculer les cinq bilans écologiques d'un produit (et même son simple bilan énergétique) peut demander des analyses en cycle de vie sur plusieurs mois à un consultant spécialisé. Il faut donc rendre obligatoire une information claire, quantitative, sur l'impact environnemental de tous les produits que nous achetons, et en premier lieu sur leur bilan climat (solution 41).

Cette politique d'information permettra au consommateur de savoir quels produits se rapprochent le plus d'une

1. E. Laville et M. Balmain, *Achetons responsable ! Mieux consommer dans le respect des hommes et de la nature*, Paris, Le Seuil, 2006.

Solution 41 : L'étiquette climat

Les appareils électroménagers, les voitures, présentent déjà une signalétique « NF environnement » indiquant dans quelle catégorie ils se situent en matière de consommation d'énergie et donc de rejets de gaz à effet de serre. Cette politique encourage les entreprises à faire progresser leurs produits. Petit à petit, les consommateurs délaissent les produits en catégorie « F », qui finissent par disparaître des catalogues. Et le niveau des performances remonte : en quelques années, les produits autrefois considérés comme les plus économes peuvent être les plus bas.

Tesco, un des leaders de la grande distribution britannique (60 milliards de CA), s'est engagé à placer sur ses 70 000 produits une étiquette indiquant leur bilan en matière de rejets de CO_2. C'est un signal fort, qui devrait engager tous les distributeurs à en faire autant, et les États à rendre obligatoire cette information. Le groupe Casino vient d'ailleurs de lui emboîter le pas, en décidant d'évaluer l'impact environnemental de ses marques propres pour en afficher le résultat.

Tous les produits distribués en Europe, demain, devront comporter une étiquette climat, indiquant le bilan de leur production, de leur transformation et de leur transport en matière de gaz à effet de serre. Cette politique encouragera les industriels et les distributeurs à effectuer le bilan de leurs activités. Elle les aidera à repérer les produits en danger, parce que trop émetteurs de gaz à effet de serre, et qui demain seront de plus en plus taxés. Elle aidera les consommateurs à faire les bons choix pour que chacun de leurs achats répare la planète. Elle devra être suivie d'une information sur les cinq bilans de l'économie positive.

économie positive. Il restera alors le dilemme du prix. Aujourd'hui, les produits les plus négatifs sont souvent aussi les moins chers. C'est le cas des fruits et légumes importés de l'autre bout du monde, des installations de chauffage au gaz par rapport au chauffage solaire, des voitures classiques par rapport aux voitures hybrides, du tourisme de masse par rapport aux séjours écotouristiques. Le consommateur se retrouve alors pris dans une double contrainte, et doit choisir entre son intérêt, et celui de l'environnement.

Une petite minorité de consommateurs a les moyens et la motivation nécessaires pour pouvoir payer plus cher un produit plus positif pour l'environnement. Leur impact reste limité. Cette situation crée d'ailleurs des injustices, lorsque le caractère positif des produits coïncide avec un gain pour le consommateur. Après tout, pourquoi seuls quelques favorisés pourraient-ils acheter des peintures non toxiques, des véhicules qui consomment moins, des produits alimentaires sains, et investir pour isoler leur maison et la rendre ainsi plus économique et confortable ?

Favoriser la convergence des intérêts

Pour accélérer le passage à l'économie positive pour tous, il faut donc que les moins favorisés puissent se payer ses produits, et que tous les consommateurs aient intérêt à les acheter. La vertu est rarement spontanée. Les consommateurs doivent avoir intérêt à consommer positif, et les entreprises à produire positif. Cela signifie, en fait, faire converger les intérêts de court terme et de long terme de tous. Cela signifie faire converger les intérêts des entreprises avec ceux de l'ensemble de l'humanité. Cela signifie réconcilier l'économie et l'environnement, comme nous l'avons proposé au démarrage de ce livre.

Aujourd'hui, la zone de convergence (zoom 33), la partie de l'économie où les intérêts de tous vont dans le même sens, où le court terme rejoint le long terme, est trop étroite. Pour l'élargir, il faut changer l'environnement économique des entreprises, des financiers, des consommateurs. C'est là qu'intervient le rôle des régulations, des politiques, de l'État.

***Zoom 33* : Favoriser la convergence des intérêts**

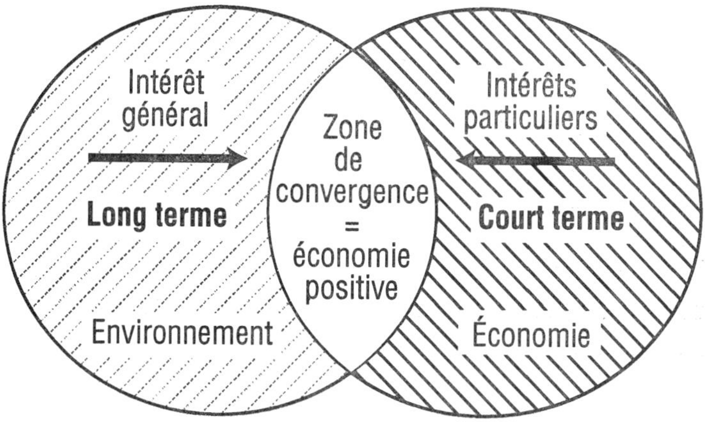

Réglementer pour le long terme

Le premier levier d'intervention de l'État est la législation. De nombreuses réglementations permettent de favoriser les produits moins négatifs : directive REACH, directive climat, directive sur les véhicules hors d'usage (VHU), directive sur les déchets d'équipements électroniques (DEEE), Réglementation thermique (RT), interdiction des phosphates dans les lessives, utilisation obligatoire des ampoules basse consommation en Australie... Perçues comme de nouvelles contraintes par les entreprises, elles peuvent devenir facteurs de compétitivité. En effet, elles les amènent à anticiper l'évolution du contexte mondial, à trouver des solutions aux futurs besoins du marché, et à éviter de se retrouver demain avec des produits invendables (solution 42). Les réglementations les plus utiles dans ce sens sont celles qui donnent une visibilité de long terme. Les entreprises, pour innover et investir, ont besoin de cette vision. C'est par exemple le cas de la

Solution 42 : Éviter les invendables

De nombreux produits qui ont fait le succès de l'industrie à un moment donné peuvent basculer à tout moment dans la catégorie des invendables, suite à une prise de conscience de leur impact négatif sur le climat, la santé ou les ressources naturelles. Les entreprises ont intérêt à cesser de les produire avant qu'il ne soit trop tard. Ci-dessous une petite liste d'invendables d'hier et de demain. Amusez-vous à rajouter les vôtres.

Quelques invendables d'hier, retirés du marché après avoir été des succès commerciaux

Le DDT, l'amiante, les esters de glycol, les lessives aux phosphates, le Vioxx, les CFC, le distilbène...

Et demain peut-être

Les 4 × 4 urbains, tous les véhicules qui rejettent plus de 80 g CO_2/km, les ampoules à filament, les cosmétiques au parabens, le dentifrice au triclosan, les PCB et SF6, les piles non rechargeables, le bois traité au CCA/CCB, le bois non certifié FSC, les emballages alimentaires en plastique non biodégradable, les motos à deux temps, les appartements chauffés au fioul collectif...

Remplacés par...

Des voitures ultra-légères, des LED, des cosmétiques et dentifrices bios, l'isolation par le vide, les piles rechargeables, du bois rétifié ou traité aux huiles végétales, du bois certifié FSC, des scooters électriques alimentés par des énergies renouvelables, des appartements à énergie positive...

réglementation thermique, qui donne aux constructeurs des objectifs de plus en plus ambitieux par paliers de cinq ans.

La réglementation doit aussi prendre acte des solutions qui existent. Les entreprises luttent souvent contre l'interdiction de certaines technologies négatives, en arguant du fait qu'elles n'ont pas de solutions de remplacement. Mais lorsque les solutions existent, le législateur doit en prendre acte et les imposer. Ainsi, la réglementation thermique sur les bâtiments, justement, pourrait être plus ambitieuse et donner des objectifs de réductions plus importants et plus rapides, puisque les solutions pour fabriquer des bâtiments basse consommation, pratiquement sans surcoûts, existent déjà.

Pour un Club de l'Économie Positive

Nous sommes en 1987. Ronald Reagan, président des États-Unis, explique au monde entier qu'il est urgent de faire face à la croissance du « trou de la couche d'ozone ». L'ozone, en effet, protège l'humanité des rayons ultraviolets mortels du soleil. Sa raréfaction autour des pôles menace la vie sur terre. Mis en cause : les CFC, ces composés fluorochorés utilisés dans les aérosols, les réfrigérateurs et dans l'industrie, qui détruisent l'ozone en altitude. Peu de temps après, les États-Unis signent le protocole de Montréal, qui interdit les CFC.

Pourtant, Ronald Reagan n'a pas la réputation d'être un ami des écologistes. Depuis le début de sa première présidence, en 1981, il a nié les dangers de la couche d'ozone. Son revirement a suivi le dépôt, par l'entreprise américaine DuPont, d'un brevet qui lui assure le monopole international de la fabrication des produits de remplacements des CFC[1].

Chaque tentative d'interdiction de produits dangereux, comme l'amiante ou les CFC, suscite dans un premier temps l'opposition des entreprises qui dépendent, ou croient dépendre, de ces produits. Organisées en lobbys, ou groupes de pression, elles exploitent alors la moindre incertitude des milieux scientifiques pour gagner du temps jusqu'à ce qu'elles trouvent un intérêt au changement. C'est ainsi que DuPont a soutenu l'interdiction des CFC après avoir trouvé un produit de remplacement. C'est ainsi qu'en Allemagne, les conseils

1. Information communiquée par Laurence Tubiana, directrice de l'IDDRI. Voir aussi C. Allègre, *Ma vérité sur la planète*, Plon et Fayard, 2007.

régionaux ont vu arriver les représentants de l'industrie éolienne, organisée en lobby pour encourager la passation de réglementations en faveur des énergies renouvelables[1]. C'est ainsi qu'aux États-Unis, les groupes pétroliers deviennent de moins en moins réticents à admettre le changement climatique au fur et à mesure qu'ils investissent dans des énergies de remplacement.

Les entreprises de l'économie positive ont intérêt à ce que la réglementation aille dans le sens de la restauration de l'environnement. Elles doivent donc se constituer à leur tour en groupes de pressions, pour contrer les lobbys négatifs qui retardent le progrès des régulations. Ce Club de l'Économie Positive, à créer, pourra aussi travailler avec les gouvernements pour concevoir des politiques de régulation plus efficaces. La première étape, bien souvent, consiste d'ailleurs à identifier et éliminer les politiques négatives existantes, toutes celles qui donnent un avantage direct ou indirect aux technologies à impact négatif.

Créer de nouveaux marchés

La création de permis échangeables est une manière efficace d'inviter les entreprises à réduire leurs émissions nuisibles. Elle a l'avantage de créer de nouveaux marchés, et donc d'ouvrir un cercle vertueux de croissance positive pour l'environnement. Cette démarche avait été appliquée avec succès aux États-Unis en 1995 pour réduire les émissions de dioxyde de soufre des entreprises, responsables des pluies acides. Elle sert depuis 2005, en Europe, à inviter les entreprises à réduire leurs émissions de gaz à effet de serre.

Rappelons le principe : chaque entreprise émettrice se voit fixer un quota, c'est-à-dire un niveau maximum d'émis-

1. Paul Roberts, *The end of oil*, Bloomsbury, 2004.

sions. Au-dessus de ce quota, elle doit payer une amende non libératoire pour chaque tonne de gaz carbonique émis. Pour échapper à l'amende, elle peut réduire ses émissions, ou acheter un crédit d'émissions à une autre entreprise, si cela lui revient moins cher. Imaginons par exemple que, pour éviter 100 000 tonnes de CO_2 émis, elle doive investir 10 millions d'euros – soit 100 euros par tonne. Imaginons qu'une autre entreprise, elle, ait la possibilité de réduire ses émissions de 100 000 tonnes en dessous de son quota, pour un coût de 25 euros la tonne. La première entreprise va payer la deuxième pour lui permettre de réduire ses émissions. Le bilan : 100 000 tonnes évitées, mais à un coût quatre fois moindre, ce qui revient aussi à dire que l'on peut éviter quatre fois plus d'émissions pour le même coût.

L'avantage des permis d'émissions est qu'ils permettent d'atteindre à plus faible coût, et donc plus rapidement, les objectifs de réductions des émissions qu'une simple contrainte directe sur toutes les entreprises – à condition que les quotas soient alloués de façon suffisamment rigoureuse. L'Europe a ainsi créé un marché de permis d'émissions de carbone, dont la valeur a chuté lorsque les entreprises ont reçu des quotas beaucoup trop larges. Elle doit maintenant revitaliser ce marché en allouant des quotas compatibles avec une véritable ambition de stabilisation du climat, qui passe par une division par dix des émissions de gaz à effet de serre européennes.

Déplacer la fiscalité du travail vers les activités négatives

Au cours du XXe siècle, les prix de l'énergie, des matières premières et du transport n'ont cessé de baisser par rapport à celui du travail. Les entreprises ont donc remplacé les hommes par des machines mues par des moteurs à énergie fossile, puis ont délocalisé leur production vers des pays à main-d'œuvre bon marché. Aujourd'hui, pour inverser cette mécanique, il faut inverser les rapports de prix. Il faut que l'utilisation des ressources naturelles, énergies fossiles, eau, rejets de gaz à effet de serre, coûte de plus en plus cher par rapport au travail.

Le XXIe siècle a besoin d'une fiscalité qui incite les entreprises à produire de manière positive, aux financiers à financer les entreprises qui le font, et aux consommateurs à acheter les produits de cette économie. Ainsi, plus personne ne sera placé devant le choix impossible entre un produit positif cher et un produit négatif bon marché. Aucune entreprise ne devra choisir entre améliorer sa marge et restaurer la planète. Aucun financier ne devra choisir entre gagner 15 % en finançant des usines qui émettent des gaz à effet de serre, et gagner 6 % en finançant des centrales solaires. Dans ce monde, les panneaux solaires seront moins chers et plus rentables que les chaudières à gaz. Les prix refléteront l'impact réel de chaque produit sur l'ensemble de l'économie, y compris sur le capital écologique de l'humanité.

La fiscalité, les charges sociales d'aujourd'hui sont un héritage du passé, un passé où la notion même de changement climatique était inconnue. Aujourd'hui, les entreprises ont besoin de recruter, à tous les niveaux, pour développer les emplois de demain. En Europe, elles sont handicapées, en particulier, par le coût élevé du travail. La solution, à l'évidence, ce n'est pas la « sortie par le bas », vers une baisse des salaires, qui mettrait les salariés européens dans une compétition sans fin avec la main-d'œuvre bon marché des pays émergents. Le défi est de soutenir les salaires, tout en baissant le coût relatif du travail, en particulier vis-à-vis de l'énergie fossile.

Ainsi, pour créer les emplois dont l'économie positive a besoin, il faut baisser les charges directes et indirectes qui pèsent sur le travail : charges sociales, mais aussi impôts sur le revenu. Cette politique concerne en particulier les emplois qualifiés, en permettant à tous d'y accéder par des programmes de formation adaptés à la transition vers l'économie positive.

Les charges pesant sur le travail devront alors être remplacées par d'autres sources de revenus pour la collectivité, reposant sur les émissions de carbone et l'utilisation de toutes les énergies et ressources consommées en mode minier. En somme, il s'agit de faire basculer la fiscalité du travail vers les activités à impact environnemental négatif (solution 43).

Solution 43 : Politiques positives : six premières pistes

La définition de politiques permettant d'accélérer la transition vers une économie positive suppose une concertation, notamment avec les entreprises. Voici six premières pistes de mesures, à mettre en place de manière progressive :

Supprimer les politiques négatives : identifier et supprimer, secteur par secteur, région par région, les réglementations et subventions qui favorisent des activités à impact environnemental négatif.

Encourager l'innovation :

– soutenir les PME innovantes en s'inspirant du *Small Business Act* américain

– réorienter la formation vers les métiers de l'économie positive.

Soutenir l'emploi positif en basculant la fiscalité :

– réduire les charges qui pèsent sur le travail (charges sociales, impôt sur le revenu du travail)

– diminuer la TVA, les taxes locales, et toutes les formes de charges pesant sur les activités positives

– compenser les deux points précédents en augmentant les charges et taxes sur les activités négatives.

Il est d'ores et déjà possible d'alléger d'une part l'impôt sur le revenu du travail, et d'autre part les charges sociales qui pèsent sur le travail, et de financer les prestations correspondantes par une fiscalité accrue sur les énergies fossiles. Il est possible de moduler la TVA pour alléger les prélèvements sur les activités positives. Il existe déjà une TVA à 5,5 % sur la restauration, les livres ou les travaux de rénovation d'un domicile. Pourquoi ne pas instaurer dès maintenant une TVA réduite, voire une détaxation totale des biocarburants, des énergies renouvelables, des installations de récupération d'eau, et de tous les équipements à basse consommation d'énergie, sous réserve qu'ils soient produits selon les principes de l'économie positive ?

À terme, la fiscalité positive devra reposer sur un bilan, secteur par secteur, puis entreprise par entreprise, de chaque activité, combinant les cinq bilans environnement : climat, énergie, ressources, santé et diversité. Les activités les plus négatives pourront alors être taxées plus lourdement, au profit d'une détaxation des activités positives.

Une nouvelle société de confiance ?

L'économie positive a besoin du soutien, de l'engagement de tous. Notre monde repose sur un réseau d'interactions. Les entreprises créeront des produits positifs si les consommateurs les achètent, et si l'État les y incite. L'État, c'est-à-dire les femmes et hommes politiques, passeront des lois positives en réponse à une volonté des citoyens qui les ont élus, et sous la pression de la société. Ainsi, chacun de nous peut devenir un acteur de l'économie positive, en tant que responsable d'entreprise, de collectivité locale, d'association, ou en tant que simple consommateur et surtout citoyen.

Ainsi, l'économie positive remet l'Homme au cœur des processus créatifs. Elle interpelle chacun d'entre nous, nous invite à devenir un acteur du changement, à prendre des risques, à regarder l'avenir avec confiance. En échange, elle nous permet de restaurer la beauté du monde, de rendre ses richesses accessibles à tous, à travers des emplois qualifiés, ancrés dans les territoires. Les années à venir vont être passionnantes. Bienvenue dans le siècle de l'économie positive !

Table des encadrés

Annexes

Pour comprendre

Signification des acronymes, unités et termes techniques

1 baril (de pétrole) = 159 litres, soit en moyenne 0,126 tonne de pétrole.

1 Gt = 1 gigatonne = 1 milliard de tonnes.

1 kWh = 1 kilowatt/heure = 3 600 000 Joules = 861 200 calories. C'est une unité de mesure de l'énergie, qui peut s'appliquer à la chaleur (kWh thermique), à l'électricité (kWh électrique), etc. À titre indicatif, 1 kWh représente l'énergie électrique consommée par une ampoule de 100 W allumée pendant dix heures. 1 litre de fioul (ou 1 m^3 de gaz) produit environ 10 kWh de chaleur dans une chaudière.

1 Mt = 1 mégatonne = 1 million de tonnes.

1 tep = 1 tonne équivalent pétrole = 1 170 litres de fioul domestique = 11 700 kWh. En 2007, l'humanité consomme environ 10 milliards de tep d'énergie par an, c'est-à-dire dix fois plus qu'en 1950.

ADEME : Agence (française) de l'Environnement et de la Maîtrise de l'Énergie.

Agriculture biologique : l'agriculture biologique (*organic farming* en anglais) est un mode de production qui a pour objectif de se rapprocher au maximum des conditions naturelles de vie des plantes et animaux. Elle cherche à préserver les équilibres naturels des écosystèmes, notamment en refusant le recours aux produits chimiques (engrais, pesticides, hormones...) de synthèse et aux OGM. En France, les produits de l'agriculture biologique portent le logo AB.

Agriculture intégrée : approche globale de la production agricole, qui cherche à réduire l'utilisation d'intrants extérieurs à l'exploitation (énergie, produits chimiques), en valorisant au mieux les ressources naturelles et en mettant à profit des processus naturels de régulation. L'agriculture intégrée est à mi-chemin entre l'agriculture biologique et l'agriculture conventionnelle : elle cherche à réduire l'usage des produits chimiques sans les interdire totalement. En Suisse, elle fait l'objet d'un label (IP-Suisse).

Agriculture raisonnée : démarche de gestion de l'exploitation qui vise, au-delà du respect de la réglementation, à renforcer les impacts positifs des pratiques agricoles sur l'environnement et à en réduire les effets négatifs, sans remettre en cause la rentabilité économique des exploitations.

AIE : Agence Internationale de l'Énergie

Analyse en cycle de vie (ACV) : méthode d'évaluation de l'impact environnemental d'un produit, service ou procédé, sur l'ensemble de son cycle de vie depuis l'extraction des matières premières, jusqu'à la fabrication, l'utilisation et la fin de vie du produit.

Annexe I : Annexe à la CCNUCC qui liste les pays ou groupes de pays (« Parties ») ayant souscrit des engagements quantitatifs d'encadrement de leurs émissions de GES. Il s'agit des pays qui étaient membres de l'OCDE en 1992, des pays de la Communauté Européenne, et de onze pays en transition vers une économie de marché.

Anthropique : d'origine humaine, lié aux activités humaines.

APM : Association pour le Progrès du Management.

Bâtiment à Basse Consommation : norme française portée par l'association Effinergie, et proche du label suisse Minergie.

Bâtiment à énergie positive : bâtiment au bilan énergétique positif, c'est-à-dire qui produit plus d'énergie qu'il n'en consomme en moyenne sur une année. C'est possible en réduisant les consommations d'énergie grâce à une conception bioclimatique, et en installant des équipements de production décentralisée d'énergie renouvelable (solaire, éolien, chaudière à bois, géothermie, etc.).

Bio : ce préfixe désigne tout produit ou matière première issu de processus vivants, ou tout procédé reposant sur des processus vivants (rappel : en grec, *bio* signifie vie). Ainsi, les biocarburants sont des carburants issus de plantes, d'algues, ou de déchets organiques. À ne pas confondre avec l'autre sens du mot bio, qui en France peut aussi se rapporter aux produits de l'agriculture biologique.

Bio-accumulable : se dit d'un produit qui peut être stocké par les organismes vivants, et qui va ainsi s'accumuler dans leurs tissus, avec des concentrations croissantes au fur et à mesure de la vie de l'être vivant (plante, animal... ou humain !). Un certain nombre de produits toxiques sont bio-accumulables et persistants.

Bioclimatique : tout ce qui se rapporte aux conditions du milieu vivant et au climat. L'architecture et la conception bioclimatiques tiennent compte des conditions locales du milieu climatique et du milieu vivant (végétation).

Bio-compatible : se dit d'un produit pouvant être absorbé par des organismes vivants sans impacts négatifs.

Biodiversité : la diversité du monde vivant sous toutes ses formes, tant au niveau des espèces, des individus que des écosystèmes ou des paysages.

Biomasse : la biomasse représente l'ensemble de la matière organique, c'est-à-dire tout ce qui est issu d'êtres vivants. Dans l'économie positive, la biomasse est source de biomatériaux (bois de construction, bioplastiques, etc.) et de carburants ou combustibles renouvelables (bois, bioéthanol, biodiesel, biogaz, etc.). Le terme technique biomasse désigne la matière organique qui peut être brûlée pour produire de l'énergie, comme par exemple le bois et ses dérivés (bûches, plaquettes, granulés, sciure...).

Biomatériaux : matériaux issus de matières premières d'origine vivante, comme le bois, la sciure, les fibres végétales, la plume, le caoutchouc naturel, etc.

Capital écologique : voir Économie positive.

CCNUCC : Convention-cadre des Nations unies sur les changements climatiques.

CIRAD : Centre de Coopération Internationale en Recherche Agronomique pour le Développement.

CNRS : Centre National de la Recherche Scientifique.

CO_2 = dioxyde de carbone ou gaz carbonique. C'est le plus important des gaz à effet de serre, responsable de 68 % du réchauffement anthropique du climat. 1 g de CO_2 contient 0,27 g de carbone. Gaz inodore, inerte et sans saveur, il n'est pas considéré comme un polluant par l'industrie.

CSTB : Centre Scientifique et Technique du Bâtiment.

Décroissance : concept politique, économique, social et même philosophique, qui remet en cause la croissance économique.

Déforestation : synonyme de déboisement. Action de remplacer la forêt par un autre type de couverture du sol (désert, terre nue, jachère, culture, bâtiments, prairie, etc.).

Déplétion : diminution structurelle de réserves disponibles en quantité limitée.

Développement durable : Le « développement durable » (en anglais *sustainable development*) est, selon la définition proposée en 1987 par la Commission mondiale sur l'environnement et le développement dans le Rapport Brundtland : « *Un développement qui répond aux besoins du présent sans compromettre la capacité des générations futures de répondre aux leurs, en accordant la priorité aux besoins essentiels des plus démunis.* »

Dioxyde de carbone : voir CO_2.

Éco-conception : démarche de conception (d'un produit, d'un service, d'un bâtiment, etc.) qui vise à évaluer et minimiser les impacts sur l'environnement du produit tout au long de son cycle de vie (extraction des matières, transformation, transport, distribution, fin de vie), selon une approche multicritères (toxicité, effet de serre, ressources, énergie...). (Voir ACV.)

Écologie scientifique : science qui étudie le fonctionnement des écosystèmes. À différencier de l'écologie politique, qui désigne un ensemble de mouvements de pensée qui insistent sur la prise en compte des enjeux écologiques dans l'organisation de la société et dans la politique.

Économie circulaire (ou écologie industrielle) : système opposé à l'économie linéaire actuelle, qui fonctionne selon le mode « extraire-transformer-jeter ». La circularité rapproche l'industrie du fonctionnement cyclique des écosystèmes naturels. Ainsi, chaque produit en fin de vie, et chaque déchet ou co-produit devient une ressource pour un nouveau cycle de production.

Économie de fonctionnalité : économie dont le principe consiste à substituer la vente d'un service à la vente d'un produit, afin de découpler la création de valeur des flux de matière et d'énergie.

Économie positive : économie qui crée des emplois et des richesses en restaurant et en enrichissant le capital écologique, c'est-à-dire la capacité de l'environnement à fournir à l'économie des ressources (énergie, matières premières) et des services (stockage du carbone, recyclage des déchets, traitement de l'eau, etc.). L'économie positive intègre l'économie de fonctionnalité et l'économie circulaire, en y ajoutant le potentiel économique de néguentropie de la photosynthèse.

Écosystème : Un écosystème est un ensemble dynamique d'organismes vivants (plantes, animaux et micro-organismes) qui interagissent entre eux et avec le milieu (sol, climat, eau, lumière) dans lequel ils vivent. Les dimensions des écosystèmes peuvent varier considérablement ; ils peuvent être très petits, comme une mare ou un arbre mort, ou être gigantesques, comme la Terre.

Effet de serre : Réchauffement de l'atmosphère et de la surface de la Terre dû au fait que certains gaz absorbent le rayonnement infra-rouge thermique (chaleur) émis par la Terre et le renvoient en partie vers le sol. Cet effet est un phénomène naturel, mais il est renforcé par les émissions anthropiques de gaz à effet de serre.

Énergie primaire : une forme d'énergie disponible dans la nature avant toute transformation, sous diverses formes : bois, charbon, gaz naturel, pétrole, vent, rayonnement solaire, énergie hydraulique, géothermique... L'énergie primaire n'est pas toujours directement utilisable et fait donc souvent l'objet de transformations. Exemple : raffinage du pétrole pour obtenir de l'essence ou du gazole ; combustion du charbon pour produire de l'électricité dans une centrale thermique.

Énergie secondaire : une forme d'énergie obtenue par la transformation d'une énergie primaire au moyen d'un système de conversion : par exemple, une centrale thermique produit de l'électricité (énergie secondaire) à partir de charbon (énergie primaire). Une énergie secondaire peut aussi résulter de la transformation d'une autre énergie secondaire ; c'est le cas d'une centrale thermique alimentée en gaz de haut fourneau.

Énergie solaire : il s'agit de l'énergie du rayonnement solaire. Elle est exploitée de quatre manières principales :

– Le solaire photovoltaïque transforme l'énergie solaire en énergie électrique en absorbant les photons dans un matériau semiconducteur qui génère alors une tension électrique.

– Le solaire thermique transforme l'énergie solaire en chaleur, utilisée telle quelle ou concentrée et turbinée.

– De manière indirecte, l'énergie solaire génère d'autres formes d'énergies renouvelables : éolien, hydraulique, énergie houlomotrice, etc.

– Enfin, la photosynthèse permet aux végétaux de capter l'énergie solaire et de la stocker dans leurs tissus sous forme de biomasse (sucres, huiles, cellulose, lignine du bois, etc.).

Engrais vert : Plante cultivée entre deux cultures principales, et qui est ensuite fauchée, broyée et enfouie dans le sol pour en améliorer la fertilité, et notamment la teneur en matière organique et en éléments nutritifs.

Entropie : en thermodynamique, grandeur qui permet de caractériser le degré de désordre d'un système. L'entropie d'un système fermé, qui n'échange pas d'énergie avec l'extérieur, croît avec le temps.

EqCO_2 = Equivalent CO_2 : Unité commune dans laquelle peuvent être exprimées les quantités de gaz à effet de serre ; l'équivalence est définie à partir du pouvoir de réchauffement global des différents gaz.

Externalités (ou effets externes) : Influences positives ou négatives, intentionnelles ou non, qu'un agent économique exerce à l'égard d'autres agents, sans que ces avantages ou ces dommages fassent l'objet d'une évaluation par le marché, ni par conséquent, d'une compensation monétaire spontanée.

FAO : *Food and Agricultural Organization* (Nations unies).

Foresterie : secteur économique reposant sur l'exploitation de la forêt (forêts naturelles, semi naturelles et plantations).

FSC : *Forest Stewardship Council* (Conseil de Bonne Gestion Forestière). Organisme tripartite créé en 1993, piloté par des représentants des grandes organisations écologiques (WWF, Greenpeace, etc.), de l'industrie du bois (Ikéa, B & Q, etc.), et des communautés des régions forestières. Le FSC définit une norme de bonne gestion des forêts, qui garantit leur durabilité sur le plan économique, environnemental et social. Il y a 880 000 km^2 de forêts certifiées FSC dans le monde (juillet 2007).

Gaz à effet de serre (GES) : Gaz qui absorbent en partie le rayonnement de grande longueur d'onde (infrarouge) émis par la surface de la Terre et par les nuages, et qui échauffent les basses couches de l'atmosphère. Les principaux GES sont : la vapeur d'eau (H_2O), le gaz carbonique ou dioxyde de carbone (CO_2), le protoxyde d'azote ou oxyde nitreux (N_2O), le méthane (CH_4), les chlorofluorocarbonés (CFC), les hydrofluorocarbonés (HFC), les hydrocarbures perfluorés (PFC), l'hexafluorure de soufre (SF_6) et l'ozone (O_3).

Gaz carbonique : voir CO_2.

Géothermie : exploitation de l'énergie issue de la chaleur du sous-sol. La géothermie profonde utilise la chaleur produite par les réactions de fusion nucléaire du noyau terrestre, qui peut être exploitée pour la production industrielle d'électricité ou de chaleur. La géothermie superficielle, en revanche, correspond à la récupération de la chaleur du soleil stockée dans le sol à quelques mètres de profondeur, pour chauffer ou climatiser une pièce grâce à une pompe à chaleur.

Groupe Intergouvernemental d'Experts sur le Climat (GIEC) : organisation constituée en 1988 par l'Organisation Météorologique Mondiale et le Programme des Nations unies pour l'Environnement, pour évaluer les informations disponibles sur l'évolution du climat et l'effet de serre, et fournir des avis à la CCNUCC. Il fait appel à environ deux mille cinq cents experts.

Infrarouge : Le rayonnement infrarouge est un rayonnement électromagnétique, qui fait partie du rayonnement solaire, mais dont la longueur d'onde **est** supérieure à celle de la lumière visible. Le rayonnement infrarouge transmet de la chaleur : il met en vibration les atomes du corps qui les absorbe et donc élève sa température.

INRA : Institut National de la Recherche Agronomique.

IPCC : *Intergovernmental Panel of Climate Change* (en français : GIEC).

Jachère : terrain volontairement non cultivé, initialement pour laisser la fertilité du sol se reconstituer, mais aussi, dans le cadre de politiques agricoles, pour réduire des excédents de production.

Légumineuse : plante qui a la propriété de fixer l'azote contenu dans l'air, grâce à des bactéries qui vivent dans ses racines. Ainsi, les légumineuses peuvent pousser sans apports d'engrais azotés comme l'urée. Lorsqu'elles sont enfouies dans le sol, elles deviennent ainsi un « engrais vert » qui peut remplacer l'urée fabriquée à partir de gaz naturel.

Matière organique : Toute matière composée d'êtres vivants et de leurs résidus. La matière organique, c'est tout ce qui est vivant ou a été vivant un jour. On parle en particulier de matière organique des sols pour désigner l'ensemble des êtres vivants, et des résidus végétaux, animaux ou microbiens en cours de décomposition dans les sols.

Mécanisme de Développement Propre (MDP) : dispositif du Protocole de Kyoto qui permet à un pays ou une entreprise soumis à quotas d'émissions de GES, de compenser ses émissions en finançant un projet de réductions d'émissions dans un pays en développement.

MEDAD : Ministère de l'Écologie, du Développement et de l'Aménagement Durables.

MIES : Mission Interministérielle de l'Effet de Serre.

Minergie : norme suisse pour les bâtiments à faible consommation énergétique (moins de 30 ou 42 kWh/m^2 pour le chauffage et l'eau chaude).

Néguentropie : facteur d'organisation des systèmes physiques, vivants et éventuellement humains, qui s'oppose à la tendance naturelle à l'entropie croissante. La vue est une forme de néguentropie, à partir du moment où elle fonctionne en système ouvert, en recevant de l'énergie de l'extérieur (par exemple, l'énergie du soleil reçue par la Terre).

OGM : Organisme génétiquement modifié.

Organisation de coopération et développement économiques (OCDE) : organisation qui regroupe les gouvernements de trente pays, totalisant environ 1,2 milliard de personnes, essentiellement des pays industrialisés, attachés aux principes de la démocratie et de l'économie de marché.

Passivhaus ou **Maison Passive** : norme allemande (et autrichienne) pour des bâtiments « passifs », c'est-à-dire qui valorisent les flux de chaleur, ventilation et lumière reçus de l'extérieur, ce qui permet de réduire leur consommation énergétique.

Permis d'émissions négociables (PEN) : Quotas d'émission de GES échangeables entre pays, ou entre installations émettrices, industrielles ou autres.

Perturbateur endocrinien : substance chimique qui perturbe le fonctionnement du système endocrine, c'est-à-dire de la production et de l'action des hormones.

Pesticide : substance destinée à éviter les dégâts causés à des plantes ou animaux par un organisme vivant considéré comme nuisible, ou « peste ». Les pesticides, selon la catégorie d'êtres vivants qu'ils visent, peuvent être des insecticides, des bactéricides, des herbicides, des fongicides, etc. Les pesticides sont souvent toxiques pour l'Homme et pour l'environnement.

Photosynthèse : la photosynthèse est un ensemble de réactions chimiques par lequel un organisme vivant capte l'énergie solaire pour produire, à partir de CO_2 et d'eau, des sucres nécessaires à son fonctionnement, et de l'oxygène.

Phytosanitaire : substance destinée à protéger les organismes végétaux contre des maladies, parasites ou plantes concurrentes, ou contre des consommateurs animaux ou « ravageurs » (insectes, rongeurs, etc.). Voir pesticide.

Phytorestauration : la phytorestauration est l'ensemble des technologies qui utilisent les plantes comme principal agent de traitement des pollutions (eaux usées, sols pollués, etc.). Se substituant aux traitements physico-chimiques, la phytorestauration crée aussi de la biomasse valorisable et est source de développement de la biodiversité.

PNUE : Programme des Nations unies pour l'Environnement.

Pouvoir (ou potentiel) de réchauffement global (PRG) : Paramètre permettant d'évaluer l'importance relative des différents GES : c'est le rapport de l'effet de réchauffement d'un gaz à celui du CO_2, tenant compte du temps durant lequel ce gaz reste actif dans l'atmosphère.

Ppb, ppbv : parties par milliard (billion en anglais), parties par milliard en volume (cf. ppm).

Ppm, ppmv : parties par million. 280 ppm = 0,028 %. Les ppm mesurent des concentrations de gaz dans l'atmosphère, par exemple la quantité de molécules de CO_2 pour un million de molécules de tous les constituants de l'air. On parle aussi de ppmv, parties par million en volume (par exemple, 1 ppmv = 1 m^3 de gaz carbonique pour 1 million de m^3 d'air).

Protocole de Kyoto : protocole à la CCNUCC adopté à Kyoto en 1997 : accord international sur la réduction des émissions de GES qui fixe des engagements chiffrés pour lutter contre le réchauffement climatique.

Puits de carbone : Écosystème qui séquestre davantage de CO_2 qu'il n'en émet, ou activité humaine qui permet de stocker durablement du carbone.

REACH : *Registration, Evaluation, Authorization and Restriction of Chemicals.* Nouvelle directive européenne sur l'enregistrement, l'évaluation et l'utilisation des produits chimiques.

Reprotoxique : molécule qui perturbe le fonctionnement du système reproducteur.

Semis direct : Semis sans travail du sol, ou avec un travail très léger.

Séquestration de GES : Appliqué aux GES, s'oppose à émission. On parle de séquestration de CO_2 ou encore de stockage de carbone dans les plantes ou dans les sols (sous forme de matière organique).

Source de carbone : Écosystème (ou activité humaine) qui émet davantage de CO_2 qu'il (elle) n'en séquestre.

UNEP : *United Nations Environment Program.*

WRI : *World Resources Institute.*

Pour en savoir plus

Ci-dessous les références des documents cités... et de quelques autres qui, sans être mentionnés dans le corps du texte, ont contribué à sa maturation.

Films

AL GORE, *Une vérité qui dérange,* 2006.

Rapports et articles

J. ADAMS, M. MASLIN et E. THOMAS, « Sudden climate transitions during the Quaternary », *Progress in Physical geography,* 23 :1-36, 1999.

ADEME, *Bilan énergétique et gaz à effet de serre des filières de biocarburants en France,* 2002.

R.B. ALLEY *et. al., Proc. Nat. Acad. Sci.* 1999, 96 : 9987.

ANON. « A survey of climate change : Reaping the whirlwind. » *The Economist,* 380/8494 : pp.11-13, 9/9/2006.

ANON. « Produisez votre énergie », *Sciences et Avenir,* mai 2007, pp. 56-58.

ANON. *Energy Revolution, a Sustainable Energy Outlook. Report for the German Aerospatial Agency.* Institute of Technical Thermodynamics, Stuttgart, Greenpeace and European Renewable Energy Council, 2007.

D. ARROUAYS *et al., Stocker du carbone dans les sols agricoles de France ?* Synthèse du rapport réalisé par l'INRA pour le ministère de l'Écologie et du Développement Durable, oct. 2002.

BADGLEY *et al.,* « Organic Agriculture and the global food supply », *Renewable Agriculture and Food Systems,* 22 : 86-108, 2007.

J.L. BARBERI, « La planète sur un baril de poudre. » *L'Expansion,* 31/05/06.

Maude BARLOW, « L'eau : or bleu ou patrimoine commun ? » *L'Écologiste* n° 19, vol. 7, n° 2, pp 22-23, Juin-Juillet-Août 2006.

Dominique BOURG et Nicolas BUCLET, « L'économie de fonctionnalité. Changer la consommation dans le sens du développement durable. » *Futuribles,* n° 313, pp. 27-37, 2005.

K. CHOMITZ, *At Loggerheads ? Agricultural Expansion, Poverty Reduction and Environment in the Tropical Forests.* World Bank, 2006.

CLEAN PRODUCTION ACTION, *Des substances chimiques plus sûres avec Reach.* Rapport préparé pour Greenpeace Environmental Trust, fév. 2005.

A. DELBOSC, J.H. KEPPLER et A. LESUEUR, *Croître sans réchauffer ? L'intensité carbone des économies développées.* Note d'étude n° 10, mission Climat, Caisse des Dépôts, jan. 2007.

Gérard DÉRIOT et Jean-Pierre GODEFROY, *Le drame de l'amiante en France : comprendre, mieux réparer, en tirer des leçons pour l'avenir.* Rapport d'information n° 37 (2005-2006) pour la Mission Commune d'Information du Sénat, déposé le 20/10/05.

P. MARIE-DESCHAMPS *et al.*, « L'illusion technologique. » *Les Enjeux*, pp. 52-61, Fév. 2002.

M. DE WIT et J. STANKIEWICZ, « Changes in Surface Water Supply Across Africa with Predicted Climate Change. » *Science*, vol. 311, n° 5769, pp. 1917-21, 22/03/2006.

EEA (EUROPEAN ENVIRONMENTAL AGENCY), *Greenhouse gas emission trends and projections in Europe 2006*, EEA Report n° 9/2006.

J. ELKINGTON, *Cannibals with Forks : The Triple Bottom Line of 21st Century Business,* New Society Publishers, 1998.

K.A. EMANUEL, « Increasing Destructiveness of Tropical Cyclones over the past 30 years. » *Nature*, 436, 686-688, 4/08/2005.

FÉDÉRATION NATIONALE D'AGRICULTURE BIOLOGIQUE, « L'agriculture biologique peut-elle nourrir le monde ? », 2006.

GIEC, *Les Changements climatiques et la biodiversité*, 2002.

GIEC, *SRES Special Report on Emissions Scenarios.* GIEC, 2000.

GLOBAL SCENARIO GROUP, « *Great Transition : The Promise and Lure of the Times Ahead* », 2002.

James E. HANSEN « Dangerous anthropogenic interference, a discussion of Humanity's Faustian Climate Bargain and the Payments coming Due ». Lecture, University of Iowa, oct 26, 2004.

C.E. HAQUET, B. MATHIEU et D. OLIVEAU-LICATA, « Cherté des ressources naturelles, ce qui va changer pour les entreprises. » *L'Expansion*, 31/05/2006.

F. IMPÉRIALI, « Obésité : l'épidémie en marche », *Journal du CNRS*, n° 177, octobre 2004.

INTERNATIONAL ENERGY AGENCY, *World Energy Outlook*, 2005.

Jean-Marc Jancovici, *Quotité du temps travaillé en France éligible pour du télétravail.* Note pour le ministère de l'Industrie, nov. 2000.

S. Julian et B. Mathieu, « Y a-t-il trop d'argent dans le monde ? » *L'Expansion,* mars 2007.

G. Le Bihan *et al.*, « Les malnutritions : un enjeu mondial. » *Futuribles* n° 313, pp. 73-85, nov. 2005.

Jean-Yves Le Déaut et Nathalie Kosciusko-Morizet, « Changement climatique : le défi majeur. » *Mission d'Information de l'Assemblée nationale,* Paris, Rapport n° 3021, avril 2006.

Y. Levi, « Les micropolluants à effets modulateurs endocriniens. » *Spectra Analyses,* 208, 5/6, pp.19-22, 1999.

John Lewellyn, *The Business of Climate Change, Challenges and Opportunities,* Lehman Brothers, February 2007.

A. Maddison, *The World Economy, Historical Statistics.* OECD, 2001.

P.M. Martin, Y. Berthois et A. Sasco, « Xénœstrogènes, estrogènes environnementaux, perturbateurs endocriniens. » *26es journées de la SFSPM,* Nancy, nov. 2004.

Millenium Ecosystems Assessment, *Ecosystems and Human Well-Being,* World Resources Institute, 2005.

P.C. Milly *et al.*, « Increasing Risk of Great Floods in a Changing Climate. » *Nature* 415 (6871) : 514-7, 2002.

C. Parkinson et D. Cavalieri, « A twenty-One year record of Arctic Ice sea extents and their regional, seasonal and monthly variability and trends », *Annals of Glaciology* 34, pp. 441-446, 2002. Cité par Mark Lynas, *High Tide,* Londres, Flamingo, 2004.

J.R. Petit, J. Jouzel, *et al.* « Climate and atmospheric history of the past 420,000 years from the Vostok ice core, Antarctica ». *Nature* 399 : 429-436, 1999.

C. Mooney, « Les mensonges du lobby Exxon. » *Courrier International,* oct-déc 2006.

Naomi Oreskes, « Beyond the Ivory Tower : The Scientific Consensus on Climate Change. » *Science,* vol. 306. n° 5702, p. 1686, 03/12/2004.

Overpeck *et al.*, « Paleoclimatic Evidence for Future Ice-Sheet Instability and Rapid Sea-Level Rise. » *Science,* vol. 311 n° 5768, 1747, 24/3/2006.

PEW RESEARCH CENTER, « No Global Warming Alarm in the U.S., China, 15-Nation Pew Global Attitudes Survey », Washington D.C., 13/06/2006.

D. PIMENTEL, « Soil Erosion : A Food and Environmental Threat », *Environment, Development and Sustainability*, vol. 8, N° 1, Feb 2006, pp. 119-137.

RÉSEAU ACTION CLIMAT FRANCE, « Comment l'homme interagit sur le cycle du carbone ? » 2004.

Karl-Henrik ROBERT *et al.*, *Strategic Leadership towards sustainability*, Blekinge Institute of Technology, 2001.

Claude ROY, « Retour vers le biofutur — Raréfaction des énergies fossiles et effet de serre : quel avenir pour 9 milliards d'habitants ? » *Futuribles*, n° 327, fév. 2007.

Peter SCHWARTZ et Doug RANDALL, A*n Abrupt Climate Change Scenario and Its Implications for United States National Security*, Report commissioned by the US Defence Department, 2003.

Olivier SIDLER, « Les enjeux de la consommation énergétique dans les bâtiments », Présentation au Rendez-vous du CSTB : « Vers des bâtiments à énergie positive », Paris, 28/09/06.

U. SIEGENTHALER *et al.*, « Stable Carbon Cycle–Climate Relationship During the Late Pleistocene », *Science*, vol. 310. n° 5752, pp. 1313 – 1317, 25/11/2005.

R.H. SOCOLOW et S. W. PACALA, « A Plan to Keep Carbon in Check », *Scientific American*, sept 2006, pp. 28-35.

SOLAGRO, *Maîtrise de l'énergie et autonomie énergétique des exploitations agricoles*. Étude pour le ministère de l'Agriculture, 2005.

Nicholas STERN, *Stern Review : The Economics of Climate Change*, Cambridge University Press, 2006.

L.G. THOMPSON, « Kilimanjaro Ice Core Records : Evidence of Holocene Climate Change in Tropical Africa », *Science*, vol. 298. n° 5593, pp. 589-593, 2002.

UNEP, *Don't Desert Drylands ! Facts About Deserts And Desertification*. United Nations Environmental Program, 2006.

I. VELICOGNA et J. WAHR, « Measurements of Time-Variable Gravity Show Mass Loss in Antarctica. » *Science*, vol. 311. n° 5768, pp. 1754 – 1756, 24/3/2006.

P. Villa, *Évolution sur longue période de l'intensité énergétique*. CEPII, document de travail n° 98-08, sept. 1998.

P.J. Webster, *et al.*, « Changes in Tropical Cyclone Number, Duration, and Intensity in a Warming Environment. » *Science,* 309, 1844, 1846, 16/09/2005.

Ouvrages

Pascal Acot, *Histoire du Climat,* Librairie Académique Perrin, 2003.

Claude Allègre, *Ma vérité sur la planète,* Plon-Fayard, 2007.

Georges Amar, *Mobilités Urbaines, éloge de la diversité et devoir d'invention.* Éditions de l'Aube, 2004.

Jacques Attali, *Une brève histoire de l'avenir,* Fayard, 2006.

Hannah Arendt, *Eichmann à Jérusalem : Rapport sur la banalité du mal.* The Vinking Press, 1963.

Yann Arthus-Bertrand, *La Terre vue du ciel,* La Martinière, 1999.

Patrick Artus et Marie-Paule Virard, *Le capitalisme est-il en train de s'auto-détruire ?* La Découverte, 2005.

Claude Aubert, *Espérance de vie, La fin des illusions,* Terre Vivante, 2006.

Jean Auel, *Les Enfants de la terre,* Presses de la Cité, 2002.

Robert Barbault, *Des baleines, des bactéries et des hommes,* Odile Jacob, 1994.

Maud Barlow, Tony Clarke, *L'Or bleu,* Hachette, 2004.

Pascal Baudry, *Français et Américains, l'autre rive,* Village Mondial, 2003.

Janine M. Benyus, *Biomimicry, Innovation Inspired by Nature,* William Morrow, 1997.

Jean-Pierre Boris, *Commerce inéquitable, le roman noir des matières premières,* Hachette, 2005.

Claude Bourguignon, *Le Sol, la terre et les champs,* Sang de la Terre, 1989.

Franz Broswimmer, *Ecocide, Une brève histoire de l'extinction en masse des espèces,* Parangon, 2003.

Lester Brown, *Plan B 2.0, Rescuing a Planet under Stress and a Civilization in Trouble,* Norton, 2006.

Lester Brown, *Outgrowing the Earth,* Earthscan, 2005.

Lester Brown, Gary Gardner, Brian Halweil, *Malthus au-delà, les 19 défis de l'expansion démographique,* Economica, 2001.

Lester Brown, *Eco-economy,* W. W. Norton & Company, 2001.

Le Cercle des Économistes et Erik Orsenna, *Un monde de ressources rares,* Perrin/Descartes et Cie, 2007.

Challenge Bibendum, *Oui aux voitures propres,* Éditions de l'Aube, 2004.

Noam Chomsky, *La fabrique de l'opinion publique,* Le Serpent à plumes, 2003.

André Cicolella, *Le Défi des épidémies modernes : comment sauver la Sécu en changeant le système de santé,* La Découverte, 2007.

Olivier Clerc, *La grenouille qui ne savait pas qu'elle était cuite et autres leçons de vie,* JC Lattès, 2005.

Yves Cochet, *Pétrole Apocalypse,* Fayard, 2005.

Daniel Cohen, *Trois leçons sur la société post-industrielle,* Le Seuil, 2006.

André Comte-Sponville, *Le capitalisme est-il moral ?* Albin Michel, 2004.

David Cook, *The Natural Step, Towards a sustainable society,* Green Books, 2004.

F. Couplan, *Légumes, fruits et condiments oubliés,* Édisud, 2007.

Peter Dale Scott, *Drugs, Oil, And War : The Deep Politics Of U.S. Interventions In Vietnam, Colombia, And Afghanistan,* Rowman and Littlefield, 2003.

Olivier Darmon, *Archi pas chère : 20 maisons d'aujourd'hui à 100 000 €,* Ouest-France, 2006.

Sylvain Darnil et Mathieu Le Roux, *80 hommes pour changer le monde, Entreprendre pour la planète,* JC Lattès, 2005.

Olivier de Serres, *Le Théâtre d'Agriculture et Mesnage des Champs,* 1605.

Hernando de Soto, *Le Mystère du capital,* Flammarion, 2005.

Jared Diamond, *Effondrement : Comment les sociétés décident de leur disparition ou de leur survie,* Gallimard, 2006.

René Dumont, *Agronome de la faim,* Laffont, 1974.

Jean-Pierre DUPUY, *La Panique,* Les Empêcheurs de Penser en Rond, 2003.

Jean-Pierre DUPUY, *Pour un catastrophisme éclairé – Quand l'impossible est certain,* Le Seuil, 2002.

Jacques ELLUL, *Le Bluff technologique,* Hachette, 1988.

Thomas FRIEDMAN, *La Terre est plate, une brève histoire du XXIe siècle.* Saint-Simon, 2006.

Nicholas GEORGESCU-ROEGEN, *La Décroissance, entropie, écologie, économie,* Sang de la Terre, 1995.

James GLEICK, *La Théorie du chaos,* Flammarion, 1991.

Alain GRAS, *Fragilité de la puissance,* Fayard, 2003.

Paul HAWKEN, Amory LOVINS, and L. HUNTER LOVINS, *Natural Capitalism : Creating the Next Industrial Revolution,* Back Bay Books, 2000.

Nicolas HULOT, *Pour un pacte écologique,* Calmann-Lévy, 2006.

Erik IZRAELEWICZ, *Quand la Chine change le monde,* Grasset, 2005.

Jean-Marc JANCOVICI et Alain GRANDJEAN, *Le plein s'il vous plaît ! la solution au problème de l'énergie,* Le Seuil, 2006.

Jean-Marc JANCOVICI, *L'avenir climatique, quel temps ferons-nous ?* Le Seuil, 2002.

Hans JONAS, *Le Principe responsabilité – Une éthique pour la civilisation technologique,* Paris, Flammarion, « Champs », 2001.

Robert-Vincent JOULE, *Petit Traité de manipulation à l'usage des honnêtes gens,* Presses Universitaires de Grenoble, 1987.

Jean JOUZEL et Anne DEBROISE, *Le Climat, jeu dangereux. Dernières nouvelles de la planète,* Dunod, 2007.

Paul KRUGMAN, *La mondialisation n'est pas coupable, vertus et limites du libre-échange,* La Découverte, 2000.

James H. KUNSTLER et Philippe DELAMARE, *La Fin du pétrole : le vrai défi du XXIe siècle,* Plon, 2005.

Sonia LABATT et Rodney R. WHITE, *Environmental Finance,* Wiley Finance, 2002.

Patrick LAGADEC, *Ruptures créatrices,* Éditions d'Organisation, 2000.

Serge LATOUCHE, *Justice sans limites, le défi de l'éthique dans une économie mondialisée,* Fayard, 2003.

Serge LATOUCHE, *Décoloniser l'imaginaire : La pensée créative contre l'économie de l'absurde,* Parangon, 2003.

Eric LAURENT, *La Face cachée du pétrole,* Plon, 2006.

Elisabeth LAVILLE et Marie BALMAIN, *Achetons responsable ! Mieux consommer dans le respect des hommes et de la nature,* Le Seuil, 2006.

Corinne LEPAGE, *Santé et environnement, l'abécédaire,* JML, 2005.

X. LE PICHON, *Aux racines de l'Homme,* Petite Renaissance, 2007.

Emmanuel LE ROY LADURIE, *Histoire humaine et comparée du climat,* Fayard, 2004.

Bjorn LOMBORG, *The skeptical ecologist,* Cambridge University Press, 2001.

James LOVELOCK, *La Revanche de Gaïa,* Flammarion, 2007.

James LOVELOCK, *La terre est un être vivant, L'hypothèse Gaïa,* Le Rocher, 1990.

Mark LYNAS, *High Tide, News from a Warming World.* Flamingo, 2004.

Antonio MACHADO, *Proverbios y cantarès.* Campos de Castilla, 1917.

Marcel MAZOYER et Laurence ROUDART, *Histoire des agricultures du monde,* Le Seuil, 1999.

W. MCDONOUGH et M. BRAUNGART, *Cradle to Cradle, Remaking the Way we Make Things,* North Point Press, 2003.

Donella H. MEADOWS, Jorgen RANDERS et Dennis L. MEADOWS, *Limits to Growth : The 30-Year Update,* Chelsea Green Publishing, 2002.

Donella H. MEADOWS, Dennis L. MEADOWS et Jorgen RANDERS, *Beyond the Limits : Confronting Global Collapse, Envisioning a Sustainable Future,* Chelsea Green Publishing, 1992.

Donella H. MEADOWS, Dennis L. MEADOWS, Jorgen RANDERS et William W. BEHRENS III, *The Limits to Growth.* New York, Universe Books, 1972.

Aubrey MEYER, *Contraction & Convergence : The Global Solution to Climate Change,* Green Books, 2000.

Stanley MILGRAM. *Soumission à l'autorité,* Calmann-Lévy, 1974.

Christian MOREL, *Les Décisions absurdes, sociologie des erreurs radicales et persistantes,* Gallimard, 2004.

Edgar MORIN, *L'an I de l'ère écologique*, Tallandier, 2007.

Christian NGÔ, *L'énergie*, Dunod, 2002.

Fred PEARCE, *When the rivers run dry : Water, the defining crisis of the 21st century*, Beacon Press, 2006.

Jean-Marie PELT, *Nouveau Tour du monde d'un écologiste*, Fayard, 2005.

Philippe PIGNARRE, *Le Grand Secret de l'industrie pharmaceutique*, La Découverte, 2004.

C.K. PRAHALAD, *4 milliards de nouveaux consommateurs : Vaincre la pauvreté grâce au profit*, Village Mondial, 2004.

Paul H RAY et R. SERRY ANDERSON, *L'Émergence des créatifs culturels*, Yves Michel, 2001.

Jeremy RIFKIN, *L'économie hydrogène, après la fin du pétrole, la nouvelle révolution économique*, La Découverte, 2002.

Jeremy RIFKIN, *L'Âge de l'accès, la vérité sur la nouvelle économie*, La Découverte, 2000.

Jeremy RIFKIN, *La Fin du travail*, La Découverte, 1996.

Paul ROBERTS, *The End of Oil*, London, Bloomsbury, 2004.

Marshall SAHLINS, *Âge de pierre, âge d'abondance*, Gallimard, 1976.

G. SALEM *et al.*, *Atlas de la Santé en France*, Éditions John Libbey, 2000.

Thierry SALOMON, *La Maison des néga watts, le guide malin de l'énergie chez soi*, Terre vivante, 1999.

Amartya SEN, *Éthique et économie*, Presses Universitaires de France, 2003.

Andreu SOLÉ, *Créateurs de mondes. Nos possibles, nos impossibles*, Éditions du Rocher, 2000.

Joseph E. STIGLITZ et Paul CHEMLA, *La Grande Désillusion*, Fayard, 2003.

Pat THOMAS, *Living dangerously : are everyday toxins making you sick ?* Newleaf, 2003.

François VEILLERETTE, *Pesticides, le piège se referme*, Terre vivante, 2002.

Jean Christophe VICTOR, Virginie RAISSON et Frank TÉTART, *Le Dessous des cartes, atlas géopolitique*, Tallandier/ARTE, Paris, 2006.

Laure Waridel, *L'Envers de l'assiette*, Éditions Écosociété, 2003.

Pierre Weill, *Tous gros demain ? 40 ans de mensonges, 10 kilos de surpoids*, Plon, 2007.

E.U. von Weizsäcker, A.B. Lovins, L. Hunter Lovins, *Facteur 4 : deux fois plus de bien-être en consommant deux fois moins de ressources. Rapport au Club de Rome*, Terre Vivante, 1997.

Edward O. Wilson et Christian Jeanmougin, *L'Avenir de la vie*, Le Seuil 2003

Jean-Luc Wingert, *La Vie après le pétrole, de la pénurie aux énergies nouvelles*, Autrement, 2005.

Tom Wolfe, *Il court, il court, le Bauhaus, essai sur la colonisation de l'architecture*, Paris, Mazarine, 1982.

Sites web des organisations citées dans les encadrés

Faire repousser la forêt	Forest Restoration Research Unit, University of Chiang Mai, Thailand : forru.orgFinNiv1
Des biocarburants dans le désert	D1 Oils : d1plc.com
Quand les murs deviennent chauffe-eau	Robin Sun : robinsun.com
Le papier peint solaire	NanoSolar : nanosolar.com
Le retour de la roue à aubes	H3E :H3[e]industries.com
De l'électricité avec des vagues	Ocean Power Delivery : oceanpd.com
Transformer les fumées en carburant	GreenFuel : greenfuelonline.com
Du froid avec le soleil	Climatewell : climatewell.com
Dessaler grâce au soleil	Acquasol : acquasol.biz Zonnewater : zonnewater.net
Des stations d'épuration paysagères	Phytorestore : phytorestore.com
La santé avant les soins	Santé Active (CPAM de la Sarthe) : masanteactive.com

Des pressings qui sentent bon	Electrolux : electrolux.fr
L'écotourisme au secours de la biodiversité	Indonesian Ecotourism Center : indecon.or.id
Vendre des kilomètres à la place des pneumatiques	Michelin Fleet Solutions : michelintransport.com
Une auto quand je veux, où je veux	Flexcar : flexcar.com Mobility : mobility.ch City Car Club : citycarclub.co.uk Caisse Commune : caisse-commune.com Okigo : okigo.com
La lessive en juste nécessaire	Ecover : ecover.com
Recycler les décombres des chantiers	Ramery : ramery.fr
Diversifier ses activités pour valoriser des coproduits	Sucrerie de Guitang : guitang.com
Coopérer : la logique des éco-parcs	Portail des éco-parcs : ecoparc.com Kalundborg Industrial Symbiosis Centre : symbiosis.dk Enviroclub canadien : enviroclub.ca
Une aciérie positive	Vallourec : vallourec.fr
Du biogaz dans les décharges	Groupe Séché : groupe-seche.com
Des isolants à base de plumes	Batiplum : batiplum.com
Un nouveau métier : gestionnaire de diversité énergétique	Elyo : elyo.fr
Puits canadien et tubes luminaires	Solatube : solatube-france.com
Quand le bois entre en résistance	Bois traité aux huiles végétales : oleobois.com Bois rétifié : retiwood.com Cèdre rouge : red-cedar.org

Vers la coopérative positive	Savéol : saveol.com
Régénérer les sols avec le BRF	Bois raméal fragmenté : lesjardinsdebrf.com
Rapprocher le bureau des salariés	IBM : ibm.fr
Un coupé sport ultra-léger	Loremo : loremo.com
La voiture à air comprimé	MDI : mdi.lu
Récompenser les pionniers de l'économie positive	BeCitizen : www.becitizen.com
L'étiquette climat	Tesco : tesco.com Casino : groupe-casino.fr

Remerciements

Ce livre est le fruit de plusieurs années de réflexion, de travail sur le terrain et d'échanges, souvent passionnés, avec des dizaines de personnes qui, comme nous, souhaitent changer le visage du monde de demain. Nous souhaitons ainsi remercier pour leur contribution à notre réflexion :

Thierry Allain, Jean-Claude Andréini, Jean-Loup Ardoin, Jacques Attali, Jean Barthomeuf, Pascal Baudry, Pierre-René Bauquis, Jean-Marie Bompard, Dominique Bourg, Claude Bourguignon, Vincent Cheynet, Marie-Christine Coisne, Laurent Combalbert, Yves Copin, Yves Coppens, Philippe Desbrosse, Benjamin Dessus, Dominique Dron, Jean-Michel Dubedout, Anne-Marie Ducroux, Jean Duforest, Marc Dufumier, Jean-Pierre Dupuy, Geneviève Férone, Claude Fussler, Yvan Gavriloff, Jean-Michel Gires, Alain Grandjean, Alain Gras, Arnaud Greth, Jean-Pierre Guillon, Jean-Jacques Gressier, Jean-Jacques Huet, Thierry Jacquet, Yannick Jadot, Jean-Marc Jancovici, Bruno Jarrosson, Robert-Vincent Joule, Jean Jouzel, Eric Julien, Olivier Kaizer, Yves de Kerdrel, Hubert Kieken, Nathalie Kosciusko-Morizet, Chris Lajtha, Bernard Laponche, Mohamed Larbi, Elizabeth Laville, Benoît Lebot, Corinne Lepage, Hervé Le Treut, Mathieu Le Roux, Michel Leroux, Paul Lhotellier, Guy de Longueville, Amory Lovins, James Mangan, Philippe Manière, Jacques Mirenowicz et Susana Jourdan, Patrick Négaret, Emmanuelle Neyroumande, Michèle Pappalardo, Jacques Pétry, Jean-Marie Pelt, Christian de Perthuis, Pierre Rabhi, Bertrand Robert, Pascal Roudier, Claude Roy, Raphaëlle de Seillac, Olivier Sidler, Andreu Solé, Ary Suhandi, Emmanuel Tarika, Laurence

Tubiana, Norman Van't Hoff, François Veillerette, Arnaud Ventura, Gilles Vermot-Desroches, Jacques Weber.

Pour leur soutien, nous souhaitons remercier tout particulièrement :

Yann Arthus-Bertrand, Laurent de Bartillat, Asmaa Benslimane, Dominique Bidou, Valérie Blanchot Courtois, Christian de Boisredon, Étienne Bourgois, Jacques Brégeon, Alain Brinon, Christian Brodhag, Bénédicte Brouard, Gilles Charier, Jean-Claude Charlet, Catherine Chouard, Michel Clavé, Jean-Pierre Clamadieu, Marie-France Damagnez, Marie-Claire Daveu, Yves le Déaut, Isabelle Delannoy, Jean-Luc Denis, Pierre-Louis Desprez, Éleonore Devillers, Laurent Dreyfus Schmidt, Johnny El Hachem, Bénédicte Faivre-Tavignot, Hugo Ferreira, Antoine de Gabrielli, Christine Gallot, Serge Giacomo, Florian Grill, Nicolas Hulot, Barbara Iriart, Jean-François Kahn, Jacques Khelif, Hassan Lamrani, Marie-Christine Lanne, Patrick Laugier, Céline Lauvergeat, Michel Leclercq, Philippe Le Roux, Aurélien Lugardon, Philippe Mabille, Thérèse Martinet, Cyril Maury, Mustapha Mokass, Cédric du Monceau, Hervé Naillon, Mathieu Orphelin, Pascal et Martine Ragoucy, Yves Rajaud, Agnès Rambaud, Patricia Ricard, Virginie Rogez, Grégoire de la Roncière, Benoît et Dominique Rouer, Bastien Sachet, Jacques-Emmanuel Saulnier, Philippe Schmidt, Jean-Pierre Sicard, Mathieu Tibberghien, Françoise Tollet, Daniel Trèves, Didier Vanoni, Carina Van Vliet.

Et pour leur soutien inconditionnel, ceux qui ont été là à travers les hauts et les bas : Barthélémy, Capucine et Eloïse Rouer, Jean Laudic.

Plusieurs personnes ont relu et commenté des extraits ou des versions provisoires de cet ouvrage, merci notamment à : Jean-Philippe Babut, Arnaud Camuset, Jean-Pierre Clément, Georges Coste, Jacques Khéliff, Jean Jouzel, Jean Laudic, Anne Lothoré, Jérôme Lhôte, Jean Mandelbaum, Serge Palu, Philippe Patouraux, Jacques Pétry, Barthélémy Rouer, François Ruf, Jérôme Tourtier, Vinod Sharma et Sri Radhika, Eric Vidalenc, Marc Zischka, l'équipe de

BeCitizen et en particulier Flora Bernard, et toutes les personnes qui nous ont envoyé leurs commentaires sur « *20 ans pour restaurer le climat, le livre blanc de l'économie positive* », publié sur Internet le 22 mars 2007.

Nous remercions également vivement toutes les personnes citées.

Merci à Laurent Laffont pour sa confiance et ses précieux conseils, et à toute l'équipe des éditions JC Lattès pour leur efficace collaboration.

Enfin, l'équipe entière de BeCitizen a contribué à la rédaction de cet ouvrage en apportant idées, informations, exemples et commentaires, et en particulier :

Philippe Freund, associé cofondateur, Directeur scientifique et finance carbone.

Walid Malouf, associé et Directeur solaire.

Flora Bernard, Directeur ressources, déchets et sols.

Capucine Laurent, Directeur biomasse et biocarburants.

Léna Spinazzé, Directeur biogaz et nouveaux marchés.

Rodolphe Deborre, Directeur construction positive.

Sophie Garrigou, Directeur transports positifs.

Marion Bonnet, spécialiste toxicités.

Vincent Bovet, spécialiste nouveaux matériaux et construction positive.

Marion Huet, spécialiste de l'éco-conception.

Jean-Baptiste Brochier, spécialiste solaire.

Bravo à **Thomas Braschi** pour son travail patient et créatif sur les calculs du modèle *carbon killer.*

Merci à **Sarah Kefi** pour son appui administratif et à **David Potocki** pour son aide à la gestion de l'information.